教育部人文社会科学研究青年基金项目《著作权保护中的消费者运动与制度创新》（编号：12YJC820072）资助
江苏省高校人文社会科学重点研究基地"江苏省知识产权发展研究中心"支持

ZHUZUOQUAN BAOHU ZHONGDE

XIAOFEIZHE YUNDONG YU ZHIDU CHUANGXIN

著作权保护中的
消费者运动与制度创新

梅术文　著

知识产权出版社

全国百佳图书出版单位

图书在版编目（CIP）数据

著作权保护中的消费者运动与制度创新／梅术文著.—北京：
知识产权出版社，2015.11
（知识产权专题研究书系）
ISBN 978-7-5130-3884-3

Ⅰ.①著…　Ⅱ.①梅…　Ⅲ.①著作权法—研究—中国
Ⅳ.①D923.414

中国版本图书馆 CIP 数据核字（2015）第 261364 号

责任编辑：刘　睿　邓　莹　　　责任校对：董志英
文字编辑：邓　莹　　　　　　　责任出版：刘译文

著作权保护中的消费者运动与制度创新

梅术文　著

出版发行：知识产权出版社 有限责任公司	网　　址：http：//www.ipph.cn
社　　址：北京市海淀区马甸南村 1 号（邮编：100088）	天猫旗舰店：http：//zscqcbs.tmall.com
责编电话：010-82000860 转 8113	责编邮箱：liurui@cnipr.com
发行电话：010-82000860 转 8101/8102	发行传真：010-82000893/82005070/82000270
印　　刷：保定市中画美凯印刷有限公司	经　　销：各大网上书店、新华书店及相关专业书店
开　　本：720mm×960mm　1/16	印　　张：22.25
版　　次：2015 年 11 月第一版	印　　次：2015 年 11 月第一次印刷
字　　数：285 千字	定　　价：55.00 元
ISBN 978-7-5130-3884-3	

前　　言

消费者运动起源于 19 世纪，勃兴于 20 世纪，深刻影响着 21 世纪各类民事经济法律制度的建构与完善。作为私权的著作权制度可以追溯到 1710 年，历经印刷版权、模拟版权再至网络版权的变迁。传统上，消费者运动与著作权保护虽有联系，但往往在利益平衡的语境下进行简单勾连；进入数字时代以来，日益频繁的消费者主张深刻影响着著作权的理论和制度变迁。文化消费已经成为日常生活中的一部分，文化消费者应有权利使用来自共享资源的文化素材，同时从既存的版权材料中吸收营养，创造新的文化产品。为打造作品生产、传播和消费的良性生态链条，立法者需要不断调适著作权制度，用以满足日益增长的文化消费需求，以认真的态度对待勃兴中的消费者运动。

著作权保护中的消费者运动发端于数字网络时代的著作权权利扩张，既有相应的社会实践基础，也存在深刻的制度原因。随着科学技术的发展，著作权法上的消费者日趋多元化。消费者运动的参与者，不仅包括普通的文化消费者，还包括文化技术产品制造商、网络服务提供者、公共文化服务提供者等群体。如何在数字时代完善著作权法，成为此类消费者运动关注的焦点。因此，有必要以消费者为视角，以消费者运动为背景，积极探讨不同类型的文化消费形态与著作权制度的关系，系统把控消费者运动可能带来的各种影响。

本书共分七章，在逻辑框架上采取了"总—分—总"的论证模式：第一章分析著作权法上的消费者概念、类型和特征，由此划分五种类型的消费者；随后的五章围绕不同类型文化消费形态与著作权的关联进行分析，探讨著作权法应该如何应对消费者的各种诉求，进而作出相应的制度安排和创新；最后一章得出结论，结合我国著作权法的修改议程，提出若干完善立法的建议。

第一章主要研究著作权法上的消费者、消费者运动以及保护消费者利益的正当性。著作权法上的消费者是指文化消费者，亦即为满足个人、家庭文化精神生活需求，通过购买作品载体、接受文化服务、进入网络空间或购买技术产品等多种途径最终实现作品消费的自然人。著作权法上的消费者包括五种类型。消费者及其利益关系人在著作权领域兴起一轮消费者运动，旨在改变著作权利益失衡状态。无论从著作权制度正当性、公共利益还是网络视角、政策考量等审视，著作权法保护文化消费者利益均具有合理性。

第二章主要研究纯粹被动的文化消费及其著作权构造。在以作品（作品载体）为客体的社会关系中，消费者的利益直接受到著作权法的保护。著作权控制行为的本质决定了著作权保护的范围，亦为消费者和著作权人直接划定活动边界，消费者可在著作权人控制范围之外对作品进行阅读、欣赏、复制和传播。源于著作权保护期限，消费者可以对超过期限保护的作品进行自由消费和使用。"枪手代笔"中的著作权争论，恰恰反映了纯粹被动文化消费者利益保护的重要性。在立法中，制作录音制品著作权法定许可引起广泛讨论。事实上，该种类型的法定许可正是从著作权制度层面防止权利滥用，用以保护消费者利益的机制和举措。

第三章主要研究技术产品的文化消费与著作权变迁。在以技术性的文化产品、计算机软件和技术措施为主要表现形态的作品利用关系中，消费者的利益与著作权人的利益发生直接的冲突，需要受到相应的调整和平衡。为应对技术产品文化消费带来的影响，不同国家的著作权法在"实质性非侵权用途""补偿金"和"间接侵权"等保护模式中进行制度选择。技术措施版权保护的直接后果，是在将文化产品转化成技术产品的同时，建立"超版权"的法律规则，为此应该从消费者的立场，构建使用者权的保护体系。DRM著作权许可促进了网络环境下的作品利用，但是也必须坚决捍卫消费者的知情权、信息安全权和公平交易权。为促进软件产业发展，就必须以市场为导向，重塑计算机终端用户的保护理念和规范模式，在著作权法领域明确非营利性使用软件的合法性，构建软件终端用户的使用者权规则。

第四章主要研究公共服务中的文化消费与著作权安排。法律对我国当前普遍存在的公益性文化服务呈现的扩张势头必须给予足够的制度关怀。公共文化消费具有正当性。在繁荣社会主义文化事业中，政府会采取多种方式推进公共文化服务体系建设。在这个过程中，著作权法有多种限制机制以保障公共文化服务和消费的有效展开。我国立法在规范公共教育文化消费时存在一些制度不足，为此必须建立更为完善的复制权、演绎权和信息网络传播合理使用规则，同时在编写教科书或制作、提供网络课件时设定适当的法定许可机制。数字图书馆建设中的著作权问题最为特殊，也引起各种讨论。数字图书馆的性质不同，决定其权利限制的途径不同。由此可以区分营利性和非营利性，为数字图书馆建立一套完备的复制权和信息网络传播权限制规范。"三网融合"正在解构着广播组织机构的公共利益属性，广播权法定许可采取主体标准不再具有科学性和公平性。正确的做法是区分初始广播、转播和附随性公开接收行为，建立满足网络广播和传统广播融通发展的制度标准。

第五章主要研究网络服务中的文化消费与著作权革新。在以网络服务为媒介的作品消费中，文化消费者的利益常常被忽视。网络文化消费具有新特质，它对作品的生产、传播以及著作权的保护、限制都产生很强的反作用力。在网络服务提供者的责任、网络终端用户侵权豁免、网络服务提供者的信息披露义务和中止服务义务等制度设计中，都需要在保护著作权人利益的同时，协调消费者的合理诉求和文化权益。本章中，笔者还着重结合"微博转发"的一起典型案例以及"百度文库"事件所引发的系列案件展开实证研讨，以有助于从个案到一般，真实展现网络文化消费中著作权制度规则适用的复杂性。

第六章主要研究转换性的文化消费与著作权发展。将新技术下生产性的文化消费行为均一体纳入著作权控制范围，不利于激励消费者创造性的学习行为，也不利于文化的传承。著作权在保护消费者对于作品的引用和评论的同时，可以创新演绎权的限制机制，构建滑稽模仿的合理使用规范。

第七章主要研究著作权理论和立法中如何正确对待消费者和消费者运动。结合使用者权、禁止权利滥用、保护消费者利益等理论范式，提出应该认真对待消费者运动，结合前述各种文化消费与著作权制度关联的分析，提出完善我国著作权法的建议。

总之，本书系统构建著作权法上的文化消费者保护体系，深化著作权构造的理论认知，初步形成以文化消费视角观察著作权制度的学术路径。在研究内容上，创新性地将著作权法上的消费者划分为五种类型，并围绕这五种类型展开专题分析。在研究视角上，紧扣网络时代的最新发展进行动态梳理，密切追踪国内外著作权制度的最新变化，从构建21世纪的文化生产、传播和消费生态的角度全面审视著作权法律制度，提出立法完善建议。从研究方法上看，注重将著作权法和宪法、合同法、民法、竞争法等结合起来，关注国内典型判例，针对"枪手代笔""3Q大战""流氓软件""百度文库事件""张某诉于某微博转发侵权案"等展开专题分析，同时引述美国、欧盟国家、澳大利亚、韩国、日本等相关案例，在比较的基础上进行利弊分析。

本书是教育部人文社会科学研究青年基金项目《著作权保护中

的消费者运动与制度创新》的最终研究成果。项目研究过程中，课题组成员孙玉芸博士、雷艳珍博士、饶文平博士等积极参与，提出了诸多建议，形成了多份调研报告和关联论文，为笔者最终完成定稿发挥重要作用。课题组在湖北、广东、山东、江苏、河南、江西、天津等地实地调研，在此向参与课题调研的各位同事和同学表达谢意。同时，课题组成员和研究生收集和翻译大量文献资料，各位先进的研究成果对课题研究具有不可估量的启迪价值，在此也向智慧的学者们致以崇高敬意。正是由于汇聚各种理论资源，展开了大量的实证调研，课题研究非常顺利，相关成果较为丰硕，课题组负责人和成员在期刊发表论文 9 篇，其中 CSSCI 期刊 6 篇，1 篇论文被《中国社会科学文摘》转摘，1 篇论文获 2013 年全国知识产权法学术征文优秀奖，受到学界的关注。当然，著作权保护中的消费者运动涉及的制度内容非常复杂，近几年虽然引起关注但是研究成果仍有限，本书是国内较早系统关注著作权法上消费者和消费者运动的专著，探索性和开拓性的选题不少，限于个人的学术水平和研究能力，论述中必有不妥之处，诚挚欢迎同仁们的批评指正！

目　　录

第一章　著作权法上的消费者与
消费者运动

　　著作权法律制度是调整作品创作、传播和消费利益关系链的基本法律，既要保护创造、鼓励传播，也要促进消费，满足广大公众的智力文化需求。❶ 也就是说，著作权法不仅保护创作者和邻接权人的著作权，而且维护良好的文化消费生态，保护文化消费者的权益。因此，文化消费者是著作权法所要调整的重要范畴。然而，现有文献更多关注著作权法所具有的激励创作功能，对于著作权法在促进文化资源配置和维护合理接触消费方面的制度安排视而不见或者少有关注。随着经济全球化进程进一步加剧，文化产业以及数字网络技术迅猛发展，文化消费者在著作权法上的基本利益渐渐受到重视。技术产品的生产者、数字图书馆的建设者、网络服务的提供者等利益相关者在为消费者提供文化产品和相应技术产品时，往往会受到著作权人的责任追究进而以消费者保护作为护权的依据，这与消费者本身的利益保护诉求汇流在一起，形成著作权法上的消费者运动。探究著作权法上的消费者和消费者运动，对于全面理解和公正构建著作权法律规则具有重要的意义。

---

　　❶ 国家版权局：《关于〈中华人民共和国著作权法〉（修改草案）的简要说明》，2012 年 3 月。

第一节 著作权法上的消费者

一、概念

关于什么是著作权法上的消费者，法律上并没有确切的定义。在著作权法理论上，有时也以社会公众或者最终用户来指称文化产品生产和传播链条中的消费者。学者指出，某种程度上讲，著作权法还涉及社会公众。不管你是书籍或者报纸的读者、还是无线广播或者电视播放的听众/观众，也不管你是观摩戏剧、聆听音乐会还是看电影，每个人都会参加文化生活，每个人都会消费文化产品。❶ 实际上，社会公众或者最终用户在文化消费过程中成为文化消费者，著作权法上的消费者就是文化消费者。根据《消费者权益保护法》的一般规定，所谓消费者，是指为满足个人或家庭的生活需要而购买、使用商品或接受服务的自然人。❷ 结合文化消费的自身特性，文化消费者是内涵广泛的概念，在著作权法的语境下，它直接指向对作品（含表演、录音录像制品和广播电视节目等邻接权保护的文化信息，下同）的消费。

表面上看，文化消费是针对作品载体（文化产品）的消费。所谓文化消费，顾名思义就是对文化产品的消费享受，它是指消费者为了满足精神生活的需要，采取不同的方式消费文化消费品的过程。❸ 例如，通常情形下，文化产品以市场价格进行销售，消费者获

---

❶ ［德］M. 雷炳德著，张恩民译：《著作权法》，法律出版社 2005 年版，第 7 页。

❷ 张严方：《消费者保护法研究》，法律出版社 2003 年版，第 119 页。

❸ 程洪海、薛华："我国文化消费问题研究"，载《企业家天地·理论版》2006 年第 24 期。

得作品载体的所有权，消费者进而可以对购买后的作品载体进行阅读、欣赏，实现文化消费。实质上看，文化消费中作品载体只是奠定了有体物支配的基础，作为文化消费的真正对象是作品。消费者可以在作品中汲取知识的营养，获得精神上的愉悦。离开作品，不会有文化的消费。从这个意义上讲，文化消费是创作的源泉。也就是说，作者创作的作品，主要不是为了自己欣赏，而是为了向他人和社会传播（即为社会消费），并因他人使用而获得物质报酬。❶ 随着文化事业和文化产业的发展，对作品的消费途径日趋多元。除了通过购买文化产品实现消费外，消费者既可以在剧院、电影院接受文化服务中实现对作品的阅读、欣赏，还可以作为电视机、电脑、录音机、机顶盒等技术产品的消费者而借助相应的服务提供者完成文化消费。因此，著作权法上的消费者是指文化消费者，亦即为满足个人、家庭文化精神生活需求，通过购买作品载体、接受文化服务、进入网络空间或购买技术产品等多种途径最终实现作品消费的自然人。

由于文化消费的最终对象是作品，著作权法又是保护作品之上创作者和传播者利益的法律，因此，著作权法与文化消费具有密切的联系。具体言之，消费作品的主要方式包括接触、阅读、欣赏、复制、转换性使用作品，等等。作为一种无形财产权，著作权人在作品的传播和文化消费过程中依然享有著作权，具有相当的作品控制能力。❷ 具有吊诡意义的是，文化消费者虽然最终消费作品，但只是文化产品或者服务的合法消费者，并没有由此转换成著作权的合法持有者或消费者。为了保证消费者能够根据自己的意愿实现文化消费，就必须对著作权进行限制，从而让消费者得以接触、阅读、引用和欣赏作品。

---

❶ 沈仁干:《版权絮语》，海天出版社2001年版，第45～46页。

❷ 作为一项基本原理，作品载体所有权的转移并不会导致著作权的转移。

二、类型

学者认为，著作权法上至少包含两个关于消费者的概念：被动的消费者和作为作者的消费者。❶ 前者是文化产品和文化服务的纯粹消费者，并不从事著作权法意义上的利用行为；后者不仅是文化产品的消费者，而且还会利用作品从事相应的创作活动。然而，上述关于著作权法上消费者的二元界定，在数字网络环境下显现出其涵摄力的有限性，从而受到学者的批评。杰西·刘（Jesseph Liu）认为，这样的二元范畴定位并不完整，它忽视了消费者在自知、交流及自我表达等利益方面的重要性和复杂性。在确定诸如网络浏览者、MP3播放者等使用者是否构成合理使用时，法院应该多考虑消费者利益的复杂性。❷ 博利埃·戴维（Bollier David）认为，现有的法律将普通的市民等同于版权法上的消费者，而忽视了他们作为有知觉力的生命体所蕴含的创造力。法律要恢复其本应有之的对公众的尊崇，就必须屈从该至高无上的目标而将文化共享资源作为平等的内容予以认同。❸ 希瓦·维迪亚那桑认为，作者与使用者在传统社会的界限是非常清楚的，但是在数字时代，由于数字设备和技术普及，使进入音乐、文学、新闻、评论甚至色情图片的生产、销售的门槛降低了。大众很容易取得和使用这些设备，不再是纯粹的消费者，可以是生产者。❹ 据笔者理解，上述批评意见主要针对技术产品的文化消

---

❶ 张今："消费者理论对版权合理使用制度的影响"，见吴汉东主编：《知识产权年刊》，北京大学出版社 2007 年版。

❷ Jesseph Liu, Copyright Law′s Theory of the Cosumer′, *Boston College Law Review*, 44（2），397~438.

❸ Bollier David, *Brand Name Bullies*：*The Quest to Own and Control Culture.* Hoboken：John Wiley & Sons Inc.，251~253（2005）.

❹ ［美］希瓦·维迪亚那桑：《著作权保护了谁？》，台湾商周出版社 2003 年版，第 223 页。

费者和网络服务的文化消费者。例如，为了观看电视而购买电视机的消费者，为了转换作品消费时间、空间而购买家庭录像机、MP3、iPod、iPad 等技术设备和产品的消费者以及为了获取网络文化资源而利用各种技术设备、接受上网服务的消费者，他们已经超越了传统的纯粹被动文化消费者的范畴。从表象上看，他们似乎不是文化消费者；从实质追求上看，他们购买技术产品或者接受网络服务的根本目的就是文化消费；从最终的边界上看，他们可以利用技术产品或者网络服务，成为作品的消费者、传播者和创作者。

有鉴于此，著作权法中的消费者可划分为以下类型。

一是纯粹被动的文化消费者。这类文化消费者购买文化产品或者接受文化服务，借助阅读、欣赏等手段直接获取文化知识。如购买图书进行阅读学习的消费者，在剧场观看戏剧作品的消费者等。根据被动文化消费的动机之不同，可区分为基于娱乐欣赏的文化消费和基于学习研究的文化消费两种。相较而言，前者更具有被动性，后者则可能具有创造性，一旦在学习研究中创作出新的作品，并且利用了已经消费的各类作品，这时就演变成转换性的文化消费者。

二是技术产品中的文化消费者。这类主体表面上看是技术产品的消费者，但他们获取技术产品的最终目的是为了实现文化领域的消费。试想，如果消费者购买电视、电脑、录像机、录音机、MP3、计算机软件、平板电脑等技术产品后，不能看电视，不能听音乐，不能运用这些产品进行娱乐欣赏，那么谁又会去购买这些技术产品呢？所以，这类消费者也许并不关心设备的技术性功能，但是更为关注其实现文化消费的效用。从这个意义上讲，这类技术产品的消费者本质上也是著作权法上的文化消费者。

三是公共服务中的文化消费者。这类文化消费者从提供公共文化服务的渠道获取作品载体或作品，一般不支付任何报酬。在这种消费模式下，公益性文化机构通过约定或者法律规定获取作品载体或者对作品进行使用，社会公众在不需要支付报酬的情况下实现对作品的消费。传统的公益性图书馆、档案馆、文化馆、博物馆等机构和教育机构、广播电台提供的文化服务即属于此。在我国现阶段为推进文化发展和繁荣，大力倡导的文化下乡、乡村书屋等文化服务形态，也成为新时期公益性文化消费的重要渠道。

四是网络服务中的文化消费者。这类消费者通过技术设备的网络化连接就可以实现更为便捷的文化消费。他们往往只要拥有手机、电脑等上网终端就可以借助网络实现各种有偿或免费的文化消费。朱莉·科恩（Julie Cohen）教授采用浪漫主义使用者（romantic user）的说法，认为他们沉迷于各种现代自由媒体技术，陶醉于高质量的音乐、电影和开发软件等产品的免费使用。❶ 更为重要的是，这些消费者在消费活动中可以轻易借助技术设备和网络连接，对那些用于消费的作品进行复制、传播和演绎，一不小心就会逾越消费者的边界而成为侵权者。显然，复制、传播和演绎行为受到著作权人权利的控制，如果没有得到权利人的授权许可，就可能受到法律的追究。但是如果法律保护过度，也会阻碍正常的文化消费活动。可见，技术产品中的文化消费者和网络服务中的文化消费者，在数字著作权法上有着更为强烈的制度诉求，也是需要特别进行制度安排的法律主体。

五是转换性的文化消费者。这类消费者在从事文化消费的过程中利用已有的作品创作出了新的作品，或者对原有的作品进行改编、翻译或者汇编。这类消费者不仅阅读欣赏、学习研究作品，而且把作品当做原材料，在以前作品的基础上改编、重塑，创造出新的作品，它在本质上是一种发展型的文化消费。

---

❶ Julie Cohen, The Place of the User in Copyright Law, *Fordham Law Review*, Vol. 74, 247～348 (2005).

三、特征

文化消费是人们使用文化产品及服务，满足文化需求的活动，本质上是对作品的消费，因此与著作权法关系密切。总体上看，著作权法上的文化消费者具有以下特点。

第一，著作权法上的文化消费途径，可以是购买或使用文化产品和技术产品，也可以是接受文化服务或者网络服务后实现文化消费。作品与有形财产相比具有非物质性的特征，它必须通过一定的载体呈现出来。从传统上看，消费者消费作品，必须购买作品的载体。但是随着文化服务的发展，即便不购买作品载体，自然人也可以为了个人学习、娱乐的目的而从其他途径接受文化服务，并最终实现对作品的消费。网络环境下，文化消费的途径更是伴随着技术的进步而快速演进。著作权法上的消费者，并不一定就必须是文化产品的购买者，或者是作品载体的所有权人，或者是文化服务的消费者。换言之，他们可以是技术产品的消费者，借助技术产品实现文化消费功能；或者是网络服务的消费者，借助各种网络平台实现文化消费功能。但是，不管以何种途径，只要其出发点和最终目的是为了实现作品的消费，都可以成为著作权法上的消费者。

第二，著作权法上的消费者实现作品消费的方式，可以是作品著作权人能够控制的行为，也可以是著作权人不能控制的行为。例如，普通消费者购买书籍回家阅读，由于著作权人并不享有阅读权，所以作为普通消费者，当然可以进行自由阅读，这时的消费者并不是著作权法上的作品使用者。而消费者购买作品后，对于作品进行的复制、表演和翻译等活动，则产生了著作权法上的使用。此时的消费者也是作品的使用者，有时会受到著作权人控制手段和法定利益的影响。生产性的文化消费者，对于作品进行转化性的使用，有些是著作权进行限制的行为，而有些行为则必须要征得著作权人的同意。在网络环境下，消费者具有更强的技术能力和手段对作品进行烧录、编排、滑稽模仿和演绎，这就需要审视著作权转化性和演绎性使用的边界，既要保护著作权人的合法利益，又要维护良性的文化消费生态。

第三，著作权法上的消费者是为满足个人精神文化生活而对作品进行消费的自然人。首先，在消费者保护法的语境之下，不仅从事营利性活动的法人或非法人组织不是消费者，而且那些非营利性的教育机构、政府组织、图书馆等公益性的文化事业单位也不能被看做消费者。其次，著作权法上的消费者是为了满足精神文化生活需要而最终消费作品的自然人。一旦自然人逾越消费的界限，对作品进行营利性的使用，或者超越个人精神文化生活需要的消费范围，复制、传播或者演绎作品，则不能看做消费者，不能享有著作权法为文化消费者提供的豁免。不过，虽然各类组织和机关不能成为文化消费者，但是并不能由此认定它们与文化消费无关。实际上，公益性的文化服务提供者、网络服务提供者以及技术产品的生产者，这些法人或组织都是文化消费链条中的重要组成部分，它们可能是作品载体的购买者，也可成为作品的使用者，因此是与著作权法上的消费者密切联系的重要利益相关者。

第四，著作权法上的消费者是在文化消费中与著作权人利益存在紧密关联的自然人。传统框架下，由于著作权法上的消费者进行文化消费的对象是受到著作权法保护的作品，因此消费者应当清醒地认识到：从作者那里得到教益或者启迪，并不仅仅靠感谢就已经足够，他还有责任向作者支付报酬；否则，没有物质上的来源，作者不可能生存下去、不可能进行创作。通常，消费者向作者支付报酬是间接进行的，他向作品的介绍人、向作品的出版人、向电台（电视台）、向剧院、向音乐会举办者等支付对价，而由这些人把许可费再转交给作者本人。❶ 即便是在公益性的文化消费中，虽然消费者没有为文化消费支付报酬，但是公益性的机构已经代替消费者进行付费。然而，情况总是在发生变化。数字技术和网络时代挑战着文化消费中著作权人的主动地位，消费者的各类文化消费越来越难以控制。浪漫主义的文化消费者习惯于不再为文化消费向作者支付费用。在这一背景下，作者和消费者之间的利益关系日趋紧张，而这种互相争斗和不满的情绪与行为只会最终毁掉整个文化消费生态。为了维护良性的文化生产与消费链条，就必须另辟蹊径，寻找新的制度安排。例如，在建立补偿金制度的国家，技术设备购买费用中就明确包括文化消费的费用，作者从技术产品的文化消费者手中间接获得补偿。

四、著作权法上的消费者与使用者

著作权法上的消费者，并不同于作品的使用者。著作权法上的使用者，是指除著作权人以外的主体对作品进行复制、传播和演绎等活动的自然人、法人或者其他组织。从广义上看，著作权法上的使用者所涵盖的范围广泛，包括传播者和其他使用者。❷ 表演者、录音制作者和广播电视组织等在传播作品的进程中对于作品的表演、录制和广播等进行使用，同时也付出了相应的智力劳动和资本投入，

---

❶ ［德］M. 雷炳德著，张恩民译：《著作权法》，法律出版社 2005 年版，第 7 页。

❷ 例如，有学者认为，使用者也称为用户，是最终的消费者，他实现了创作和传播的目的和价值，也实现了智力作品的增值。广义的使用者包括创作者和传播者。参见韦景竹：《版权制度中的公共利益研究》，中山大学出版社 2011 年版，第 48 页。

所以既是作品的使用者，也是著作权法要保护的邻接权人。❶从狭义上理解，那些可以获得邻接权保护的传播者不再属于著作权法上的使用者。这样一来，著作权法上的使用者主要包括：（1）文化产业中的使用者。根据分类，文化建设包括文化产业和文化事业两个类型。其中，文化事业不以营利为目的，它所生产的精神产品或提供的文化服务不能在市场上得到完全的价值实现。文化产业以营利为目的，是以文化产品和文化服务为商品，在市场竞争中求得生存与发展的经济实体，主要受经济规律和市场导向的支配。因此，在著作权法中文化产业作为作品的使用者，是指基于营利性目的，在文化产业活动中使用作品的民事主体。例如，电影公司在拍摄电影中对作品的使用，网络服务提供者为获取广告收益而使用视频作品等，都属于文化产业中的使用者。（2）文化事业中的使用者，也就是基于非营利性目的，在文化事业发展过程中为了公共利益而使用作品的民事主体。例如，图书馆、档案馆、国家机关、乡村文化馆、农村公共文化服务机构等特殊的公益性机构对作品的使用。随着我国文化事业体制的进一步改革，文化事业单位可以区分为公益性文化事业单位和经营性文化事业单位。前者是指国家兴办的图书馆、博物馆、文化馆（站）、科技馆、群众艺术馆、美术馆等为群众提供公共文化服务的单位。后者是一般艺术院团和除少数承担政治性、公益性出版任务外的出版单位及文化、艺术、生活、科普类等报刊社、新华书店、电影制片厂、影剧院、电视剧制作单位和文化经营中介机构，党政部门、人民团体、行业组织所属事业编制的影视制作和销售单位、新闻媒体中的广告、印刷、复制、发行、传输网络部分

---

❶ 有学者认为，广播组织者既是著作权和邻接权的大型消费者，也是大型制作者。[德] M. 雷炳德著，张恩民译：《著作权法》，法律出版社 2005 年版，第 6 页。不过在消费者保护法的意义上看，广播组织者不宜被看做消费者，但无疑是使用者和大型制作者（邻接权人）。

以及影视剧等节目制作与销售部门。❶ 可见，此处的文化事业中的使用者，越来越指向所谓的公益性文化事业的使用者，而对于非公益性的文化事业使用者，其在著作权法上的地位更接近于文化产业中的使用者。（3）作为作品使用者的消费者。消费者在购买作品载体或者接受文化服务时，在消费进程中对作品进行的使用。如消费者为了在特定时间回看特定的电视节目，而将该节目进行录像，然后在特定时间进行消费。

因此，使用者和消费者是两个概念相互区别但存在明显交集的概念范畴。文化消费者并不必定是作品的使用者。在著作权法的视界下，使用者本质上是对著作权人的权利进行利用的主体，消费者则可以成为特殊的使用者。使用者的利益之本质是对著作权的限制，消费者的利益诉求除了限制著作权本身外，还存在隐私、消费安全、知情等更广泛的制度考量。对于纯粹被动的文化消费者而言，只要他购买作品载体阅读，或者花钱去剧院看戏，就可以直接实现对作品的消费，并不需要复制作品，也基本上没有能力去传播作品。在这样的情形下，消费者不是使用者。不过，一些文化消费者也会从事使用作品的行为，只是这样的使用要么是实现作品消费所必不可少的一部分，要么是实现文化消费的附带性结果。由于这些使用作品的行为大多带有非营利性，并不会对著作权人的利益产生根本的影响，因此是著作权法所允许的使用行为。随着科学技术的发展变化，文化消费与作品使用的界限不再明晰。在技术措施版权保护的强力推动下，著作权人开始在实质上享有控制消费者接触作品的"接触权"，消费作品的前提就是对作品的接触和使用，消费者必然就是使用者。对于技术性、网络化的文化消费者来说，消费作品的同时也是使用作品的过程。例如，技术产品的消费者为实现文化消

---

❶ 中共山东省委宣传部编：《文化产业知识读本》，山东人民出版社2007年版，第46页。

费，通常会利用技术产品对作品进行复制和机械表演；网络服务中的消费者往往需要浏览（所有的浏览行为几乎都是暂时复制）上传到网络空间的作品，以实现对作品的文化消费；在利用点对点技术消费作品时，消费者同时还在传播作品。总之，在新的技术背景下，消费者实现文化消费的过程，往往要成为作品的使用者，从而区别传统技术条件下的纯粹消费者。

第二节　著作权保护中的消费者运动

一、兴起

消费者运动是指在市场经济条件下，消费者为了维护自身利益自发或有组织地以争取社会公正、维护自己合法利益、改善其生活地位等为目的，同损害消费者利益行为进行斗争的一项社会运动。该运动起源于 19 世纪，勃兴于 20 世纪，深刻影响着 21 世纪各类民事法律制度的建构与完善。著作权保护可以追溯到 1710 年英国通过的《安娜女王法令》。它历经印刷版权、模拟版权再至网络版权的变迁。著作权保护与消费者运动虽并非具有天然联系，但也不是毫无关联。实际上，在传统的著作权制度中，完全可以从使用者的角度去观察著作权的本质。或者说，著作权法也是调整作品使用者利益关系的法律。这里的使用者，当然涵盖了部分文化消费者。因此，著作权制度不会遏制文化消费，或者反而是有助于保护文化消费者利益的法律规范。只不过，此时的文化消费者利益保护是通过著作权法律制度本身的内在调节机制和平衡机理得以实现，消费者和著作权人的关系相对协调。20 世纪以来，伴随着录音录像、广播电视尤其是数字网络技术的突飞猛进，著作权扩张成为普遍的态势，消费者利益在著作权制度设计中严重缺位，著作权人的利益和消费者的利益日趋紧张，消费者运动开始介入著作权法制的完善进程，消费者成为推动著作权制度创新的重大利益相关者。

在美国，1984 年判决的 Sony Betamax 案具有里程碑意义。该案中，美国最高法院认为，消费者在家庭中通过 VCR 复制电视节目属于对版权作品的合理使用。法官由此裁定 VCR 的制造商无需承担间接侵权责任，因为该技术具有实质性非侵权用途。这一裁定被视为消费者和技术创新者的"大宪章"和"独立宣言"。这一案件之所以被认为是著作权保护中消费者运动的标志性案件，是因为在案件审理中，消费者团体和技术产品的制造商空前团结起来，共同推动了一项著作权法律规则的生成。"实质性非侵权用途"标准成为 20 多年来维护技术产品制造商利益的重要法宝，既推动技术创新，也在最大程度上拓展了文化消费的范围，捍卫了技术产品文化消费者利益。

2005 年，在由美国最高法院审理的 Grokster 和 Streamcast 案审理过程中，消费者保护组织张贴海报，大声呼吁"拯救 Betamax"，齐声请求"别动我们的 ipod"。同时，技术发展与创新的企业也高举标语，声称不要阻止创新，"支持美国，支持创新，支持 Betamax"的口号响彻云霄。遗憾的是，Grokster 案最终采用"引诱侵权"的法律规则，否定"实质性非侵权用途"标准，数字网络服务提供者在承担较多注意义务的同时，也在很大程度上压缩了消费空间，甚至将某些接受网络服务的文化消费者推进侵权的漩涡。此后，"RIAA 起诉终端用户风潮"直接针对 P2P 网络环境下日渐活跃的消费者，在保护著作权的进程中刺激着消费者的敏感神经，直接深刻威胁着每一个消费者的文化消费权益，也进一步激发社会公众参与消费者运动的斗志和雄心。于是，消费者组织开始倾注大量心力关注数字网络版权保护中的消费者利益，斯沃斯莫尔数字共享联盟（The Swarthmore Coalition for the Digital Commons）、拉尔夫·纳德消费者组织

（Ralph Nader's organization）等组织还掀起了抵抗数字版权的运动。学术研究中心也开始研究相应的法律问题，如知识共享组织（Creative Commons）、斯坦福计算与社会法律中心（Stanford Law Center for Internet and the Society）、萨缪尔森法律（Samuelson Law），技术和公共政策分析中心（Technology and Public Clic）等，也发挥着越来越重要的作用。❶

在欧洲，同样出现了著作权保护中的消费者运动。与美国的消费者实践同步，在著作权人追究 P2P 软件服务提供者的法律责任时，技术制造商、网络服务提供商也是援引消费者利益保护的要求维护自己的诉求。消费者团体还积极参与捍卫消费者利益的斗争。最为极端的彰显，就是盗版党的成立。盗版党的前身，是一个叫海盗湾（piratebay）的搜索式网站。从网络下载用于个人使用的文件，这在瑞典曾经是合法的。迫于国际压力，2005 年 6 月，瑞典政府修改本国法律，明确规定未经版权人许可，复制、分发、上传及下载著作材料成为非法。2006 年 1 月，不满著作权法律制度现状的海盗湾骨干成立了"盗版党"。虽然在选举中没有赢得任何议会席位，但"盗版党"拿下了数万张选票。"盗版党"不支持废除著作权，而是呼吁"恢复著作权制度的本来面目"。"盗版党"认为，现在的著作权制度已经过时，很多企业利用著作权限制知识传播，阻碍了很多创造性工作，侵犯了文化消费者的合法权益。此后，美国、德国、法国等国家鼓吹网络共享的人士模仿瑞典盗版党建立了本国的"盗版党"，使之逐渐成为具有国际影响的改革著作权制度的消费者运动和社会运动。

中国的消费者运动，如果以消费者协会的成立为标志，是从1984 年开始的。目前的消费者运动一般发生在有形商品交换和服务

---

❶ Matthew Rimmer, *Digital Copyright and the Consumer Revolution*：*Hands off my ipod*, Edward Elgar Publishing, Inc. 2 ~ 3（2007）.

领域，这种意义上的消费者运动及消费者组织在文化消费领域并没有发挥其应有的作用。在著作权领域，消费者的利益主张并没有得到真正的重视，在著作权法律制度的修改完善中，消费者也无从找到更好的发声渠道。随着数字网络技术在我国的飞速发展，消费者与著作权人的利益冲突在所难免。"微软黑屏事件""3Q大战"中的"二选一"问题、"流氓软件"、视频分享网站诉讼风暴等，也渐次出现，在保护著作权过程中深刻影响着消费者的利益和诉求。我国发起一场著作权领域的消费者运动，基本的旨意正在于提升著作权法对消费者利益的关注，在规则设计上切入消费者的视角，在司法实践中切实实现著作权人和消费者利益的平衡。

二、制度原因

为什么在数字著作权法中会出现消费者运动，这实在是值得深思的理论问题。这一问题的另一面向就是，传统著作权法上的消费者问题为什么表现得不够突出？笔者认为，其可从以下几点予以说明。首先，传统著作权法上作品的创作者、发行者以及其他经营者与消费者的关系相对简单。文化消费者是被动接收知识、享受文化创作乐趣的"文化人"，他们具有一定的文化产品鉴赏力，在通常情况下，消费者也可以通过"再创作"而转化为创作者，二者之间不存在难以逾越的鸿沟。换言之，消费者与生产者的位置随时都可能发生互换。从总体上看，创作者、文化产品销售者、文化服务提供者和消费者之间的利益冲突不可能尖锐化。其次，作品的消费不同于有形财产的消费。以前，消费者是通过购买作品载体的方式获取对作品的接触，作品的载体本身价值有限，并不会发生较为紧张的利益对立关系。对于作品本身的评价，也存在"仁者见仁，智者见智"的情形，因此很难通过法律途径解决作品的质量评价问题，对作品的评判往往是学术上的争论，没有任何一部著作权法或者消费者保

15

护法会介入作品的价值（质量）判断。例如，对作品获得著作权保护的基本条件，立法上只要求存在"独创性"即为已足。独创性是指作品独立创作完成，不存在抄袭、剽窃的意思，它不涉及作品的艺术价值评判。如果消费者购买作品后发现其并不具有所宣传的艺术价值，也往往不能由此否定该作品可以受到著作权保护的事实。最后，传统著作权法已经为包括消费者在内的使用者提供了相应的保护机制。著作权人控制行为的有限性、著作权保护期限、思想与表达的二分法、合理使用等制度均可以保障消费者在不受著作权人影响的情况下自由消费文化产品，从而实现著作权法所张扬的"促进知识增长"和"促进公共利益"的社会目的。

数字著作权法与传统著作权法存在明显不同，随着数字技术的发展，著作权人的权利处于不断扩张和膨胀之中，但为文化消费者设计的制度规则一直停滞不前，甚至发生倒退。在技术创新和网络传播时代，文化消费者的利益受到的侵害更为严重，相应的制度设计却付之阙如。与此同时，在数字技术支持下，消费者进行文化消费的途径和渠道越来越多，有些消费形式已经直接威胁到著作权人利益的实现。例如借助技术设备和网络服务进行"浪漫主义"的文化消费，消费者并未直接或间接向作者支付报酬或代价，权利人经常也不能从技术产品生产者或者服务提供者那里获得相应的利益，著作权人、技术产品生产者、服务提供者和消费者的关系开始紧张起来。一旦著作权人采取更为强硬的保护标准，消费者的基本权益就可能受到严重影响，并且会危害整个文化生态。具体来说，数字著作权法的制度不足而导致出现消费者运动的原因大略体现在以下方面。

第一，著作权控制行为的范围无限扩大，导致消费者可以自由为之的消费行为愈发狭窄。从 1710 年的著作权法诞生至今，著作权人的权利已经成功地从复制权、出版权，拓展到表演、广播、信息网络传播、放映、展览、翻译、注释、整理、摄制等领域。著作权人享有的复制权、传播权和演绎权这三大基本权利无不在扩张之中，在数字网络环境下，著作权人甚至可以控制网络上的任何复制、传播以及演绎行为，一些国家的立法还为著作权人设定了可以控制未来一切使用其作品行为的"其他权利"。著作权人的权利范围无限扩大，已经严重损害了文化消费自由和消费者的基本权益。欧盟、美国、日本等发达国家和地区的法律规定，著作权法上的复制完全可以涵盖临时复制，如果没有特别的例外规定，临时复制就应该受到著作权人的控制。这样的解释，无疑可以将网络环境中公众的阅读、收听、观看等消费行为纳入著作权人的控制之下。莱斯格教授针对演绎权的扩张趋势作出这样的评论：你的父亲有权改装自己的汽车发动机，但你的孩子并不一定有权随意修改自己找到的图片。技术的发展和求知的精神本需要自由的氛围，现在它却受到了法律和技术日益严重的干预。❶ 实际上，如果不能够站在作品消费者的立场上反思著作权的本质，就无法准确界定著作权的边界。考虑到著作权人控制文化作品使用行为与消费者从事自由文化消费的行为之间存在"此消彼长"的关系，如果著作权人的权利扩张永无止境，那么，文化消费者的基本权益将会被逐渐剥夺。

第二，著作权法律构造中的原有平衡机制出现制度上的失衡，导致消费者自由消费的文化公共领域和基本文化权益得不到有效的保障。目前著作权保护期限有再一次被延长的趋向。美国和欧盟国家已经先行一步，打破了《伯尔尼公约》所确定的最低保护标准。这种任意延长著作权保护期限的做法，导致原可以为消费者自由消费的文化领域被人为压缩，破坏了著作权法通过期限设置给消费者带来的法定利益，从而提高文化消费的成本，限制文化传播的自由。

---

❶ ［美］劳伦斯·莱斯格著，王师译：《免费文化：创意产业的未来》，中信出版社 2009 年版，第 28 页。

另外，在科学技术高端化和文化产业集中化的双重因素作用下，著作权人更容易滥用权利，控制文化消费的交易条件，通过强势地位限制文化消费者的谈判能力，增加文化消费成本。具言之，权利人可以凭借技术优势和市场支配地位，订立不公平、不透明的文化消费合同，通过约定的方式排除合理使用条款的适用。文化创作的产业化发展也聚合出一批具有优势地位的文化产业巨头，他们既是权利人，又是投资者，为了减少创作和传播成本，"枪手代笔""裸替"等蒙蔽消费者的招数已经严重损害公众的知情权和公平交易权。为了获取高额利润，作者和这些文化产业权利人之间通过合同约定损害消费者利益的情形也不少见。在文化产业的强大运作面前，消费者丧失讨价还价能力，消费者在传统著作权领域中的"文化人"身份受到严重挑战，无法进行必要的辨别、鉴定和赏析，消费者的弱势地位愈发凸显。

第三，技术措施成为著作权权利人新的保护屏障，导致消费者的消费行为受到技术和法律的双重钳制。技术措施著作权保护的首要成果就是通过对接触行为的技术和法律控制，让著作权人在实质上获取一种全新的"接触权"。❶ 接触权不是原有的复制权、传播权或者演绎权所能涵盖和解释的权利，它在实质上阻止未经许可对作品的任何阅读、欣赏、评论和引用，这也就阻断了消费者为了决定是否消费而进行的合理鉴赏。事实上，技术措施的运用不仅可以阻止纯粹被动的消费者对作品进行阅读、欣赏和品鉴，还阻止消费者对作品的合理使用。著作权人可以通过技术措施将已经超过保护期限的作品打包传播，可以阻止消费者在购买作品载体后对作品的私人复制和消费性的使用。例如，1992 年 10 月美国通过的《家庭录音法》（the Audio Home Recording Act）要求美国境内所销售的数字录

---

❶ 熊琦："论'接触权'"，载《法律科学》2008 年第 5 期。

音机都须加装 SCMS（Serial Copy Management System，即复制管理系统），通过该技术阻止任何未经许可的私人复制。此外，即使法律规定某些情形下消费者可以规避技术措施，作为普通的消费者实际上也很难有能力为之。所以即使在满足一定条件下法律允许使用者规避技术措施，由于没有办法获取规避技术措施的装备、部件和服务，也不可能实现消费者的利益。

第四，网络服务的著作权控制得到加强，导致消费者进行技术性和网络化的文化消费受到诸多制约。本来，就技术上讲，电脑和网络创造出了一种"乌托邦"，数字化使一切思想获得自由。"从哲学上讲，如果网络是一个共享资源，它就必须得到无限的发展。从技术的角度看，如果存在着任何一个集中管理的点，那它很快就会成为阻碍网络发展的瓶颈，网络的发展壮大将永无可能。"❶ 事实上，漫游在网络上的文化消费者，具有本能和天然的自由感。"漫游网上，一个人会因其中的自由气氛而深受感动：观点，一切观点，甚至'危险'的观点，都可以被分享，被讨论，被戏谑。"❷ 但就著作权法律的变革趋势看，在网络时代"书写权利易"，而"捍卫限制难"。以"漂亮的权利"和"羞答答的限制"为表现的制度设计更倾向于维护投资者、内容创造者和行业、产业利益，而对使用者、消费者的利益关注较少。❸ 通过诉讼，P2P 环境中的网络用户不仅要承担法律责任，P2P 软件的提供者也不能通过"实质性非侵权用途"获得责任豁免，这等于是从法律层面阻断了一种新兴网络文化消费模式。更为严重的是，网络服务提供者的"中止服务义务"被部分

---

❶ ［美］洛根、斯托克司著，陈小全译：《合作竞争——如何在知识经济环境中获取利润》，华夏出版社 2005 年版，第 24 页。

❷ ［加］大卫·约翰斯顿等著，张明澎译：《在线游戏规则》，新华出版社 2000 年版，第 7 页。

❸ M Hart，*The Proposed Directive in the Information Society*，EIPR，169（1998）.

国家的立法所采用。所谓的"三振出局"惩戒方式，不仅切断了消费者对某部作品的文化消费，而且以釜底抽薪之势剥夺了消费者利用网络进行任何形式的文化消费。❶ 上述实例均充分表明，著作权法的制度设计，正在朝着对网络文化服务进行权利控制的方向发展。与之相对应，消费者利用网络进行文化消费的渠道越来越窄，网络上的文化自由正在演变成私权控制。数字著作权制度建构中的缺陷和不足，成为大量"网民"奋起抗争，发动消费者运动的重要时代背景。

三、特征

著作权保护中的消费者运动具有以下特征。

首先，消费者运动的参与者，不仅包括普通的文化消费者，还包括受到文化消费自由和公平理念支持的技术制造商、网络提供者、公益服务提供者等群体。各种与保护消费者利益相关联的利益相关者自愿组合起来，以消费者运动的形式展现各自相近的观点，成为著作权保护中发动消费者运动的基本特色。有学者认为，消费者的分析范式存在一定的局限性。学校、图书馆等知识传播机构虽然不是消费者，但它们也是版权人的主要市场，因此大量的版权作品流向了这些机构。这些机构有助于社会福利而不同于普通消费市场，它们使得人们能够获取个人无力购买的作品并实现阅读和观看。❷ 实际上，如果从消费者运动的角度来看，则可以克服单纯消费者范式所带来的缺陷。因为消费者运动所关注的文化消费生态，不仅指向消费者，而且包括在文化消费中深受影响的各种利益相关者，最主

---

❶ 田扩："法国'三振出局'法案及其对我国网络版权保护的启示"，载《出版发行研究》2012 年第 6 期。

❷ Rebecca Tushnet, My Library: Copyright and the Role of Institutions in a Peer - to - peer World, *The University of California Los Angeles Law Review*, 53, 978 - 1029.

要的，无非就是文化事业的使用者、技术产品的提供者和技术服务的提供者。所以，消费者运动所要关注的，绝不仅仅是消费者一方利益的保护问题，它同样会涉及在消费者利益保护中如何为前述三种利益相关方提供"避风港"的问题。换言之，这些利益相关方之所以会积极参与著作权保护中的消费者运动，也是因为他们感受到与消费者之间"唇亡齿寒"的联系。于是，公共图书馆、教育机构和消费者组织以及某些技术产品的生产商、网络服务的提供商联合起来，提出应以公共利益为出发点，坚决维护消费者权益。

　　其次，消费者发动权益保护的主战场，不是传统的消费者保护法领域，而是著作权法成为角逐的战场。文化消费是内容广泛的场域，它包括但不限于对著作权法保护作品的消费。从本质上看，文化消费者的权益受到《消费者权益保护法》的保护。然而，《消费者权益保护法》针对的是各方面的消费者，它对文化消费者权益只能给予较为抽象意义上的保护，主要是保护被人们用于日常接触性交易中的消费者权益，对非接触性消费的保护则显得相对无力。❶ 在这样的背景下，消费者不得已转移话语的场域，选择在著作权法律制度中发出声音。虽然将《合同法》《消费者权益保护法》的基本原理运用到文化消费领域，从而在一定程度上遏制著作权人权利的扩张，也是消费者运动的重要抓手；但是，最为核心的层面，还是通过推进著作权法律制度的改革进程，进而在根本上捍卫文化消费者利益。事实上，从著作权法角度保护文化消费者权益具有重要的制度价值。这不仅是因为对作品的消费是最重要的文化消费形式，而且在于时代的发展已经让著作权保护中的缺陷最有可能成为侵害消费者利益的制度原因。李斯曼（Litman）教授在《数字版权》（*Digital Copyright*）一书中认为，现有著作权法没有明确文化消费者的角色定位，

---

　　❶ 钟瑞栋、刘经青："论版权法视域中的消费者权益保护"，见《中国法学会知识产权法研究会 2010 年会暨著作权法修订中的相关问题研讨会论文集》。

缺乏充足的规则界定消费者纯粹私人的行为，亦即未对受著作权保护作品进行开发利用的行为。❶ 她认为数字著作权法必须重塑，重点就是要对消费者进行科学定位。❷ 我国也有学者认为，使用者已经由著作权法所防范的对象变为著作权法所促进和鼓励的对象，从著作权法的边缘走入著作权法的中心，与著作权人一起成为著作权法的核心要素。❸ 就此而言，文化消费者选择以著作权制度的改革和完善作为捍卫自己利益的"主战场"，可谓是有其深层次的考虑。

最后，在这场消费者运动中，著作权人和消费者在著作权制度中存在广泛的利益博弈。从历史发展看，著作权人在著作权法律制度设计中存在明显的优势。从某种意义上看，正是由于消费者利益的缺位，加剧了立法选择中著作权人权利的单方面膨胀。这种非民主的立法模式也深刻影响到司法实践。作为具有重大产业支撑和物质依靠的权利人，在发生纠纷后可以轻易找寻到有益于自己的法律规定并为权利而斗争。然而文化消费者一旦觉醒，也并非只能任由宰制。事实上，所谓知识产权的价值由市场决定，也就是说它是在知识产权的所有者和消费者之间讨价还价的产物，而在他们之间孰强孰弱，其实力如何，他们之间的博弈将起着关键的作用。法律对知识产权的保护程度如何规定，并不是什么崇高理性、尊重知识之类的空洞大道理所决定的，实际上决定于这种实力对比。否则，法律对知识产权的保护程度定的很高，以至超过了一半消费者所能够承担的水平，最后的结果可能就是要么消费者减少消费的数量，要么消费者可能置法律的规定于不顾，出现大规模群众性的盗版、仿制、

❶ Jessica Litman, *Digital Copyright*, Prometheus: *Humanity Books*, 71 (2001).

❷ Jessica Litman, *Digital Copyright*, Prometheus: *Humanity Books*, 186 (2001).

❸ 朱理：《著作权的边界：信息社会著作权的限制与例外研究》，北京大学出版社 2011 年版，第 202 页。

假冒等侵权违法行为。❶ 所以，发动文化领域的消费者运动，虽然可以看做消费者在著作权保护利剑下不得不进行的选择，但并不仅限于此。在著作权领域认真对待消费者运动，坚决捍卫文化消费的合理诉求和基本利益，也会促进著作权保护意识的提升，遏制盗版侵权行为，推进作品生产、传播和消费的生态链良好运行。

四、回应

从文化消费的视角观察，当今的著作权法律制度面临危机。质言之，著作权制度在回应现代文化消费方面的滞缓和片面，导致法律规则的设计没有得到以文化消费者为主体的社会公众的支持，法律的实施存在执行力方面的明显不足，也引发著作权人和传播者的不满。著作权法以保护作者和其他权利人的民事利益为核心，进而授予这些权利人以排他性的各种权能，禁止未经许可对作品、表演和录音制品等信息的复制、传播或者演绎。在为著作权人提供充分保护的同时，也存在相应的制度设计，用以保护文化公共领域的使用利益。这些制度设计往往站在公共利益、言论自由或者保护弱势群体的角度，达到实际上保护作品使用者和文化产品消费者利益的目的。具体到消费者保护的制度创新方面，可以紧紧围绕著作权法上的文化消费者形态进行相应的规则设计。具体来说，包括五个方面的重点。

（一）纯粹被动的文化消费与著作权的构造

现行的著作权法主要是通过列举权项的方式界定著作权人的控制范围，有的立法例还采取开放式的表述，允许著作人享有"其他的权利"，没有清晰表述著作权控制行为的本质。在网络环境下，出现

---

❶ 郑万青：《全球化条件下的知识产权与人权》，知识产权出版社2006年版，朱景文序言。

了著作权人权利范围的无限度扩张。最具体的表现是，著作权人能否控制对作品的接触和获取行为。如果著作权人不享有接触权或者获取权，那么消费者对作品进行阅读、欣赏的必要接触和获取就应该是合法的，不应该受到法律的追究。因此，有必要明晰著作权的本质，为纯粹被动的文化消费提供法律保障。在以作品（作品载体）为客体的社会关系中，消费者的利益直接受到著作权法的保护。例如，源于著作权保护期限，消费者可以对不受保护作品进行消费和使用。按照著作权限制规则和防止权利滥用的原理，消费者基于著作权本质所划定的边界而对作品进行阅读、欣赏、复制、传播甚至是演绎。

（二）技术产品的文化消费与著作权的革新

文化技术创新中加强对消费者利益的保护。在以技术性的文化产品、计算机软件和技术措施为主要表现形态的作品利用关系中，消费者的利益与著作权人的利益发生直接的冲突，需要受到相应的调整和平衡。例如，美国 Sony 案所确立的"实质性非侵权用途"规则，不仅是对技术产品的豁免，而且有益于文化消费者拓展文化消费的空间。在技术措施和 DRM 许可中，也需要为消费者和使用者创立合理规避权、自助获取规避装置和服务的权利，防止权利人滥用技术措施，或者通过 DRM 机制侵害消费者的公平交易权、知情权和隐私权。现有的著作权法对于通过技术产品实现作品消费的时空转移，采取含混不清的立场，"非实质性侵权用途"标准以及相应的私人复制限制、琐细使用豁免规定等都没有具体的制度设定。在不断进行的技术创新背景下，著作权法对于计算机软件、技术措施、DRM 机制、P2P 软件等可能带来的消费者权益损害问题没有相应的防止措施。为此，著作权法应该逐渐明确"非实质性侵权用途""引诱侵权标准"和"实质性侵权标准"等规则的适用范围，保护计算机终端用户的合法利益，在技术措施版权保护和著作权的 DRM 许可中设定相应的著作权限制和其他规则，保护技术产品文化消费者的利益。

（三）公共服务中的文化消费与著作权的限制

现有的著作权法律是从公益组织和教育机构的角度出发，为著作权设定相应的限制规则，以保障公益性文化服务的合理展开，也间接保护消费者的利益。但是法律对我国当前普遍存在的公益性文化服务呈现的扩张势头缺乏足够的制度关怀。同时，网络环境下数字图书馆、数字远程教育机构等所提供公益性文化服务的制度限制，也还存在很多不足，制约了公益性文化机构的发展。为此，立法应该针对现实的需要，为乡村图书馆、文化下乡等公益文化服务设定并提供版权基金，使之避免受到著作权人的追究。在法律上针对网络环境下公益服务的展开，完善法定许可与合理使用制度，创建公共作品自由利用和默示许可规则，在保护著作权人利益的同时促进公益性的文化消费，最终保护消费者的利益。

（四）网络服务中的文化消费与著作权的革命

在以网络服务为媒介的作品消费中，消费者的利益需要被关注。例如，网络服务提供者的责任规则、网络终端用户侵权豁免规则、网络服务提供者的信息披露义务和中止服务义务等，都需要在保护著作权人利益的同时，协调消费者的合理诉求和文化权益，使消费者在接受网络文化服务中不受歧视和不被监控，真正实现网络空间的权利保护与文化共享的目的。现行的著作权法针对网络环境下的文化消费进行的制度微调虽然有一定的效果，但是还不能够对由此带来的各种挑战进行有效的回应。网络对著作权制度所带来的是革命性的影响，绝不是可以通过简单的规则调整就能达到重新实现利益平衡的主旨。未来的网络著作权保护的重点，必然转移到网络服务和传播领域。数字技术所带来的文化消费方式的变化，要求著作权法在适应新的消费模式的基础上进行革命性的制度设计。这包括探索网络上的补偿金制度和各种途径的"避风港"规则。

（五）转换性的文化消费与著作权的发展

现行的著作权法对于生产性文化消费的调整，集中在运用著作权限制规则，保护消费者对于作品的引用和评论，以此划定作品中生产和消费的界限。由于法律对于转换性的使用缺乏一般的制度思考，所以对于在新的技术环境下日益增多的滑稽模仿和演绎行为缺乏调整。显然，将这些新技术下的生产性的文化消费行为均一体纳入著作权控制范围，不利于激励消费者的创造性的学习行为，也不利于文化的传承。立法需要在这方面进行革新，为网络中的滑稽模仿（如各种"恶搞剧"）和消费性的汇编、烧录、借鉴、编辑等创作行为设定相应的权利限制和例外规范。

第三节 著作权法保护消费者利益的正当性

著作权法以保护作者和传播者的合法利益为基本宗旨，何以还要保护消费者利益呢？从某种意义上看，著作权制度旨在促进文学、艺术和科学作品的创作与传播，它是文化产品生产和传播的基本法律保障。表面观之，先有文化的创作和传播，然后才有文化的消费。但是深入其本质而言，文化的消费与创作、传播密不可分。随着数字技术的发展和文化产业的发达，消费者也是创作者和传播者。著作权法在保护作者和传播者权利的同时，不可能无视消费者的利益。实际上，著作权法保护消费者利益具有正当性的理论根源，传统著作权理论范式中为消费者利益保护留有余地，改造著作权的理论学说更是为消费者利益保护提供了直接依据。在公共利益、政策需求和言论自由的叙事结构中，保护消费者利益也是其当然的组成部分。随着以网络技术为代表的现代信息技术的发展，现代著作权法保护消费者利益更有其迫切的外在动力和时代理据。

一、著作权正当性与消费者利益保护

（一）著作权正当性的理论范式与消费者利益

著作权的理论基础，主要有自然权利理论和经济激励理论。自然权利理论站在自由主义的立场，秉承启蒙运动的基本理念，从劳动论、意志论等不同角度切入论证著作权的合理性。具体来说，劳动论认为，人们劳作于无主的或"公有"的资源，则对其劳动成果享有自然的财产权利，而且政府有义务尊重和实现这一权利。意志论者认为，著作权的正当性在于保护那些体现作家或艺术家"意志"的作品不被侵占或篡改，或者在于造就有助于发挥人们创造性才智的社会经济条件，从而改善人类的生活。❶毫无疑问，自然权利理论是解释以私法形式保护作品创作者利益的依据，但是，这并不意味着不可以从中找寻到保护消费者利益的理论元素。

洛克对通过劳动获得财产的正当性加以论述的同时，也对取得财产权条件与财产权的范围进行了限制。洛克要求一个人通过劳动取得财产时，"至少还留有足够的、同样好的东西给其他人所有"。财产的幅度应该是"根据人类的劳动和生活所需的范围而很好地规定的。没有任何人的劳动能开拓一切土地或把一切土地划归私用；他的享用也顶多只能消耗一部分；所以任何人都不可能在这种方式下侵犯另一个人的权利，或为自己取得一宗财产而损害他的邻人（在旁人已取出他的一份之后）仍然有同划归私用一样好和一样多的财产"。❷洛克还提出了财产权不得浪费和超越生活必要限度的原则，"但是如果它们在他手里未经适当利用即告毁坏；在他未能消费以前

❶ ［美］威廉·费歇尔："知识产权的理论"，见《中国知识产权评论（第1卷）》，商务印书馆2002年版。

❷ ［英］约翰·洛克著，叶启芳、瞿菊农译：《政府论（下）》，商务印书馆1964年版，第25页。

果子腐烂或者鹿肉败坏，他就违反了自然的共同法则，就会受到惩罚；他侵犯了他的邻人的应享部分，因为当这些东西超过他的必要用途和可能提供给他的生活需要的限度时，他就不再享有权利"。❶这两个先决条件，在某种意义上就是为财产的其他消费者提供保护设定了依据。首先，"至少在还留有足够的同样好的东西给其他人所有"扩展到文化创作和消费领域，就是文化公共领域的广泛存在以及文化消费渠道的畅通。诺齐克认为这意味着其他人的状况不致变坏。❷如果知识产品创造者享有知识产权没有使其他所有人遭受纯粹的不利或损害，知识产权授予就是正当的。相反地，如果不再能够自由使用某物的他人的状况将因此而变坏，一个通常要产生一种对一原先无主物的永久和可继承的所有权的过程就不被允许。❸其次，"非浪费性条件"在文化创作和消费领域体现为信息的自由获取，且文化产品未被垄断进而可为普通消费者所自由接近。当知识产权所有人向他人收取使用其表达或发明的费用，或隐匿其产业技术不让他人知悉时，对于这些知识产品的特定的有益性使用便被阻止。因而，这一情形显然是浪费性的。❹按照休斯的观点，由于创造者将知识产品创造出来后增添了知识共有物，因而他享有知识产权。但是，这种知识产权只是暂时性地享有，一旦社会对于某种新思想的依赖日趋严重以致思想共有物将该新思想转化为共有物的时候，知识产权也就不再作为一种由创造者享有的权利而存在，创造者将会丧失

❶ [英] 约翰·洛克著，叶启芳、瞿菊农译：《政府论（下）》，商务印书馆1964年版，第26页。

❷ [美] 罗伯特·诺奇克著，何怀宏等译：《无政府、国家与乌托邦》，中国社会科学出版社1991年版，第180页。

❸ 同上书，第183页。

❹ Edwin Hettinger, Justifying Intellectual Property, *Philosophy & Public Affairs*, 18, 31 ~ 52 (1989) .

对该新思想的独占性使用的权利。❶ 知识共有物及知识产权期限制度，确保了知识产权领域的代际正义的实现。只要不断增长的思想共有物可以被无限制地使用，那么，每一个人就至少具有和创造出思想的第一个人同样多的机会去利用这些思想。那些通过私有化而排除共有的思想与那些为社会所依赖的思想之间存在一个平衡问题。也就是说，可独占的思想与需要共有的思想之间需要保持平衡。否则，代际正义将无法实现。❷ 著作权法保护消费者的利益，恰恰正是在于有效实现从消费者到创作者的代际转换，确保了代际正义的实现。

按照劳动论，既然人类全体对于知识共有物作出了贡献，那么，社会公众同样应当获得合理补偿，如同知识产品创造者获得知识产权的回报一样。❸ 知识产权的前提是智力资源供一切人共有。公众共有权优先于创造者的知识产权，当二者发生冲突时，洛克先决条件为我们提供了一条解决冲突的基本原则，即公众共有权优先，创造者知识产权列后。❹ 戈登更是把公众共有权和创造者的知识产权进行对比，发现劳动论既使社会公众对知识共有物享有财产权，即对知识共有物的平等所有和利用权，从而确立公众对于知识共有物的共有权，又使创造者对其劳动成果——知识产品享有财产权。这两种权

---

❶ Justin Hughes, The Philosophy of Intellectual Property, *Georgetown Law Journal*, 77 (1988).

❷ Justin Hughes, The Philosophy of Intellectual Property, *Georgetown Law Journal*, 77 (1988).

❸ 饶明辉：《当代西方知识产权理论的哲学反思》，科学出版社 2008 年版，第 70 页。

❹ Wendy Gordon, "A Property Right In Self - expression: Equality and Individualism In The Natural Law of Intellectual Property", *Yale Law Journal*, 102 (1993).

利均由劳动论引申而来。❶ 由此可以得出这样的结论，"劳动论"并不排除社会公众对创造性劳动成果享有相应的权利。文化消费者对于创造性智力成果的利益依存度远远高于普通的社会公众。著作权法设定相应的规则保护消费者利益的实现，完全符合文化创作私有的"劳动论"立场。

洛克的财产权两个限制条件（留有足够多同样好的东西给其他人以及不得浪费原则）可以用来论证"禁止著作权滥用原则"。禁止著作权滥用原则要求权利人在行使权利、追求自己的利益时，不得损害他人利益和社会利益，从而在当事人之间的利益关系和当事人与社会之间的利益关系中实现平衡。版权人在行使版权的过程中也有滥用权利的可能，典型的版权滥用如版权人会在知识产品外搭售其他产品，损害消费者自由选择的权利；拒绝版权交易、垄断高价等。❷ 对版权滥用的规制，目前主要利用版权法自身的规范、民法基本原则如诚实信用原则、公序良俗原则的限制以及反垄断法的调控。❸ 其中，利用版权法自身的规范规制版权滥用的基本途径，就是为受到权利滥用影响的利益相对方设定相应的保护规则。这些规则中就包括对消费者利益给予保护的内容。

作为自然权利解释著作权合理性的另一种进路，"意志论"同样也有着对读者等消费者利益进行保护的理论解释空间。黑格尔虽然承认思想、知识等内在精神的外化物可以成为个人财产权的对象，但不主张对思想、知识本身的控制，他看到了思想、知识等的共有性特征，并赞成发扬这种特征，鼓励思想的自由流通和共享。他说：

---

❶ 饶明辉：《当代西方知识产权理论的哲学反思》，科学出版社 2008 年版，第 70～71 页。

❷ 韦景竹：《版权制度中的公共利益研究》，中山大学出版社 2011 年版，第 78 页。

❸ 王先林："知识产权滥用及其法律规制"，载《法学》2004 年第 3 期。

"我们特有的思想产品，在外露后可以为他人复制，这并不是一件坏事情，而是一件好事。因为一个人在接触了他人的外部思想后，可以利用其思想产生更多的作品或发明创造。"❶ 所以，从古典的"意志论"哲学中，也区分了有形财产的意志与无形财产的意志，进而提倡将无形财产作为一种可以由不同利益群体进行共享的财产看待。显然，文化消费者在进行文化消费时适度限制权利人的意志，不仅是保护消费者权益的需要，也是文化产品共享的必然。

　　站在后现代主义的立场上，"意志论"有了全新的解读。作品固然是作者意志的体现，但是作品在创作之前和创作之后有着截然不同的意义。在被创作之前，作品完全依赖于作者。它的全部内容皆由作者来给定，因此，在这一阶段，作品的确是作者人格的展现。然而，在被创作出来之后，通过传播，作品到了读者、听众和观众那里。它开始了一个新的历程，一个由读者、听众和观众阅读、欣赏、观看并被他们评说、感受、体验的历程。作品进入了一个独立于创作者的客观世界。作品的生命（确切些说，是作品的第二次生命），在读者、听众和观众那里得到了延续。读者、听众和观众成为作品意义的创造者，作者原先对作品的主宰局面被完全改变。❷ 后现代学者福柯和罗兰·巴特都认为，在作者创作完成作品后，作者便自我消融了。在他们看来，文本的意义不是作者的，相反，是读者从文本中创造和产生了意义。❸ 按照后现代主义的进路，著作权法对读者的保护，恰恰也是"意志论"的具体体现。

　　另外一种著作权合理性的解释范式——经济激励理论——则站在

---

　　❶　［德］黑格尔：《权利哲学》，克莱顿出版社1952年版，第68页，转引自韦景竹：《版权制度中的公共利益研究》，中山大学出版社2011年版，第83页。

　　❷　饶明辉：《当代西方知识产权理论的哲学反思》，科学出版社2008年版，第89页。

　　❸　李雨峰："版权法上基本范畴的反思"，载《知识产权》2005年第1期。

功利主义的立场，以保护权利人为出发点，以经济分析为工具，证明保护著作权的合理性。如果没有让智力劳动者和投资者可能收回其投资和成本的合理预期，没有一个让其可能通过自己的创造性劳动获得合理利润的制度，任何人都不会愿意进行这样的投资，最后也将造成投资源泉的枯竭。因此，建立著作权制度，就在作品与投资、利润以及财产保护之间，架起一道桥梁，使创作者和投资者能够通过这座桥梁通向自己的预期目的地。

从经济激励理论的原点出发，赋予著作权的经济动因是知识产品具有的非排他性和非竞争性。如果没有著作权的保护，作品就不能源源不断地创作出来。但是这一矛盾的解决是建立在适度保护的基础上，因为任何作品本身的经济属性并未因此而改变，也就是说如果保护过度，作品的传播就会受到严重影响，这也违背了作品可由大众分享的经济品性。就此而言，必须为作品传播中的消费者以及其他使用者设定相应的救济机制，以保护作品创作的同时，不扼杀作品非排他和非竞争的属性，在制止负的外部性，防止搭便车的同时，鼓励知识产品正的溢出效应，促进更多、更优秀作品的创作和传播。

在经济激励的视野下，权利人控制消费者某些利用作品的行为，不仅可能浪费个人成本，也会消耗大量的社会成本。监控消费者使用作品的行为，在很多时候难以奏效。强行与文化消费习惯对抗，也不是成熟的商业模式。在权利行使中损害消费者的利益，也必然引发消费者的反感。在很多情况下，权利人并不愿意与"消费者"为敌。只有一个作品得到了消费者的认可，只有被更广泛地传播，创作者或投资者才能有更大的机会获得盈利，并且由此打通文化产业的发展链条，带来更巨大的经济利益。从制度安排上看，赋予消费者以相应的著作权法上利益，可以解决交易成本过大的难题，也不违背著作权人的内在需求。

（二）改造著作权理论与消费者利益保护

首先，社会规划理论与消费者利益保护。知识产权的社会规划理论是直到晚近才发展起来并形成相对独立的知识产权合理性论证路线。社会规划论主张，包括著作权、商标权和专利权等在内的知识产权能够而且应当加以架构，不但因为它们为社会带来的知识产品会使人们达致一种优良的生活，而且在于他们自身的架构会成为构筑理想社会的要素，从而把人们带入一个公正的、有吸引力的理想社会中去。❶费舍尔以亚里士多德主义的道德哲学传统作为理论依据，在吸收功利主义者和康德自由主义者某些观点的情况下，提出了一种公正的、有吸引力的智力文化社会观，或者说是乌托邦社会。该种社会首先有赖于一种优良的生活。所谓"优良的生活"就是一种自决的、奉献的，具有一定冒险精神的，从事有意义工作的生活。而优良社会则会以有利于实现优良生活的方式来分配和使用资源。这就使得为所有人提供平等参与优良生活的机会成为必要。优良社会应当包括文化多样性、丰富的艺术传统、充分的自我感和反应能力、设计精巧的经济体制、广泛而公共的必修教育以及平等。❷他认为，优良社会似乎应该把侧重点放在某种独特的文化的建构上。该种社会图景包括消费者福利、信息和思想的某种丰富、一种丰富的艺术传统、分配正义、话语民主、社会沟通能力以及尊重。按照费舍尔的解释，知识产权法领域内多种规则的融合，将通过在激励创造与激励传播和使用这二者之间达到最优的平衡而使得消费者福利实现最大化。在他所描述的有吸引力的文化里，所有人都有权使用丰富的信息资源和艺术资源，而且都能够参与到文化意义的创造过

---

❶ 饶明辉：《当代西方知识产权理论的哲学反思》，科学出版社2008年版，第90页。

❷ William Fisher, Reconstructing the Fair Use Doctrine, *Harvard Law Review*, 101 (1988).

程中来。如果人们可以接触到"现实"空间和"想象"空间的各种基本信息，他们的社会沟通能力将得到增强。知识产品的创造和传播，为人们的这一构想开拓了渠道。❶ 费舍尔指出了话语民主在一个公正的、有吸引力的社会中所占据的重要地位。在这样一个有吸引力的社会里，一切人都能参与到文化意义上的创造过程中来。人们不仅消极地充当文化作品的消费者，而且有助于构筑他们所生存的那一思想的与符号的世界。❷ 内塔内尔（Netanel）提供了一种关于版权的观念架构，即民主范式的著作权。该架构强调，著作权本质上是一种用市场制度来增进市民社会民主特质的国家手段。著作权的主要目标是支撑民主文化。它开创性地提出了著作权的两大功能：生产功能和结构功能。生产功能使知识产权为知识产品的生产提供激励。结构功能着眼于加深公共的民主特质。著作权履行其结构功能有两条途径：第一，著作权孕育出一个关于知识的创造和传播的独立领域。将知识传播给每一个人，同时开辟出公民自由与公共教育的独立领域，这是著作权的核心。即著作权的核心在于传授知识、拓展公民自由。第二，著作权为创造性表达的私人控制行为设定范围。民主范式的著作权将限制著作权所有人对转换性使用的控制，进而在某种程度上有助于削弱媒体大企业对公共话语的把持。大量非权威性作品的创造，将会在很大程度上削弱权威和等级建制的影响力，甚至能够逐渐瓦解权威和等级统治。❸ 内塔内尔（Netanel）认为，为了实现版权的生产性功能和结构性功能，应该改善版权法，如版权的期限应当缩短，以扩大能为他人创造性使用的公共领域的范围；减少作者在控制他人准备其创作演绎作品的权利；应当经常

---

❶❷　William Fisher, *Theories of Intellectual Property*, *New Essays in the Legal and Political Theory of Property*, S. Munzer ed. , Cambridge University Press, 165（2000）.

❸　Neil Weinstock Netanel, Copyright and a Democratic Civil Society, *Yale Law Journal*, 106（1996）.

运用强制许可制度以保持艺术家与作品的消费者之间的利益平衡。❶ 上述社会规划理论的构想，均将包括消费者福利在内的社会福利融入著作权的合理性目标之中，从而在根本上化解了消费者利益在内的社会福利与创作者利益之间的矛盾，并将社会福利和文化民主作为解决可能存在的利益冲突的基本标准，为实现消费者利益在著作权法领域的有效保护提供了理论基础。

其次，利益平衡理论与消费者利益保护。我国知识产权著名学者吴汉东教授在解释著作权法中的平衡精神时认为，"平衡精神所追求的，实质上是各种冲突因素处于相互协调之中的和谐状态，它包括著作权人权利义务的平衡，创作者、传播者、使用者三者之间关系的平衡，公共利益与个人利益的平衡。"❷ 利益平衡点的寻找是该理论的难点和核心。从历史发展看，著作权的利益平衡是以权利人控制手段日渐强化、消费者利益日渐羸弱为表彰。进入网络时代后，权利弱化和利益分享是回复著作权利益平衡点的基本手段。其含义在于，减弱知识产权所有人的禁止实施权的功能，让知识产权所有人之外的其他人能够更有效地利用智慧创作物，然后通过利益分享形式使知识产权所有人的利益、智慧创作物使用者的利益和社会利益最大化。❸ 权利弱化与利益分享理论的问题在于：知识产权的弱化并不必然导致社会公众就一定能分享到知识产权所带来的利益；而且如果缺乏有效的权利填补（为社会公众赋权），知识产权的弱化带来的结果最终很可能是知识产权享有者无法充分地行使其权利，而

---

❶ Neil Weinstock Netanel, Copyright and a Democratic Civil Society, *Yale Law Journal*, 106（1996）.

❷ 吴汉东：《著作权合理使用制度研究》，中国政法大学出版社1996年版，第13页。

❸ 曹新明、梅术文："民族民间传统文化保护的法哲学考察"，载《法制与社会发展》2005年第2期。

社会公众也只能望知识产权的弱化而兴叹，社会利益最大化的主旨将成为一种空想。因此，"权利弱化与利益分享理论"欲在协调知识产权矛盾和重构知识产权制度方面达致成功，须面临两项任务：第一，权利弱化的同时需要构设出能够予以填补的权利。换句话说，为知识产权人之外的其他人赋予某种形式的权利，使其拥有将知识产权人割让出来的这部分权利具备合法性。第二，利益分享的渠道和权利弱化的方法进行界分，无疑会使利益分享路径更加具有操作性。❶ 由此可见，重整著作权法中的消费者利益，正是弱化知识产权的基本途径，也是弥补权利弱化理论流于空洞的重要手段。通过在著作权法中保护消费者利益，借助知情权、安全权、表达权等公共权利话语，可以倒逼著作权人让度已经占领的控制领域，让权利弱化和利益分享有了操作的空间。

从以上分析可知，就著作权得以证成的理论基础而言，也并非仅仅拘泥于著作权人的权利保护法。著作权不同于有形财产权的基本特质，就在于其本身所蕴含的多元利益结构和社会福利关怀。从著作权本质上看，保护消费者利益不违背劳动论、利益论或者经济激励理论，也是社会规划理论和利益平衡理论在矫正知识产权正当性时所着力考量的基础性要素。

二、著作权法保护消费者利益的公共利益依据

从著作权的正当性视角出发，消费者利益的保护不违背著作权设立的理论基础。从更高的维度看，即使著作权的正当性排斥消费者利益保护，这种排斥性也应该被抑制。因为在法律规则的"金字塔"位阶中，下位的规则必须服从上位规则。实际上，著作权的上位规则就是公共利益和言论自由，而这种宪法性的更高规则也为建构著

---

❶ 饶明辉：《当代西方知识产权理论的哲学反思》，科学出版社 2008 年版，第 187 页。

作权法中的消费者利益保护提供了源泉。著作权是一种赋予作者专用权的法律制度，其最终目的都不得悖逆公共利益的价值目标。美国宪法中的"进步条款"❶认为，赋予作者权利是国会的目的，但它不是为了养肥出版商，甚至它的首要目的也不是为了犒赏创作者。它具有十分明显的公共性。❷美国联邦最高法院判决亦指出，美国宪法授予国会以立法保护版权的目的在于促进科学和实用艺术的进步，而非保护私权本身。美国联邦最高法院在一系列的判决中反复重申这一点。例如，在 1948 年的 United States v. Paramount Pictures, Inc. 一案❸中，法院在判决中明确表示，版权法将奖励版权所有者作为一个次要的考虑。对私人创作的激励最终还是要服务于促进文学、音乐和其他艺术的公众利用度。❹版权法最终服务于使公众通过获取创造性作品而丰富知识的目的。❺ 2000 年英国知识产权委员会发布的《知识产权与发展政策的整合》中同样明确提出："不管对知识产权采取什么样的措施，我们更倾向于把知识产权当作一种公共政策的工具，它将经济特权授予个人或单位完全是为了产生更大的公共利益。这样的特权只是达到目的的手段，而不是目的本身。"❻在我国，公共利益目标同样具有终极价值。我国《著作权法》第 1 条规定，著作权法的立法目的在于保护文学、艺术和科学作品作者的著作权以及与著作权有关的权益，鼓励有益于社会主义精神文明、物质文明建设的作品的创作和传播，促进社会主义文化和科学事业的发展

---

❶　《美国宪法》第 1 条第 8 款：为促进科学和使用技艺的进步，国会有权对作家和发明家的著作和发明在一定期限内给予权利的保障。

❷　[美] 劳伦斯·莱斯格著，王师译：《免费文化：创意产业的未来》，中信出版社 2009 年版，第 105 页。

❸　United States v. Paramount Pictures, Inc., 334 U. S. 131, 158 (1948).

❹　Twentieth Century Music Corp. v. Aiken, 422 U. S. 151, 156 (1974).

❺　Fogerty v. Fantasy, Inc., 510 U. S. 517, 527 (1994).

❻　英国知识产权委员会主编：《知识产权与发展政策的整合报告》前言。

与繁荣。

（一）著作权法保护消费者旨在维护公共利益

文化消费者的利益保护是实现公共利益目标的至关重要的元素。这是因为：首先，文化消费者的利益是文化创作和传播中大多数人共享的利益。由于任何作者也是从消费者而来，没有文化消费不可能产生文化创作，所以作品的创作离不开对良性文化消费生态的保护。在文化传播中，几乎每一个社会中的人都少不了进行文化消费，以满足日益增长的文化需求。文化消费者的利益绝不是个别人的商业利益，它是多数人都需要享有的利益，属于公共利益的范畴。其次，文化消费者的利益也是弱者利益的一部分，属于法律应该专门保护的公共利益。文化消费的弱势性是相对于创作者尤其是传播者而言。消费者的弱势性，是指消费者为满足生活消费需要在购买、使用经营者所提供的商品或接受服务的过程中，因缺乏有关知识、信息以及人格缺陷、受控等因素，导致安全权、知情权、自主权、公平交易权、受偿权、受尊重权、监督权在一定程度上被剥夺造成消费者权益的损害。❶ 与有形物的消费相同，文化消费也具有同等的弱势性。随着数字网络技术和文化产业的发展，文化消费者与大型文化企业、网络服务提供者的地位愈发不对等，在宣示著作权强保护的商业利益集团和巨头面前，文化消费者的弱势性需要将其作为公共利益进行保护。最后，文化消费者的利益是著作权法上应该关照的合理且正当的公共利益。著作权法以保护著作权人的利益为出发点，但并不能就此形成文化封锁或者文化禁锢。著作权法维护文化消费者的利益不仅是要为著作权设定限制和边界，而且也是为了更好地促进作品的创作和传播。对于文化消费者侵犯著作权人的利益，法律固然不应保护，相反，消费者的盗版侵权行为应该受到著

---

❶ 张严方：《消费者保护法研究》，法律出版社 2003 年版，第 84 页。

作权法的惩治；对于文化消费者接触作品信息、参与文化生活、获取知识教育、实现文化传承等正当的需要以及在文化消费中必不可少的消费方式和消费手段，著作权法必须提供适当的安全空间，否则就违背了其促进公共利益的主旨和目标。所以著作权法同时保护消费者利益，并不是要以损害著作权人的个人利益为前提，而是为了建立起公共利益和个人利益的良性互动与和谐发展。

著作权法的制度设计应该以促进公共利益为目标，但是该目标的实现不能以削弱作者权益的方式来实现，它应该是在充分照顾公共秩序和文化发展要求的基础上，为使用者、消费者、公益性的文化机构以及弱势群体等具有公共利益价值的利益相关者提供相应的权利和利益保护，使得他们能够参与文化生活和文化建设，进而最终有助于公共利益目标的实现。文化公共利益得以实现的核心在于营造文化公共领域。一般认为，文化领域可以被划分为产权领域和公共领域，前者是著作权人可以控制并且每一次作品使用和消费均需按照市场规律、依照授权许可规则进行利用。公共领域则是可以自由使用的作品范围，在进行文化消费时也具有更为自由的条件。公共领域是一个社会健康发展的源泉，其主要目的在于为他人的再创作提供原材料，他人可以对其需要的材料进行复制、翻译、修改、编辑等，无需付费，不受限制。借此，新作品得以产生。显然，一个健康而有活力的公共领域是新作品创作的渊源。❶ 由于公共领域是著作权中权利人不能控制区域，所以明确公共领域的范畴也成为著作权法的重要内容。正如美国学者所指出的那样："人们希望公有领域的设想将帮助国会、法院和消费者维护公有领域中的公共利益，免受那些试图将知识公地转化为私人财产的人的侵害。"❷ 鉴于公共

❶ 李雨峰：《著作权的宪法之维》，法律出版社2012年版，第118~119页。

❷ Tyler T. Ochoa, Origins and Meanings of the Public Domain, 28 *Daflon L. Rev.* 267（2002）.

领域又是消费者和使用者可以自由利用和消费作品的场域，所以保护消费者利益、维护消费者权利也是维护著作权法上公共领域的重要途径。

现在著作权保护的整体趋势是：权利人和传播者的利益受到更多的关注，消费者和使用者的利益被融化进公共利益范畴。这种以公共利益表彰消费者和使用者利益的做法，也产生了一些弊端，尤其是使得文化产品的消费者成为被公共利益反射保护的对象，缺乏自主维权的手段和力量。但是，究竟什么是公共利益，什么时候侵犯了公共利益，又是一个仰赖法官自由裁量的命题，因此，作为具体的使用者并没有充分的自信去就此提出有说服力的个体主张。很多本应该给消费者以合理说法的场合，却因为对公共利益的不同理解，或因为消费者主动放弃，或因为权利人和传播者的强势解读，进而被消融于无形。为了克服著作权法上公共利益散见性和无形性的特点，就必须让其在表现形态上具体化和有形化。消费者利益保护作为著作权公共利益构造中的重要组成部分，的确有必要率先凸显出来，通过消费者权、消费者运动和消费者利益维护等具体的手段实现公共利益的价值目标。

（二）著作权法保护消费者利益有利于实现自由表达

从字面上讲，表达自由❶是公民循一定方式、途径、手段向外表露、传播其思想、信息、情感，让人知晓。从宪法角度，狭义的表达自由是指言论、新闻和出版自由。广义的表达自由涵盖一切形式的表达、言论、新闻、出版，还有结社、集会、游行、示威、艺术、影视、广告、学术、科研，甚至信仰自由、选举和被选举权等。从国际人权法的角度，学者们将表达自由解释为双重内容的自由，既

---

❶ 尽管表达自由与言论自由存在外延上的些微差异，本书还是持二者内涵相同的立场。

是传播的自由，即表达各种意见和思想的自由，也是寻求和接受各种信息和思想的自由。❶ 在著作权法领域，表达自由为创设作者的著作权提供了宪法依据。作品的创作和传播过程，就是实现公民表达自由的过程。表达自由早已经超越特权❷成为每个社会成员均应平等享有的基本自由，这也使著作权作为一项每个民事主体都可以享有的民事权利成为可能。然而，这并不是表达自由的全部真相。从学者们的分析可知，完整意义上的表达自由，还包含更为广阔的宪法与人权法意蕴。它不仅是创作、出版的自由，还是学术、科研、评论以及寻求和接受各种思想的自由。从逻辑关系上看，创作自由是以能够自由接受和传播信息、思想为前提，而人类社会接受和传播信息的自由又是从自主进行文化消费开始，著作权法在为作者和传播者设定著作权的同时，为文化消费者接触文学艺术和科学作品提供法律保障，也是实现所有文化活动参与者表达自由的必然要求，不违背言论自由的基本精神。

版权虽然是表达自由实现的一种私权保障，但同时是对社会公众尤其是文化消费者进行自由表达的一种私法限制。版权与表达自由之间的冲突内在地存在于版权制度之中，其实质是版权权利人的私人利益与他人利益和社会公共利益的冲突，是权利人经济利益手段与他人和社会精神文化利益目的的冲突，是私权与公权、人权的冲突，在一定程度上甚至是发达国家与发展中国家利益的冲突。❸ 大多

---

❶ 何贵忠：《版权与表达自由：法理、制度与司法》，人民出版社 2011 年版，第 41～42 页。

❷ 表达自由最早见于 1689 年《英国权利法案》第 9 条："国会内之演说自由、辩论或议事之自由，不应在国会意外之任何法院或任何地方，受到弹劾或讯问。"这种言论自由在本质上是一种特权，保护议员在议会自由议政，不是现代意义的作为普遍、平等的人权的表达自由，却是人类立法保障表达自由的开端。

❸ 何贵忠：《版权与表达自由：法理、制度与司法》，人民出版社 2011 年版，第 121～122 页。

数版权立法拟定时都考虑在创作者对其作品享有的独占权与不受作者专有权限制而能自由获取这些作品的社会需要之间建立一种平衡。就版权法律而言，关键是要尊重各方利益的"平衡"。❶ 由于表达自由是目的，版权保护是手段，从法益衡量和价值位阶的角度出发，在两者有冲突时，原则上版权立法和政策要服从和服务于表达自由。因此，为了在版权立法上满足上述利益平衡要求并服膺于表达自由的精髓，就必须在作者和传播者享有的著作权利益之外，寻找实实在在的能够满足社会公众表达自由的利益主体和诉求。其中，消费者权是在文化消费中实现表达自由的重要利益表现。消费者有权接触作品，获得必要的信息，这是文化消费中知情权的当然表现。同时，文化消费者享有的公平交易权，数字网络环境下针对数据库和数字权利管理系统所享有的自助权等，也是保障表达自由的重要途径。在著作权法律制度设计中给予消费者权利以相应考虑，进而对著作权人的控制权利进行相应的限制，恰好体现了因循表达自由理念维护各方利益平衡的要求。

信息自由权经由表达自由演进推导而来，在联合国 1946 年第 46 号决议中被定义为一项基本人权。这是一项积极的获得信息的自由。信息自由权的出现将著作权保护和表达自由的关系提升到一个更深的层面，也为进一步审视著作权制度的理想设计提供了准据。文化消费者是信息自由权的享有者，信息自由权作为一种宪法和人权法上的人权，在经济和文化生活中也成为消费者权的法律渊源。消费者在文化消费和文化产业运行过程中，有权获得信息并进行表达是进行文化消费、参与文化生活的前提依据，也是行使知情权、公平交易权、安全权等权利的必然内容。当信息自由权与著作权发生冲突，著作权人利用私权审查途径阻止文化消费者行使信息自由权时，

---

❶ ［法］安娜·勒帕热："数字环境下版权例外和限制概况"，载《版权公报》2003 年第 1 期。

不同的法律传统下有不同的解决方式。美国法院主要坚持内在视角，即从版权法内部处理该问题，认为多数情况下版权法不需要接受第一次修正案的审查。相比之下，欧洲大陆国家法院更愿意接受人权的抗辩，甚至启动对著作权规则的宪法审查。❶ 相较而言，外部审查的方式面临很多障碍。在我国更不具有现实性。从内部建立相应的法律规则以推进信息自由权的实现，当属更为可行的选择。以使用者权、消费者权等权利内置于著作权规则中对著作权进行完善，成为缓解著作权与基本人权冲突的有效途径。

三、著作权法保护消费者利益的网络环境维度

进入数字网络时代，著作权制度所意欲达致的平衡关系被打破，权利人和消费者的利益日益紧张，不同的商业模式尤其是网络共享文化下的人人创作、免费消费、全民传播的生态链条搅乱了传统的文化生产消费方式。网络是消费者自由表达的良好空间，其初期的技术设计和运行架构都是超越传统的制度控制，进而成为每一个网民自由表达的虚拟世界。随着著作权私人审查制度的不断介入，网络世界超越现实法律的浪漫情怀被打破。著作权立法和国际条约都选择了强化网络上的著作权控制和审查。由于片面扩张作者和其他权利人的权利，在一定程度上忽视、压制了表达自由，也让文化消费者在免费的狂欢中陷入迷乱。立法对数字信息技术发展的不恰当回应，打破了版权保护与表达自由之间的平衡，导致版权保护与表达自由严重冲突。这种冲突既包括价值层面的，即普通网民和一般的消费者不认可网络上著作权的强保护，不少人依然故我地以表达自由为理念肆意违背网络著作权法律规则，而这些看起来违法的行为又得到不少的舆论支持和认同。这种冲突还有法律规则本身的问

---

❶ 何贵忠：《版权与表达自由：法理、制度与司法》，人民出版社 2011 年版，第 297~299 页。

题，就是传统著作权法中为消费者和使用者所留下的表达自由空间愈见狭小，普通消费者在网络空间动辄侵权，消费者权利受到严重侵害。美国学者先·西蒙斯（Sean Simmons）也注意到，在互联网上，非法复制变得更加容易，这是事实。同时，互联网也使得贯彻接近和阻止措施变得更加容易。这对权利所有者来说打开了新的传播和收集的机会，代价则是广大的网络用户的权利。❶ 在这样的背景下，著作权制度设计中关注文化消费者的利益，具有特殊的时代意义。

这仅仅是事实的一个方面，另一个方面是，消费者可能会对于来自现实中的各种管控置之不理，甚至轻视或蔑视。消费者及其支持者越来越将唱片公司和电影公司视为"贪婪的垄断者"，并为它们的即将灭亡（创造性的毁灭）而欢呼雀跃。❷ 他们（我们中的大多数人）没有因为在互联网上侵犯著作权规则而感到不安。根据美国Ipsos Reid 公司调查显示，至 2003 年年底，美国 12 岁以上的受访者中，每 5 个人中就有 1 个曾经通过 KazaA 之类的网站下载文件。在 12 ~ 17 岁的孩子中，有一半的人下载过。18 ~ 24 岁的人中，有 44% 下载过。根据"普及互联网与美式生活项目"于 2003 年中期的研究显示，已经有 3 500 万美国人从互联网下载过音乐，在 18 ~ 29 岁的互联网用户中，有 52% 的人下载过音乐。❸ 张今教授组织的一项网上问卷调查中，近 85% 的被访问者认为上传、文件共享和下载数字内容并不违法，即使法律将其定义为违法行为，62% 以上的被访问者表示会继续这种行为，并认为"没有觉得这是违法的"。有趣的是，

---

❶ Sean Simmons, Bliue Skies Ahead for Copyright E – Commerce, *A. I. P. J* 11 (2000).

❷ ［美］威廉·W. F. 费舍尔著，李旭译：《说话算数：技术、法律以及娱乐的未来》，上海三联书店 2008 年版，前言。

❸ ［美］约翰·冈茨、杰克·罗切斯特著，周晓琪译：《数字时代，盗版无罪》，法律出版社 2008 年版，第 129 页。

虽然绝大部分调查对象在主观上认为上述行为并不违法，但是仅有28.2%的被访问者表示会拒绝为此种行为支付费用，大多数被访问者表示愿意支付一定费用而获得高质量的安全的数字内容（音乐、电影等）。❶ "搜狐网"于2009年组织的相关网络调查结果显示，支持打击网络盗版行为的网民占43.26%，认为网站提供盗版视频应受处罚的网民占42.95%，两项指标都没有超过半数。❷

施塔姆勒认为："法观念由两个部分组成，一个是法的概念（the concept of law），一个是法理念（the idea of law）。前者指涵盖一切法律形式要件的法律现象的逻辑制作，后者则是在一定时空范围内具有特定社会历史内容的正义标准在法律中的实现。"❸ 他的这一分解给予的启示在于，必须正视网络环境下来自民众的理念和诉求。电脑将创造一种乌托邦，数字化将使一切思想获得自由。❹ 可以看到：第一，网民的信息分享观念在网络环境中表现激烈。网络让每一个人既是信息的享有者，又是信息的制造者，网络的交互性、虚拟性让网民们产生了更多的信息依赖感，分享各种信息成为网络中的不成文游戏规则。第二，网民的信息自由观念非常强烈。"漫游网上，一个人会因其中的自由气氛而深受感动：观点，一切观点，甚至'危险'的观点，都可以被分享，被讨论，被戏谑。"❺ 第三，网络

---

❶ 张今：《版权法中私人复制问题研究：从印刷机到互联网》，中国政法大学出版社2009年版，第183页。

❷ "视频网牛年开战，反盗版联盟诉土豆网"，载 http：//ip. people. com. cn/GB/8737562. html，2009年2月3日访问。

❸ 转引自梁治平等：《新波斯人信札》，中国法制出版社2000年版，第179～180页。

❹ D. S. Bennahum，"The Myth of Digital Nirvana"，*Educom Review*，Sept. oct.，31. 5，24～25（1996）.

❺ ［加］大卫·约翰斯顿等著，张明澍译：《在线游戏规则》，新华出版社2000年版，第7页。

上的产权观念被有意淡化。在这个信息爆炸的网络中，任何人都可以在互联网上拥有绝对数量的信息，而每样信息又难免你中有我，我中有你，导致网络上流动的"知识无法像商品那样被人们所拥有"（萨维奇语）。制度要有效发挥作用，必须得到人们的认同，这种认同是以人们内在相应的价值观为基础的，如果人们对制度安排缺乏内在的价值认同，制度设计就会变成纸上空文。❶ 作为消费者，要么对法律置之不顾，要么成就全民侵权，这都不是著作权制度追求的目标。

实际上网络资源为创作者提供了很好的创作空间，而网络空间的消费者也不能离开创作者，他们实质上都是知识的管理者，因此消费者和创作者之间通过相互的合作完全可以实现"双赢"。在这样的环境下，作品的创作行为应该被重新诠释，也许建构在利益分享基础上的合作才是网络作品繁荣的关键。一切人都是平凡的人，而法律正是普通人的行为规范。所以，需要考量的恰恰不是创作者个人以及侵权者个体，应该引起关怀的是更多普通网民的价值观念、更多普通网络作品的法律保护。在这里，在这片已经孕育并还将孕育信息时代和知识经济时代土壤的空间，传统的著作权制度理念应该在一定程度上被修正。其中，保护网络文化消费者的利益，正是重塑著作权法律理念，建立网络文化消费信心的重要环节。

四、著作权法保护消费者利益的政策理据

著作权法保护消费者利益的另一个正当性根源在于，著作权法越来越摆脱了传统的利益相关者实力均衡的状态，日益成为大的文化产业、企业和国际跨国集团、文化强国的政策工具。从国家层面而言，知识产权强国操纵著作权国际规则的制定，无视或者淡化文化

---

❶ 罗能生：《产权的伦理维度》，人民出版社 2004 年版，第 193 页。

弱国的消费者利益保护。在 WTO《知识产权协定》的制定过程中，美国的大公司通过各种游说来对美国政府施压并通过贸易代表直接影响《知识产权协定》的产生。"公司的代表坐在贸易代表的对面，提出修改他国法律的意见，要求实施301条款，玩普惠制的纸牌，提交最新侵权损失报告，在海外清剿盗版商品，施加压力要求实施有关协议。他们成为在世界范围内保卫他们的富有价值的知识产权的十字军战士。"[1] 在西方发达国家版权产业的推动下，这些国家不断推动国际版权强保护，将版权政策作为外交目标和策略，为他们国内作品的版权产业创造更广泛、更高水平的版权保护。[2] 由于发展中国家文化生产落后，文化消费较大程度依赖于文化强国提供文化产品，因此国际版权治理体制和政策框架由发达国家主导，这种"中心—边缘""主导—依附"的特征决定了国际层次的文化生产者也就是发达国家的著作权人占据明显优势，相反，发展中国家的文化消费利益不会得到充分考虑，或者在贸易自由化的框架下被不断削减。

从企业层面而言，版权政策往往被大的文化公司、软件公司所操控，版权立法中听不到消费者的声音，文化创作和消费链条被法律所扭曲。严密的著作权控制范围不仅给出版商等提供了垄断的机会，使他人的复制等行为处于动辄侵权的威胁之下；同时，它还提高了作品的价格，并由此划分了文化产品消费者的阶层，重构了社会的不平等。[3] 在产业利益集团主导的著作权体制下，著作权成为直接控制消费者的工具以及创作自由与网络技术发展的障碍，从而造成著

---

[1] Susan K. Sell, *The Origins of a Trade－Base Approach to Intellectual Property Protection*, Role of Industry Associations Science Communication, 17, 2：164 (1995).

[2] 韦景竹：《版权制度中的公共利益研究》，中山大学出版社 2011 年版，第114 页。

[3] 李雨峰：《著作权的宪法之维》，法律出版社 2012 年版，第 184 页。

作权侵权成为一种常态社会现象的危机。❶知识产权政策往往被制造商左右，听不到也不在意最终消费者的呼声，因此该政策最大程度上取决于商业用户的利益，而非取决于更大公共利益的公正理念。萨缪尔森教授认为，版权制度已经影响到了大多数人的日常生活，版权法变得非常复杂，版权保护越来越强，没有人代表公众的利益，大的产业集团已经习惯于作为版权政策制定过程中的唯一游说者，版权产业的集中利益和公众的分散成本这一重要的公众选择问题通常走向立法寻租。对现有版权制度进行改革的障碍在于缺少公众的关注，很少组织代表公众的利益，公共利益是散在的、不可见的。❷消费者传统上支持技术产业方，并在新技术发展中通过合理使用抗辩等制度维护自己的消费权益，从而与版权产业相互抗衡。现在却在媒体联合、政府监控和技术融合中受到重创。网络服务商掌握着消费者信息，搜索引擎在发挥重大作用的同时干预消费者的选择权，IBM 反对开放源代码运动，维基解密专门曝光隐私。

正是因为著作权国际规则的拟定正在成为某些文化强国推行文化价值观、持续拓展文化软实力的工具，某些实力超强的跨国文化公司、软件公司和产业联盟也基于实现超额垄断利益的考虑而推波助澜，谋求著作权规则偏向投资者和文化利益既得者。在这种全球视野之下，洞悉我国著作权政策的自主性就显得尤为必要。在坚持著作权最低保护标准的同时，本国著作权制度的选择必须照应到现实的文化发展格局以及推行社会主义文化价值观的现实需求。

具体到我国的现实状况，不同区域之间的文化生产能力和文化消费水平也并不相同，东部与西部、大城市与小乡村、都市与老少边

---

❶ 刘铁光："著作权正当性的危机与出路"，载《法制与社会发展》2010 年第 2 期。

❷ Pamela Samuelson, Toward a New Politics of Intellectual Property, *Communication of the ACM*. Vol. 44, No. 3, Mar. 98 ~ 99 2 (2001).

穷地区相差很大，文化消费鸿沟客观存在。在建设社会主义文化强国的过程中，必须考虑到我国文化发展的差异，进行有针对性的政策扶持和制度设计。在这一总体政策指引下，著作权制度也必然要求在促进落后地区文化消费方面进行相应的回应，通过权利的限制机制，减少著作权私人审查的环节，减轻文化消费的负担，保障文化产品更为便捷地进入落后地区。

不仅如此，在知识经济时代，一个国家的文化政策并不仅仅只是关乎文化生产者，它还涉及更多的利益相关者。在这个全新的时代，知识是起主导作用的生产要素。人作为知识的能动载体，作为知识的创造者、传播者和应用者，才是知识经济的主导者。知识经济能否真正得到发展，最终取决于人才的数量和质量。对于每个人来说，知识经济时代就是要不断学习、终身学习的时代，终身学习成为知识经济时代社会发展和个人发展的必然要求。在这个意义上讲，对于一个国家来说，知识经济就是教育经济。目前，学校教育、成人教育、远程教育等各种形式的教育服务为公民实现终身学习提供了条件，图书馆等提供公益性文献信息服务的机构在传播知识、培养人才等方面也起到独特的作用。版权在建立终身教育服务体系中扮演着重要角色。要使公民可以进行自我学习和终身学习，就必须确保每一位公民可以公平地、便利地获得学习资源。❶ 著作权制度是文化政策的重要组成部分，必须回应知识经济时代所带来的各种新型社会关系，在法律规则的设计上照应到知识主体也就是文化载体的所有利益相关者，尤其是普通的文化消费者以及为普通文化消费者提供消费渠道的各种公益文化载体，包括图书馆、档案馆、文化馆和远程教育机构等。

---

❶ 韦景竹：《版权制度中的公共利益研究》，中山大学出版社 2011 年版，第 102～103 页。

第二章　纯粹被动的文化消费与
著作权构造

　　文化消费的通常形态是通过购买文化产品、接受商业文化服务等方式获得作品、表演或者广播电视节目，进而进行阅读、观看、欣赏。例如，购买书籍进行阅读，到电影院里观看最新的美国大片等。在这一文化消费过程中，文化消费者并不主动对于文化产品进行任何著作权法意义上的使用，因此可以称之为纯粹被动的文化消费。然而，消费过程虽然可谓被动，但是消费者并非全然与著作权无关。实际上，消费者虽然不会从事著作权法上的使用行为，但是著作权人能够控制哪些行为、著作权人享有权利的客体保护多长时间、著作权人是否滥用自己的权利，都会对文化消费者的合法利益产生深刻影响。因此，有必要探索在纯粹被动文化消费中的著作权边界，维护消费者的基本权益。

第一节　著作权控制行为的本质与文化消费

　　著作权权利内容是权利人控制作品具体利用行为的形态和方式。在各国立法中，著作权的内容是著作权制度中最为核心的部分，也是发展最快、变化最大的一个领域。著作权控制行为的本质与著作权的内容紧密联系在一起。由于著作权的内容就是以控制使用行为并获得相应的利益为核心，所以著作权控制行为的本质直接决定了著作权的内容之本质。著作人身权控制的行为具有专属性，此处暂不讨论。因此，本节所谓著作权控制行为对文化消费带来的影响，集中表现为著作财产权领域。

一、著作权财产权的本质与文化消费的公共领域

如果将著作财产权类型化归纳为复制权、传播权和演绎权三种，那么，提取这三种财产权的公因式，就是著作财产权的本质。由于有形再现作品的行为为复制权控制，无形再现作品的行为为传播权控制，再利用再现作品的行为为演绎权控制，所以著作财产权的本质是一种"再现权"。对此，学者们也有过精彩的论述。郑成思教授认为，"再现权"可以涵盖版权中的全部经济权利。"因为，除原封不动的复制是一种再现外，翻译、改编、广播、录制等，都无非是改换了体现原作的载体或表现方式的再现。"❶ 王迁教授认为，"在有形物质载体之上再现作品，是复制行为与其他再现作品行为，如表演、广播和放映等行为最根本的区别。"❷ 也正因为如此，著作财产权也可以被称为是著作权人对任何主体再现作品而可获得经济利益的权利。如此一来，不仅凝练了著作财产权的本质和权能，也实现了其内部法律构造的逻辑化（具体如图 2 - 1 所示）。

如果将著作财产权的本质归为对于作品的再现，那么这意味着在广泛的处置作品及其载体的行为之间划出一份领地，这份领地就属于著作权人统治的王国。任何人，在没有特殊的理由时，再现作品必须征得著作权人的同意，并且向他支付报酬。同时也应该看到，从广袤的文化公共领域中抠出一块作为著作权人的领地，并没有就此否定公共领域的客观存在。著作权可以依然包含复制权，但绝不会包含阅读权。同样，著作权可以依然包括表演权，但绝不会包含倾听权。著作权可以依然包含展示权，但绝不会包含观看权。❸ 简言

---

❶　郑成思：《版权法》，中国人民大学出版社 2009 年版，第 181 页。

❷　王迁：《网络版权法》，中国人民大学出版社 2008 年版，第 8 页。

❸　Los Angles Times v. Free Republic.

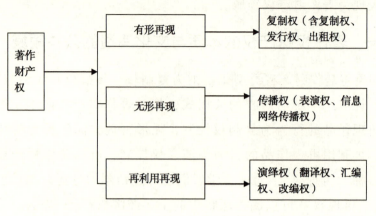

图 2 - 1 著作财产权类型化

之，著作权是可以控制复制、表演、展览、信息网络传播等以"再现"为本质表现的获取行为，却不能控制阅读、倾听、观看等非以"再现"为本质表现的获取行为。例如，印制和发行盗版书的行为，以"再现作品"为本质，这样的获取行为由著作权人控制当无疑问，但是公众购买了这样的盗版书籍进行阅读，虽然也是未经许可的"获取"，但是由于这种"获取"与"再现作品"无关，所以即便不存在合理使用等著作权限制，也不应该由著作权人控制。这也就是说，只要那些不是再现作品的行为，就不应该由著作权人控制，对于这些作品或者载体进行的处置，则应该是属于自由的文化消费领域。此外，即便是再现作品的行为，也需要满足法律规定的条件，才可以成为著作权人的权能。一般来说，传播是无形再现作品的行为，但是按照法律的规定，只有公开传播行为才能由著作权人享有专有的利益。这表明，在家庭范围内或者普通社交圈进行的表演、放映，由于不具有公开性，因而属于消费者可以自由为之的使用行为。

如果承认著作财产权是由其本质所限定，并非刻意任意扩张，那么"有价值便有权利"的著作权理论就是错误的。同样的道理，那种认为只要有使用就有著作权的观点，也应该会引入歧途。相反，法律应该明确规定哪些使用途径是处于著作权保护之下，哪些不是。一旦新的技术发展带来新的使用方式，必须采取回归立法本旨的解释方法，在著作权本质中证明该种新的使用方式是否属于"再现"作品的行为，如果是，则应该归入著作权人控制的范围；否则，就应该界定为自由利用的范畴。《德国著作权法》第 15 条虽然设立了一项一般财产权，该一般财产权赋予作者一项综合性的绝对权，这种绝对权不但把目前已经存在的所有作品利用形式，还把将来将要出现的利用形式都保留在作者手中。❶ 但是在具体的类型化中，德国法明确将著作权财产权划分为有形再现和无形再现两种形态，这反推出所谓的将来可能出现的利用方式，也必须是再现作品的利用方式，并非无视著作权本质所盲目确认的一切利用形式。

现在，一些国家的著作权法中明确规定"其他著作权人享有的权利"作为著作权内容的兜底条款。我国著作权法即属于此种情形，亦即著作权人享有"应当由著作权人享有的其他权利"。在司法实践中，也出现了运用"其他权利"进行判决的案件。例如，在"安乐影片有限公司诉北京时越、北京悠忽侵犯著作权纠纷案"中，法院认为被告在其经营的网站向公众提供涉案影片《霍元甲》的定时在线播放服务和定时录制服务，侵犯了原告对该影片"通过有线和无线方式按照事先安排之时间表向公众传播、提供作品的定时在线播放、下载、传播的权利"，侵犯了原告依照著作权法享有的"其他权"。❷ 而什么类型的行为可以上升到"其他权利"的层次，却是应该慎重对待的问题。首先，著作人身权具有更强的人身强制性，不宜通过其他权利进行扩张适用。所以，在我国立法中没有规定收回

---

❶ ［德］M. 雷炳德著，张恩民译：《著作权法》，法律出版社 2005 年版，第 214 页。

❷ 北京市第二中级人民法院［2008］二中民初字第 10396 号民事判决书。

权、追续权等著作人身权的情况下，不应该被解释成为"其他权利"。其次，《著作权法》的其他条文已经暗含了著作权人享有的权利，可以根据体系解释方法界定为"其他权利"。例如，我国《著作权法》第12条规定"改编、翻译、注释、整理"其他作品而形成的演绎作品权利归属。从体系上解释可以判定"注释权""整理权"为其他权利。最后，能够解释为"其他权利"的权利，必须满足著作权财产权的本质要求。著作权财产权本质上是再现作品的权利，如果没有发生再现作品的行为，就不能被界定为"其他权"。如阅读作品的行为，不发生再现作品的效果，因此不能将阅读权解释成著作权人享有的其他权利。

在网络环境下，权利人利用技术措施控制未经许可的接触成为可能，于是有学者提出应该赋予著作权人以所谓的接触权。金斯伯格教授指出，控制"接触权"在数字环境中具有基础性的地位，亦即通过该权利控制公众接触作品。❶ 对此，我国也有研究者认为，"接触权"是著作权人通过技术保护措施和反规避条款来控制使用人接触作品的手段，虽然没有任何一个国家将"接触权"或者"获取权"明文写入著作权法中，但技术措施与反规避条款的结合在实质上已经产生了这样一个权利。❷ 接触权已经成为克服著作财产权类型化不足的重要"私权"。建基于数字时代的发展，有研究者甚至进一步认为，著作权的每一项权项既代表著作权人获得收益的途径，又意味着社会公众获取作品的渠道，可以说是控制作品获取的权利。❸ 事实上，为技术措施、权利管理信息提供保护是数字时代著作权保护的鲜明特征，数字权利管理系统控制下的权利利用模式也是未来版权

---

❶ Jane C Ginsburg, From Having Copies to Experiencing Works: the Development of an Access Right in US copyright Law, *Journal of the Copyright Society of the USA*, 2003.

❷ 熊琦："论'接触权'"，载《法律科学》2008年第5期。

❸ 彭学龙："论著作权语境下的获取权"，载《法商研究》2010年第4期。

产业盈利的必要途径。但是，技术、法律、社会和市场仍然是调节著作权的基本手段，决不可因此而以为存在所谓的"接触权"。权利的本质在于法律之力下的利益，仅有"接触"控制并不能让著作权人获得利益。相反，真正让著作权人获得利益的是合法接触后的复制、表演和信息网络传播等行为。正因为如此，世界上大多数国家的立法中并没有将学者们所鼓吹的"接触权"纳入著作权的权项范围中。它们一般是对规避技术措施的行为予以禁止，或者采取"竞争法"乃至公法的手段进行规制。这说明技术措施的保护本质上是"超版权"的保护，不是一项著作权人享有的权能和权益。"接触控制权"不过是个臆造物，传统版权法以及现行版权法中都没有包含接触控制权。它只会使版权从"权利"变成"权力"，公众将完全受制于版权人。❶ 实际上，接触作品恰恰是消费者享有的一些权利，因为接触行为已经被划定在"再现"行为之外，属于可以自由为之且不受著作权审查的领域。

与上述接触权判定不同的是，将复制权控制的行为范围扩展到临时复制或者缓存领域，则不与著作权控制行为的本质相互违背。临时复制，是指通过计算机阅读、浏览、倾听和使用作品的过程中在计算机内存中自动出现复制件的现象，一旦关闭所运行或者使用的作品，或者关闭计算机，这种复制件就不复存在。临时性复制随着网络的产生、普及和发展而产生，它是否属于《伯尔尼公约》所称的复制，曾引起广泛争论。欧盟和美国认为应当将临时性复制纳入《伯尔尼公约》所称的复制，而大多数国家则表示反对，并在1996年12月的日内瓦外交会议上形成了相互对峙的局面。笔者认为，临时复制的确表现出对作品的再现。在发生临时复制的很多场合，传输节点计算机的"随机存储器"（Random Access Memory，即RAM）

---

❶ Thomas Heide, Copyright in the EU and U. S. : What 'Access - Right'? *Journal of the Copyright Society of the U. S. A.*, Spring, 363（2001）.

在特定时间内对某些信息包进行复制，或者为了维修计算机而短暂复制作品，这种复制虽然是"零散"而非完整，也可能并非是故意为之，或者在短暂存储后即刻消失，但毋庸置疑的是，再现作品的过程和事实是客观存在的。按照著作权控制行为之本质的理论，只要再现作品的行为，即应进入著作权人控制行为范畴，而不问其再现的时间和主观目的。不过也应该看到，即便临时复制进入复制权控制的范围之内，也不是说所有的临时复制行为都必须得到著作权人的同意并支付报酬，因为在保护文化消费的所有环节中，还有著作权的限制机制。简言之，考虑到暂时复制或者缓存具有暂时、动态、非主观、技术附随性等特征，可以规定在一定条件下出现这种临时复制的现象，构成合理使用，进而保护消费者的基本权益。

二、个人使用的著作权限制与文化消费

个人使用是指为了实现学习、娱乐和欣赏等个人消费目的而使用作品的行为。个人使用并不是纯粹被动文化消费者所应为之的行为。从理论上讲，纯粹被动的文化消费者，不应该对作品进行任何著作权法意义上的使用，他只应该在著作权控制行为之外活动。但是，个人使用在根本的目的上是服务于被动文化消费者：要么是从事被动文化消费所附带产生的结果，要么是从事被动文化消费所必不可少。例如，消费者阅读一本书后发现精彩章节进行个人复制，这是被动文化消费的附带结果；为了能在卧室和书房同时欣赏到自己购买的音乐而进行复制，这是被动文化消费必不可少的环节。所以，为保障纯粹被动文化消费者能够在合法的制度环境中从事消费活动，就必须进行相应的法律设计。

著作权限制制度本质上就是著作权控制行为的例外，它的存在，为著作权保护期内的个人使用留下了制度的豁口。在合理使用制度的视野下，著作权人所要控制的作品使用行为，应该是竞争性、营

利性和具有实质损害性的行为。至于个人使用，则可以在满足法定条件下提供相应的例外，免受著作权人的追究。这就好比是在著作权人控制的行为范围之中又为消费者划定一块领地，在满足一定条件下，消费者可以不经权利人的同意，也不向其支付报酬，而可以径行利用作品。

个人使用的最大特点就是由消费者进行，不具有营利目的。由于它是从事被动文化消费的附带结果或者前置要件，所以并不与权利人的正常使用相冲突，也不会与权利人形成市场竞争。在 20 世纪电子版权兴起之前，个人使用并不是或者主要不是权利人控制行为。以美国为例，1909 年的《美国版权法》存在这样的规定，将非营利的作品使用行为和琐细的使用行为均排除出著作权人的控制行为之外。❶ 这表明，早期的立法或者司法实际上坚持这样的立场：著作权人能够控制的行为，是营利性的竞争行为，且是市场价值较大或者妨碍著作权人利益实现的重大行为。同时，在当时的技术环境下，消费者不可能进行公开的传播，而传播权只能控制公开表演、朗诵的行为。在上述观点照应下，个人使用行为因为具有非营利性和非公开性，且主要属于琐细的使用，进而不在权利人控制之列，当然并不需要进行所谓的权利限制。随着科学技术的发展，个人使用虽然依然具有非营利性的特征，但是可能损害著作权人的市场利益。这是因为，个人使用的方式逐渐摆脱了抄写、朗读或者家庭表演的范畴，消费者可以进行保真性强、简易便捷的录音录像或者电子复制。一份作品载体可以通过消费性的使用获取且不需要向权利人支付对价，从而超出其可以容忍的范围。不少国家取消了著作权人只能控制营利性使用的要求，琐细使用也不再必然不受到权利人的控

---

❶ Julie E. Cohen、Lydia Pallas Loren、Ruth Gana Okediji、Maureen A. o'Rouke, *Copyright in a Global Information Economic*，中信出版社（影印本），410～411（2003）.

制。例如，1976年《美国版权法》取消了营利性的限定，而是将所有的复制、表演、展示等作品利用行为均纳入著作权人控制范围。只是考虑到个人使用的特殊性，以合理使用的方式为该类行为设定若干例外。

按照我国《著作权法》第22条的规定，个人使用构成合理使用应该满足的条件包括：（1）使用的主体是个人，使用的方式虽未受到明确限制，但是主要针对私人复制。按照该条规定，个人使用行为包括对作品的复制、演绎和传播等。实际上，个人在私人活动领域或家庭范围内对该作品的发行、表演、放映或者其他传播行为，不构成公开发行或传播，自然不能由著作权人控制，当然不会出现个人使用的合理使用。在公众场合进行的发行、表演或者信息网络传播，往往又会超出个人学习、研究或欣赏的范围，也不会构成合理使用。例如，在《信息网络传播权保护条例》第6条中，就没有规定为个人学习、研究或欣赏在网络上向公众提供作品构成合理使用。因此，就目前的立法规定和实际情况来看，个人使用的合理使用，主要针对的是私人复制行为。（2）使用的目的是个人目的且具有非营利性。个人学习、研究或欣赏，必须纯粹是出于私人目的，不带有任何商业动机。例如，学生在图书馆复印论文供个人学习之用，不需要权利人同意，也不用支付报酬。科研人员为科学研究而复制他人的作品，如果不具有商业目的，则允许适用合理使用规则。（3）使用的必须是已经发表的作品，未发表的作品不适用该项规定。比较存疑的是三个问题：首先，是否要对个人使用的数量进行明确限制。我国《著作权法》未规定具体的使用数量。有些国家却规定得更为具体。就复制行为而言，捷克、巴西、埃及、墨西哥等国的著作权法均规定1份复制件为合理，不允许复制多份。《冰岛著作权法》规定，个人为学习、研究目的而制作3份复制件是合理的。事实上，"三步测试法"仍然是最终的判断标准。例如，为了个人欣赏而复制整部书籍，大量翻录整盘音乐磁带或光盘以及大量从网上下载盗版音乐或电影，在大多数国家都因其对权利人经济利益造成不合理的损害而构成侵权行为。❶所以，在我国也并非是说所有的个人使用行为都构成合理使用，它仍然存在一定的限制。其次，是否应该对于个人使用的目的进行限制，将其限定在个人学习、研究的范围，进而排除个人基于娱乐欣赏目的的个人使用。学者建议，为个人欣赏开辟特区，已对各种文化消费品造成不同程度的消极影响，尤其是音乐行业、影视行业深受其害，对这类使用目的的私人复制行为应加以适当限制。一些学者由此提出具体的建议，因个人欣赏目的无偿而自由利用他人作品的情形，排除在个人使用的范围之外。❷我国《著作权法》修正草案中，均只对学习、研究目的之个人使用规定为合理使用，显然是采纳了这种见解。但是这种见解是否准确，还有待结合实际情况进行详细分析，对此后文针对网络个人使用有专题阐释，此处不赘。最后，文化消费者对于所使用的作品构成侵权盗版没有审查义务，但应尽到必要注意义务。由于个人使用只针对合法使用作品的情况，所以对于个人使用侵权盗版的作品，纵然是为了研究、学习或者欣赏的个人目的，也不能认定为构成合理使用。所以，这就产生一个问题，个人使用者是否有义务判定个人使用作品的合法性。在前网络文化时代，盗版制品粗糙，销售价格也较为低廉，侵权盗版行为较好判定，消费者只要尽到合理注意义务，是足以判定个人使用作品的合法性。但是在网络时代，各种合法或者非法的作品充斥网络空间，盗版制品和正版作品在音质效果上毫无区别，消费者很难轻易判定个人使用作品的性质。从维护

---

❶　王迁：《著作权法学》，北京大学出版社2007年版，第204页。

❷　吴汉东：《著作权合理使用制度研究》，中国政法大学出版社2005年版，第330页；张今：《版权法中私人复制问题研究：从印刷机到互联网》，中国政法大学出版社2009年版，第182页。

网络文化消费的角度，也不应该强制规定文化消费者履行审查义务。不过，虽然消费者不负有审查义务，但是仍必须尽到合理的注意义务。在有足够理由证明消费者作为善良使用者完全有能力意识到该作品为未经授权时，不能认定这种个人使用为合理使用。

个人使用是为保障被动文化消费实现的一种使用，如果脱离了其主旨，则不能归入合理使用的范畴。假定权利人明确禁止文化消费者附带进行个人使用而并不会根本性的影响到消费者利益，或者消费者进行个人使用会逾越作为普通消费者的范畴，个人使用不再成为合法的行为。例如，文化消费者在电影院观看电影，通过正常的观看即可完成文化消费，此时如果权利人禁止消费者在电影院录音录像进行所谓的个人复制，应为合理；如果消费者未经许可将复制后的电影作品上传到互联网，则超越被动文化消费的界限而构成违法。

三、著作权、所有权冲突的处理与文化消费

文化消费者进行被动文化消费的常见方式是购买文化产品。从这层法律关系上观察，文化消费者表现为文化产品的消费者。换言之，消费者成为作品载体的所有权人后，可以更为便捷地实现文化消费的目的。作为所有权人，文化消费者可以对作品载体进行占有、使用、收益或者处分，这种利用作品载体的行为与著作权人控制作品的行为之间，在正常状态下并不矛盾。著作权人不能够禁止文化消费者从事所有权允许的行为，这也正是前述著作权行为本质的要求。一般来说，作品载体所有权的转移并不会导致作品著作权的转移；美术作品原件的合法持有人行使展览权；毁损记载有作品的载体仅仅是对有形物的处分，而没有触及著作权。但是，在某些特殊情形下，文化消费者所享有的所有权与著作权人享有的著作权之间会发生冲突。

第一种冲突出现在文化消费的作品载体具有唯一性的场合。尤其是作品载体属于建筑物、艺术珍品或者作品手稿时，由于权利人并没有保存其他的作品载体，所有权人的处分行为就有可能导致著作权人无法行使著作权。在《赤壁之战》壁画案❶中，被告在对饭店进行整体翻修的过程中，《赤壁之战》壁画被拆毁，创作该壁画的蔡某等四人诉至武汉市中级人民法院，要求晴川公司赔偿损失。一审法院和二审法院在案件审理中，均将争论聚焦在所有权人是否有约定或者法律规定的告知义务。在晴川饭店工程指挥部委托蔡某等创作《赤壁之战》时，双方并未就将来如果要拆卸该画时是否要履行告知的义务进行约定，我国著作权法对壁画等美术作品也均以一般受保护作品看待，并未对壁画作品的拆毁、更换等问题作出特殊保护规定，同时也无其他相关法律对此义务加以特殊规定；在此情况下，不应认定晴川公司拆毁壁画的行为是未尽妥善保管义务、侵害蔡某等人著作权的行为。相反，作为艺术作品创作人的著作权人，应认识到该壁画的重要艺术价值和对与该壁画相关的著作权进行自我保护的重要意义，其可以通过同原件所有人进行接触与告知，以提高作品原件所有人对《赤壁之战》壁画美术作品艺术价值的认知程度，或对该壁画的拆卸与损毁等保护问题达成一致，从而使作品原件所有人主动积极地在其拆卸该壁画时履行告知义务，或采取相关的维护与保存措施，最终起到保护壁画、避免该壁画出现损毁状况。法院的判决理由表明，作为文化产品载体的所有权人，在一般情形下并无就其处分行为进行告知的法定义务，但是在是否有约定义务上，应该根据实际情况进行综合判断。

在教案职务作品著作权案中，❷ 法院认为作品载体的所有权人进

---

❶　武汉市中级人民法院［2002］武知初字第72号民事判决。湖北省高级人民法院［2003］鄂民三终字第18号。

❷　重庆市第一中级人民法院［2005］渝一中民初字第603号。

行处分时，应该遵循诚实信用的原则，著作权人和所有权人在行使各自的权利时都不得损害对方的权利。一般情况下，所有权人对作品载体的处分只会导致作品载体本身灭失，并不会导致作品也随之灭失，从而不会侵犯作品的著作权。但是，在知道或者应当知道教案本是记载原告教案作品唯一载体的情况下，被告作为所有权人对作品唯一载体的处分不仅会导致作品载体本身灭失，也会导致作品随之灭失，原告享有的教案作品著作权将无法实现，从而侵犯了原告享有的教案作品著作权。这实际上又在法定义务中引入了诚实信用义务。

虽然上述两个案件的被告并非本书所述的文化消费者，但是法院在处理案件上的思路仍具有启发性。综合上述两个案例的判决意见，笔者认为在处理所有权人行使所有权可能侵犯著作权的场合，从保护文化消费的角度观察，应该秉承下述规则：首先，是否存在约定告知义务。如果权利人在作品创作或者发行时已经明确告知所有权人，在处分作品载体导致作品随之灭失的情况下，应该在处分前告知著作权人，以便于作品的保存和抢救，则所有权人应该遵循这一义务。其次，我国并没有明确的具体条款规定所有权人的法定告知义务。所以，文化消费者并不应该在任何情况下都需要就作品载体处分进行告知。当然，未来的立法也可以考虑到某些特殊作品的实际特点，例如，建筑物一经拆毁就不可回复，建立所有权人的法定告知义务规则，用以保护著作权人的利益。最后，诚实信用原则可以作为判定法定义务的一般条款。如果根据实际情势，所有权人既具有告知的条件，又具有告知的途径，相反，著作权人又有合理的期待等待所有人的告知，那么可以根据诚实信用原则补充法定告知义务具体条款缺失带来的利益失衡状态，运用诚实信用原则填补因为具体规则缺失而带来的法律漏洞。

第二种情况下是文化消费者转让、赠与合法拥有的作品载体，会落入到著作权人享有的发行权范围。解决这一问题的基本制度是明确规定发行权的权利穷竭。所谓发行权的权利穷竭，也称为发行权一次用尽或首次销售原则，是指当作品原件或复制件经过著作权人同意永久性进入市场后，著作权人无权再控制作品的销售或者赠与。也就是说，作品载体的首次销售或赠与由著作权人控制，二次销售不能由著作权人控制。

发行权权利穷竭原则具有三个方面的功能：首先，它是促进有形商品自由贸易的重要制度保障。如果著作权人能够多次控制作品的发行行为，将会导致作品载体的每一次流通都必须征得作者同意，不仅增加商品流通成本，而且在作者不同意的情形下就只有中断市场交易，从而造成市场分割。其次，它是保障所有权人利益的必要途径。在作品之上往往存在作品的载体。在通常情形下，作品载体的所有权人控制该物品的占有、使用、受益和处分，而作品的著作权人则控制对作品的复制、发行、传播和演绎。在所有权人和著作权人控制的行为中具有交叉和冲突的情形，这集中表现为作品载体的发行。为了协调所有人和著作权人的利益，发行权穷竭原则有效地达致一种微妙的平衡。最后，它也是保障消费者利益的法律举措。消费者进行文化消费的基本途径是通过获取作品载体的方式，在阅读、欣赏的基础上满足个人的精神需求。消费者接近作品的方式可以多样化，包括一次市场、二次市场、赠与、交换等多种形式，如果著作权人可以控制作品的二次销售，消费者接触信息的多元化将受到著作权人私权的审查，这无异于侵害了消费自由。

第三种情况是文化消费的作品载体处于不断升值状态，著作权人能否在作品载体转移至消费者后持续获益。如果文化消费者收藏作品载体后，著作权人的声望成就持续攀升，导致作品的稀缺性日渐增强，作品载体的价格随之上升，此时，著作权人及其继承人能否从作品载体的处分行为中获得相应的利益分享，这就涉及追续权问题。追续权又称为延续权，是指艺术作品的作者及其法定继承人从公开拍卖或转卖的作品原件收入中提取一定比例的权利。一般来说，追续权具有几个特征：（1）享有追续权的主体是作者和法定继承人，不包括受遗赠人。（2）追续权的对象是以原件为载体的作品。只有在转卖作品原件时，才可以行使该权利。作品复制件的买卖不会产生延续权。（3）追续权是通过提取原件所有权人获得收入中的一定比例来实现。（4）只有在转卖价格达到一定限额时，才可以主张追续权。

　　追续权的实现有两种方式：从增值中提取一定比例和从转卖价格中提取一定的比例。表面上看，从艺术品增值中提取一定比例的做法似乎更为公正。但是，这种做法所造成的困难很大，致使这样的制度无法实行。有关受益者必须知道和证实首次销售价格和随后各次转卖的价格，并应确定以货币不变价格计算的价格差。这意味着，作者及其继承人必须得到并保存每次销售价格的凭证和具有坚实的会计知识。采纳这种制度的国家如巴西、智利、意大利、葡萄牙、乌拉圭等，从未具体实行过这一制度，证明推行难度之大。这种似乎最公正的制度结果变成了最不公正的制度。只有那些选择直接从转卖价格中提取一定比例，并由集体管理机构对价格进行管理的国家如德国、西班牙、法国等，才成功地使得追续权没有成为一纸空文。❶

　　我国目前还没有规定追续权，所以这一规则在我国并不适用，文化消费者并不需要从收藏的文化作品载体转售价格中支付一定的比例给著作权人。从促进高端艺术作品市场发展的角度看，也并没有明确的实证数据展现追续权对于著作权人创作带来的激励效果。由于文化艺术作品的收藏者中包括大量的文化消费者：转让艺术载体

---

❶　［西］德利娅·利普希克，联合国译：《著作权与邻接权》，中国对外翻译出版公司 2000 年版，第 166 页。

并非其初始目标，或者从艺术珍品的流动中获得高额利益并非其出发点。从这个意义上讲，立法不应假定所有的文化消费者为收藏投机商，由此建立的追续权制度也缺乏充足的合理性说明。

第四种情况是文化消费的作品已经背离作者的创作风格或者违背权利人的流通意愿，著作权人是否有权利禁止该文化作品载体的流通，或者收回市场上出现的文化作品载体。有的国家建立了收回权制度以保障著作权人的利益，从而在一定程度上影响文化消费者的利益。收回权，又称追回权，是指作品在有正当理由的前提下，以赔偿使用者的经济损失为条件而收回已公开发表作品的权利。我国著作权法目前尚未对此作出规定。

从文化消费的视角分析，收回权也并无充足的正当性。在契约自由的原则指引下，消费者的消费自由必须得到保障。文化消费者购买的文化作品载体是自我选择的结果，并不完全依赖于作者或者著作权人的评判。当作品创作完成后，作品的评价也并非全然取决于著作权人。著作权人不能以个人对作品的价值判断，独自否定或者解除已经存在的合同，从而单方面剥夺消费者的欣赏、研究和娱乐自由。

四、禁止著作权滥用与文化消费

当著作权人行使著作权的目的不是获取正当利益而是为了阻止作品的正常利用和传播，或者从事其他有违诚实信用原则的行为时，法律所允许的文化消费行为将面临障碍。此时，消费者可以运用"禁止权利滥用"的原则制止著作权人的权利扩张。权利滥用就是权利人在法律允许的范围之外行使权利，损害他人合法权益和社会公共利益。禁止权利滥用原则肇始于罗马法，此后，逐渐被确定为私法的一般原则。《布莱克法律词典》解释了"禁止权利滥用原则"，行为人有以下行为时，应承担"滥用"责任：（1）行使权利的动机即为损害他人利益或者社会公共利益；（2）不是为了保护其他更重要的利益而行使该权利；（3）行使该权利对诚信、公平正义等原则有明显的违背；（4）违反该权利被授予的目的行使权利。❶学者认为，民事主体"应当在个人利益和社会利益平衡的基础上行使权利。行使权利超出设定的目的或界限，违反公序良俗或权利人没有正当权利或损害他人利益大于所得利益时，均属于权利滥用"。❷

著作权滥用是指著作权人违反著作权法的立法目的，在法律所允许的范围或界限之外，以不公正、不合理的方式行使其权利，从而违反与著作权相关的法律，对他人合法权益和社会公共利益造成严重损害的行为。1948 年，美国法院在 M. Witmark&SonS 诉 Jensen 案中首次提出了"著作权滥用"，并经历了激烈的讨论，而在 1990 年美国联邦上诉法院的 LaserComb America，Inc. v. Reynolds 案中才首次明确适用了著作权滥用原则。也就是说，只要著作权人试图限制竞争，或者变相扩张权利，就会触及"著作权滥用"原则，而并非必须达到触犯反不正当竞争法或反垄断法的程度。在美国第三巡回上诉法院的 Video Pipeline，Inc. v. Buena Vista Home Entertainment，Inc. 案中，❸法院首次从社会公益、公共政策的角度，也就是何谓著作权及其基本宗旨、被许可人有无其他回避的途径等来看待如何才构成"著作权误用"。

对于著作权滥用的判断标准，学界主要存在"范围说"和"宗旨说"两种学说。"范围说"认为权利的行使超过法律所规定的一定限度，即构成著作权之滥用。"宗旨说"亦称"目的说"，该说认为违反著作权法设立的目的，损害他人合法权益或社会公共利益即构

---

❶ Bryan A. Garner（Editor in Chief）. *Black's Law Dictionary*, Seventh Edition, West Group, ST. Paul, Minn. 10（1999）.

❷ 史尚宽：《民法总论》，中国政法大学出版社 2000 版，第 714 页。

❸ 342 F. 3d 191（3rd Cir. 2003）.

成著作权之滥用。笔者赞同将范围和目的结合起来判断著作权滥用的行为。基于此，著作权滥用行为可能包括以下情形：第一，损害使用者、消费者合法权益的著作权滥用行为。例如，在俞华诉北京古桥电器公司侵犯著作权一案中，原告先前的行为充分表明其已经许可被告使用其创作的广告词，却在被告进行使用时以未经许可擅自使用要求停止侵权，被告基于合理的信赖使用了原告的广告词并进行了大量投资，原告却否认其许可行为，这对使用人来说无疑是有损的，一旦停用该广告词，已经投入的资产就覆水难收，预期收益也将付之东流，必然会对使用人的合法权益造成无可弥补的损害。再如，在"微软黑屏"事件中，微软公司通过在 WindowsXP 中加入防盗版功能 MPA，美国微软公司的 XP 软件可以对电脑的硬件配置进行快速检测，当使用盗版软件的记录被追踪到时，计算机会被自动锁定。为了使系统恢复运行，用户只能从微软公司购买密码。这种直接以损害使用者、消费者利益为目的的行为，构成著作权滥用。第二，入侵公共领域的著作权滥用行为。例如，在 Dastar Corporation v. Twentieth Century Fox Film Corporation 案中，原告企图利用商标法来使得其著作权获得永久保护，这种行为入侵了公用领域，美国最高法院最终限制了这种扩张。第三，损害竞争的著作权滥用行为。在首次承认"禁止著作权滥用原则"可以作为抗辩原则的 LaserComb 案中，著作权人为了排除市场竞争，企图禁止被许可人开发独立的软件。这必然会造成市场垄断，对市场竞争机制构成损害。欧盟的 Magill 案是较为典型的损害竞争的著作权滥用行为。在该案中，爱尔兰三家电视公司拒绝许可码吉尔公司在其电视指南周刊中出版该三家公司的一周电视指南。因此，码吉尔公司提出控告，认为该行为构成对欧盟关于反垄断的条款的违反。欧共体委员会认为此种行为利用"电视节目预告受版权保护"的规定，阻碍具有竞争性的新产品进入市场，构成滥用。从这个案例可以看出，占据市场支配地位的著作权人行使专有权时须受到限制，若不加以限制，其市场支配地位很容易遭到滥用，影响正常的市场竞争，构成损害竞争的著作权滥用。价格歧视、搭售等也属于较为普遍的著作权滥用行为。如微软公司销售的 Windows98，在中国为 1980 元人民币，在美国为 109 美元（约合 800 多元人民币），在日本地区则约合 1200 元人民币。微软利用其市场支配地位进行价格歧视，对市场公平竞争机制造成损害。

针对各种著作权滥用行为，法律必须形成禁止和打压的合力。具体来说，禁止著作权滥用有三种规制模式：（1）著作权法模式。在《著作权法》的自有制度框架下，可以选择相应的处理机制，包括认定某些行为无效，或者以合理使用、法定许可、强制许可等制度设计防范著作权滥用可能带来的危害。我国《著作权法》第 4 条第 2 款规定"著作权人行使著作权，不得违反宪法和法律，不得损害公共利益"，这是从著作权法角度规制著作权滥用的一般条款，也有助于理清著作权和文化消费者利益的界线。（2）民法保护模式。消费者也可以借助民法的规定维护自己的利益。著作权属于私权利，因此也适用民法基本原则的规定。禁止权利滥用原则、诚实信用原则以及公序良俗原则是我国民法中规制著作权滥用的主要原则。"禁止权利滥用原则要求当事人在民事活动中行使权利或履行义务时，要在个人利益和社会利益之间实现一种平衡。"同时，"民事活动应当遵循诚实信用原则"，"行使权利、履行义务应遵循诚实信用原则"。我国《民法通则》和《合同法》明确规定了该原则。"作为现代民法中权利行使之准则，诚实信用原则要求，在市场活动中要讲究信用、诚实不欺、恪守诺言，在不损害他人利益和社会利益的前提下实现自己的利益。"（3）竞争法保护模式。一旦著作权滥用限制了竞争，著作权法本身又无法解决，就需要引入竞争法规则，这也是规制著作权滥用较为重要的一方面。我国《反垄断法》第 55 条规定："经营者依照有关知识产权的法律、行政法规规定行使知识产权的行为，不适用本法；但是，经营者滥用知识产权，排除、限制竞争的行为，适用本法。"反托拉斯法与"著作权滥用"抗辩法则在美国虽然都为限制著作权滥用的规制方式，但其具体的运用方式是不同的。"著作权滥用"只能作为应对侵权控诉的抗辩方式，即只有当原告在诉讼中指控被告有侵权行为时，被告才可以此法则作为抗辩手段，但不能主动援引此作为主诉的依据；而针对违法反垄断法的行为，则可以直接起诉著作权权利人。

第二节　著作权期限的延长与消费者利益保护

著作权期限设计体现了法律在权利人利益和文化消费者利益之间精心设计的平衡。根据法律的规定，著作权人只能在一定时间内获得专有权利。换言之，著作权并不是永久性的自然权利，它是在一定期限内有效的法定权利；超过这一期限，作品便可为社会公众自由使用。早期立法例中，著作权期限较短。20 世纪中后期以来，欧盟和美国在本区域内扩展著作权期限，并推动国际社会予以效仿。频繁延长著作权期限不仅缺乏充足的历史、宪政、经济以及政策依据，而且对于普通文化消费者的利益也有重大影响。

一、著作权期限不断延长的现状

根据《伯尔尼公约》和《与贸易有关的知识产权协定》（TRIPs），普通作品的著作权期限的最低保护标准是"作者生前 + 死后 50 年"。从 20 世纪中后期以来，国际社会掀起了延长著作权期限的运动。欧盟于 1993 年通过《欧盟延长著作权保护期指令》，将欧盟成员国的著作权保护期延长到作者死后 70 年。美国在 1998 年通过的《著作权保护期限延长法》❶（"CTEA"）再次拓展了著作权人的权利期限。根据此法案，自然人著作权期限为作者生前加死后70年，公司或法人著作权期限为作品出版后95年或创作完成后的120年。

"CTEA"在延长著作权保护期限方面具有重要的意义。它不仅在美国国内鼓舞了迪斯尼、好莱坞、微软等文化公司和软件公司，而且也激发了这些具有国际游说能力的公司将这一标准推向国际社会的野心和斗志。在修改《伯尔尼公约》存在重重困难的情形下，上述利益集团开始转变策略，转而借助自由贸易协定以及其他多边战略协定，以实现著作权保护期限的扩张。进入21世纪以来，美国在此方面取得明显的进展。最为典型的成果表现为三个方面：（1）在美国与其他国家签署的自由贸易协定中对著作权的保护期进行延长。例如，2007年签署的《韩美自由贸易协定》第18章4.4款规定：缔约双方应规定作品（包括摄影作品）、表演或录音制品保护期限的计算方法：（a）基于自然人的寿命，保护期限应当不少于作者终生及死后70年；和（b）基于自然人寿命以外的原因，保护期限应当：（i）自作品、表演、录音制品首次授权发表第二年起不少于70年；或（ii）在作品、表演、录音制品创作后25年内未授权发表的，保护期限自创作后第二年起不少于70年。此前，《美国新加坡自由贸易协定》和《美国智利自由贸易协定》都规定，著作权保护期限不得少于作者生前加死后70年，或至少是首次发表后的70年。（2）《反假冒贸易协定》（ACTA）中将著作权保护期限进行延长。2006年起，美欧等发达国家发起了新一轮的加强国际贸易中知识产权执法标准的谈判，以绕开世界知识产权组织和世界贸易组织，

---

❶ 根据该法案，1928年出版的聘雇作品米老鼠的保护期为75年，在2003年进入公有领域，现在要再延长20年，直到2023年。鉴于此，迪斯尼公司立法寻租成功，该法案被成为"米老鼠法案"可为名副其实。由于Sony Bono积极倡导推动，为纪念他，该法案也称为"Sony Bono"法案。

签署标准更高的保护知识产权的协定。2010 年 12 月 3 日，该谈判的最终成果即 ACTA 文本确定。在该文本中，著作权的保护期限延长到"作者死后 70 年"。（3）美国高调重返太平洋，推动缔结《跨太平洋战略经济伙伴协定》（TPP）。该协定草案中也规定延长著作权保护期限。2011 年 9 月 6～11 日，TPP 缔约国在美国旧金山进行了第八轮谈判。该轮谈判中拟定的 TPP 草案文本将著作权保护期限延长到"作者去世后 70 年"。2015 年 10 月 5 日，TPP 的 12 个谈判国在美国达成基本协议。据披露，该协议明确将著作仅的保护期予以延长。

以上情况表明，以美国为代表的西方国家，正在利用自由贸易协定、区域性条约等国际体制，试图将本国的标准推行到其他国家，著作权保护期限在国际社会扩张的趋势日益明显。我国《著作权法》修改中也面临同样的压力。特别是在中国已经开始与延长了著作权期限的国家商洽自由贸易协定，或者研究是否需要加入 ACTA 和 TPP 等区域协定时，必然要面对的就是如何看待著作权保护期限延长的问题。

二、著作权期限延长与文化消费公共领域

实际上，著作权期限的无休止延长欠缺历史、宪政、经济和政策上的正当性，特别是站在消费者和文化发展的立场，延长著作权期限也会直接侵犯消费者权利，破坏著作权法通过期限设置给消费者带来的法定利益，从而提高文化消费的成本，阻滞文化传播的自由。

延长著作权保护期限的直接后果是越来越多的作品处于私权控制之下，可供自由使用的文化公共领域严重萎缩。《纽约时报》在评论 Eldred v. Ashcroft 案❶中这样写道：事实上，最高法院的判决让我们看到了公共领域的终结和永久性著作权的诞生。公共领域一直是一

---

❶ Eldred V. Ashcroft 123 S. Ct. 769（2003）.

项伟大的实验，我们绝不会容许它消亡。正是因为能够自由借鉴整个人类社会产生的所有创意作品，我们生活的时代才充满如此的生机和创造力。❶ "CTEA" 意味着享有著作权的作品进入公共领域的时间将会因此滞后 39 年。或者说，自从 1962 年往后的 55 年中，有 70% 的时间里，公共领域的发展都是停滞的。在该法案颁布后的 20 年中，尽管有 100 万项专利将会进入公共领域，然而由于著作权到期而转入公共领域的作品数却为零。❷

公共领域的存在对于确保文化产品的自由消费具有重要的意义。著作权期限制度是产生文化公共领域的基本途径。较之于 "合理使用" "思想/表达" 等法律制度所允许的公共领域来说，著作权期限一旦届满，所有人均可以自由利用作品。这种利用的范围广泛，利用的客体不受到限制。它不仅意味着可以自由阅读、学习、赏鉴处于公共领域的作品与文化产品，而且可以进行著作权法意义上的使用而不构成侵权，允许消费者自由的复制、传播和演绎。特别需要指出的是，公共领域的广博资源是文化消费者进行创作性消费的土壤，公共领域的萎缩无疑是对创作性消费者的重要伤害。如果说，"公共领域就如同人类文明的摇篮，哺育了版权作品的产生"，❸ 那么，后续创作者生产作品的前提恰恰是文化的消费。没有人可以天生成为莎士比亚，但是任何人均可以在消费莎士比亚作品的基础上成为新一代的作者。文化公共领域是一个社会健康发展的渊源，其主要目的是为他人的再创作提供原材料，他人可以对其需要的材料进行复制、翻译、修改、编辑等，无需付费，不受限制。借此，新作

---

❶ ［美］劳伦斯·莱斯格著，王师译：《免费文化：创意产业的未来》，中信出版社 2009 年版，第 205 页。

❷ 同上书，第 108 页。

❸ 黄汇："论版权、公共领域与文化多样性的关系"，载《知识产权》2010 年第 6 期。

品得以产生。❶ 在此过程，一个健康而有活力的公共领域是新作品创作的源泉，而新作品的出现又是通过文化消费实现的。消费成为跨越公共领域和新作品创作的媒介和桥梁。可见，公共领域对于文化消费者而言存在消费、使用和再创作等三个方面的基本功能。

不仅如此，这种完全意义上的"自由利用"，还为消费者间接带来诸多更为重要的自由场域。首先，公共文化服务机构自由利用处于公共领域的文化产品，消费者有了更多的途径和方式接触和使用这类作品。著作权期限届满后，图书馆、档案馆以及其他公共文化服务机构、网络服务平台都可以自由复制和传播这些作品，消费者可以自由获取和接触这些作品，满足了他们不断增长的文化需求。其次，公共领域作品的存在可以避免文化市场受到小部分出版商和文化娱乐公司的操控。由于营利性机构使用公共领域的作品并不需要征得权利人的授权同意，这有助于自由竞争的文化市场的形成。莱斯格的团队在 Eldred v. Ashcroft 案的最后陈词中作了概括性的总结：支持"CTEA"不仅意味着承认国会可以不受限制地延长著作权保护期，这种行为终将导致市场的集权化，它还意味着，通过操控著作权，国会可以任意限制人们的话语权，实现自己的偏好。❷ 原定50年的保护期将使一些大公司享有著作权的作品置于公共领域之中，任何其他的公司对这些作品的使用都是免费和自由的。这样，大公司控制市场的能力大大受到影响。在这个意义上，任何公司都站在同一起跑线上。但延长的保护期使那些将要进入公共领域的作品重新成为私人控制的领域，进而巩固了某些大公司的市场控制能力。❸最后，处于公共领域的作品是消费者获取教育资源和参与文化传承

❶ 李雨峰：《著作权的宪法之维》，法律出版社 2012 年版，第 118～119 页。

❷ ［美］劳伦斯·莱斯格著，王师译：《免费文化：创意产业的未来》，中信出版社 2009 年版，第 195 页。

❸ 李雨峰：《著作权的宪法之维》，法律出版社 2012 年版，第 120～121 页。

的自由管道。消费者接受教育的文学、艺术和科学作品中不乏已经超过著作权期限的经典之作，这些作品的自由传播是实现教育传承的必要途径。消费者在接受教育和从事文化活动中可以对那些已经进入公共领域的作品进行自由评说和演绎改编，可以自由选择读谁的书，接受哪位作者的观点和信念，在知识的传承中发挥主观能动性，实现自己的偏好。从这个意义上看，持续保持公共领域的存在与活力，也是实现文化传承中消费者主权和教育民主的必要条件。

正因为如此，延长著作权保护期限会延滞作品进入公共领域的时间，会限制消费者对著作权材料的获取，妨碍人们的总体福利，在某种意义上是对文化消费者接触权、选择权和参与权的侵害。消费者有权获取和接触作品，从事文化消费。延长著作权保护期限会导致消费者可以自由获取的文化公共领域萎缩，可供自由选择的作品减少，实际上就是对消费者接触权和选择权的侵害。作品的基本信息应该为公众所知晓，确保对作品的接触是进行创作性消费的前提，著作权期限的延长强化了大公司的控制能力，消费者接触作品的机会将随之减少，创作性消费的能力也会降低。消费者参与文化创新的基本途径是创作性消费，延长著作权期限妨碍了该参与权的实现。因此，延长著作权期限会直接或间接妨碍消费者的利益，应该征得消费者的同意，或者至少在经由听证程序下才可以改变权利保护的期限。

三、著作权期限延长与文化消费成本

著作权期限的延长会导致文化产品授权成本的增加，文化消费品价格亦会随之增长。关于延长著作权期限会不会直接导致文化产品价格的上扬，实践中存在不同的看法。Talfourd 律师就认为，保护期延长并不会使书价越来越昂贵，著述、出版、销售书籍的人也没有越来越少。相反，书籍的撰写会越来越多，书价也越来越便宜。但实际的情况却是，延长保护期的确会导致某些具有市场价值的作品价格上扬。《小熊维尼》这一作品如果没有延长保护期，2006 年就进入了公共领域，当时的价格为 1.5 亿美元；而通过延长保护期其价格增加到 3.5 亿美元。❶ 也许，在普通消费者的眼里，已经超过著作权期限的作品载体的售卖价格并不见得比受到著作权保护的作品载体价格为低。这同出版社或者文化娱乐公司的销售策略有直接的关系。竞争市场的存在在某种意义上减缓了因为著作权期限延长所带来的直接价格影响。

　　然而，作为消费者，除了直接从作品载体上感知到的消费价格之外，还有其他的因素直接与消费成本有关。首先，著作权期限的延长增强了权利人对有影响的文化消费品的控制能力，其中包括价格控制能力。对于已经产生重要消费依赖的文化消费者而言，他们的消费习惯决定了很难在市场上对于这些文化产品寻找替代品。延长的保护期对大公司比对小公司和个人有更大的好处，因为小公司和个人仅能通过一种或者几种利用方式来使用作品，而大公司通过合并经营，垄断了期刊、音乐、收音机、电视、电影、互联网等媒介。随着企业市场能力的增强，他们会游说实施较强的著作权保护；反过来，这种较强的著作权保护只有大企业才能获得最大的利益，又能增强其市场能力。因此，保护期的延长在一定程度上重塑了市场主体的等级结构。❷ 随着著作权期限的扩展，大公司对于消费者消费习惯的操控能力越来越强，在文化市场上，消费者的讨价还价能力便丧失殆尽。其次，搜寻作者的谈判成本本身就比较高。随着时代的发展，有些作品的权利已经"碎片化"，不同的人可以主张不同的权利。毕竟，著作权的不同权能是可以分别转让的。为此，为了节省时间和精力，必须给著作权确定一个保护期，在这段时间过后，

---

❶　李雨峰：《著作权的宪法之维》，法律出版社 2012 年版，第 106 页。

❷　同上书，第 121 页。

作品进入公共领域，任何人都可以自由使用。否则，因为搜寻作者而带来的出版、发行和传播成本，最终必然要转嫁给消费者承担。再次，权利人可能直接拒绝或者错误判定使用者的谈判努力和本意，从而拒绝许可。这种情况将会阻止儿童改编文学作品以提供知识修养，控制对戏剧作品的多元化解读，妨碍音乐作品的公开表演，禁止具有相当文化水准的演绎作品的出版。❶ 最后，著作权保护期限越久，只会导致更多的"孤儿作品"。孤儿作品（orphan works）是指使用者经善意合理搜寻，仍无法寻找到著作权人的作品。美国版权局在 2006 年《孤儿作品研究报告》中认定，如果无法取得著作权人的许可，那么作品的利用即会陷入困境。此时，使用者将承担一种因无法取得许可而侵权的风险。既然使用者已经尽到搜寻义务，如果仍然不允许其使用该作品，甚至让使用者承担侵权责任，则与著作权法的立法宗旨相违背。

另外，由于数字技术的发达，作品利用的范围和方式日趋丰富，Google 公司领衔发起的 Google 图书馆计划，准备将各大学图书馆的文献资料扫描后供网络浏览下载。然而，在取得著作权人许可这一问题上困难重重。这些作品的著作权人有可能本意就不是为了获得经济利益。法律阻止对有用的老旧电影进行保存的积极性，这些"孤儿电影"既不能得到保存，也无助于版权人，并且妨碍电影文化的传承。更为重要的是，在数字技术条件下，著作权期限的延长会制约免费网络作品的传播。Eldred 案中，原告在递交给最高法院的材料中举例说：1930 年出版的 10 027 本书籍中，仅有 174 本保存了下来，如果想将濒临消失的书籍用电子形式保存起来，电子图书馆就必须支付一笔相当可观的著作权使用费。延长著作权保护期限所带来的核心危害在于：虽然技术赋予了重建亚历山大图书馆的可能，

---

❶ Matthew Rimmer, Digital Copyright and the Consumer Revolution: *Hands off my ipod*, Edward Elgar Publishing, Inc. 36 ~ 38 （2007）.

法律却横插一杠。著作权的目的在于确保文化市场的繁荣，但因为我们现在探讨的是结束了商业生命后的文化，所以法律此时的干预不能满足著作权设定之初的任何意图。在这种情况下，著作权与促进文化传播没有任何关联，此时，著作权法不再是自由表达的引擎，反而是一种桎梏。❶

从对历史的回顾中可知，美国立法延长著作权保护期限的举措是由著作权人为后盾的院外利益集团单方推动的结果。这种单方推动同时伴随有国际标准的强化，让普通的使用者和消费者没有任何反击和商谈的余地。从美国议会本身的构成看，消费者和使用者的代言人较少，有时甚至完全缺席，所以也就无法提出各种回应和主张。

通过上文的分析可知，如果切入文化消费的角度，延长著作权保护期限与文化消费者权益有着密切关系，缺乏对消费者利益保护而延长著作权期限的做法是非民主化立法的表现，也是对处于社会弱势地位公众利益的直接侵害。按照罗尔斯的正义理论，正义的两项原则中，差别原则要求保护社会最弱势地位群体的利益。现在的情况却是，制度设计采取了偏向强势权利人的立场，对处于弱势地位的文化消费者缺少足够的制度关怀。

四、著作权期限的制度选择

总体上看，未来著作权期限的设计，无外乎四种基本选择：其一，维持现状。继续秉承《伯尔尼公约》和 TRIPs 协定的要求，按照"作者生前加上死后 50 年"的最低标准提供保护。其二，延长期限。采取美国和欧盟的标准，将作者死后 50 年期限延长到 70 年，同时将法人或其他组织享有著作权的作品保护期限作出相应的延长。其三，区别模式，也就是针对不同的著作权保护客体，因循不同文

---

❶　［美］劳伦斯·莱斯格著，王师译：《免费文化：创意产业的未来》，中信出版社 2009 年版，第 189 页。

化产业发展的特点和运营方式，确定普通文学艺术作品、计算机软件、数据库、摄影作品、电影作品、实用艺术作品等不同类型作品著作权保护的期限。其四，续展模式。借鉴《安娜女王法令》或者美国1790年《版权法》中确立的模式，将作品保护期限维持在现有标准的同时，允许权利人根据自己的判断作出是否续展保护的决定。

比较而言，"维持现状"的制度设计固然回避了关于著作权期限延长正当性的争论，但是从整个国际环境的发展变化趋势上看，发展中国家单方面阻挡来自发达国家强大外来压力以维持现状的能力实在有限。可以预见的是，进一步延长著作权期限在所难免。"区别模式"虽然可以更有针对性地理性判定不同作品的保护期限，但增加了消费者的识别和记忆成本。由于究竟各种类别的作品如何设计出差别化的保护期限才算合理，这很难具有实证上的证据支持，相应文化产业的创造者也很难在这种差别保护中达成共识。如果将这种差距扩展到国际范围，将难以形成国际标准。所以，这种立法模式在实践中不具有可操作性。

因此，比较现实的可行做法是，接受发达国家延长著作权期限的做法，但借鉴续展模式中的合理元素，以最大限度保护文化消费者的利益。也就是说，著作权期限延长到作者死后加70年，但是在50年期满后由权利人在著作权行政管理部门办理续展，只有在续展后才可以享有新增的20年延长保护期，否则该作品就进入公有领域。理由在于：（1）这是一种比较可行的妥协式方案，但是又在最大限度上捍卫了发展中国家的利益。从国际实用主义的立场，发展中国家单方面坚持已有的《伯尔尼公约》标准很容易被各个击破，不具有长久性。在此方面，中国也很难长期独善其身。就此而言，适度延长著作权期限，但同时要求为延长的期限增加续展要求，就成为比较可行的应对举措。（2）它所要求的登记制度，可以让传播者、消费者和其他使用者更为有效地寻找到权利人。传播者便捷地获得授权许可，能够减少转嫁到消费者方面的搜寻成本。图书馆、档案馆、学校等其他使用者能够方便获知权利人信息，有利于向消费者提供更多的免费信息和教育资源，最终也有助于激励文化消费。（3）它将那些不具有商业价值的作品推向公共领域，可以让消费者自由获取的作品数量得以增加。由于作品经过50年后进行续展的并不占多数，从而降低了因为作品期限延长而给消费者利益带来的直接损害。（4）续展也具有公示效应，可以让消费者的知情权得到充分保障。它还可以推动出版商、网络服务提供者展开有效竞争，降低超过著作权保护期限作品的消费价格。

第三节　"枪手代笔"的著作权问题与消费者利益保护

"枪手代笔"行为是否合法，关键看署名权的转移是否合法。实践中，当事方通常借助三种途径实现署名方式的转移：转让著作权、委托创作作品中的约定和署名权的行使。围绕这三种行为的合法性，存在两种不同的观点：意思自治视角坚持可自由转移的立场，公共利益视角则反对这种转移。实际上，意思自治原则和公共利益理念结合起来才能够客观评判"枪手代笔"的合法性。更为重要的是，文化消费者的利益应该受到重视。署名权的转让、约定和行使，影响到文化消费者的知情权、选择权和公平交易权。为保障文化消费者的利益，建议著作权法规范署名方式，打击有损公共利益和消费者利益的"枪手代笔"行为。

一、"枪手代笔"中署名方式转移的现实途径

2012年，知名打假人士方某撰文认为青年作家韩某在少年时代的天才作品为他人代笔，并且根据自己的判断标准分析了相应作品

中的语言表达不可能为缺乏社会阅历的孩子撰写。该论断引起网友广泛争论。此事件也引发了一系列有关国内广泛存在"代笔"行为的报道。例如,四川音乐学院大学生张某爆料,自己就是一个默默无名的"枪手",曾给国内一个景点120周年纪念演出写了一部舞台剧剧本。双方签订了协议,版权属于制作单位。到了演出时,她发现宣传单上编剧的名字已换成某导演。另一以代笔为业人士张某在自己的博客中也披露:歌手杨某《老鼠爱大米》同名小说的作者是广州记者伍某,而歌手唐某的小说《丁香花》的作者则是张本人。此外,学术著作也有"枪手"的影子,而且是"重灾区"。因贪腐落马的原铁道部副总工程师张某为了竞选工程院院士,先后两次组织专家为其写书,"枪手"共为其写了6部专著。代笔现象已经成为出版业市场化运作的"行业规则"。❶ 实践中,"枪手"代笔后由"被代笔人"进行署名,一般有三种基本的途径。

第一种途径是"枪手"创作出作品后,将包括署名权在内的所有著作权转让给"被代笔人"。根据法律规定,著作权人可以转让自己的著作权,对于作品创作后的著作权能够根据私法自治的原则进行处分。只要转让人和受让人之间存在合法有效的协议,著作权可以随之转移。双方当事人可以向著作权行政管理部门备案,也可以不备案。由于当事双方已经一揽子转让了著作权,因此包括署名权在内的所有著作财产权和著作人身权均被转让,"被代笔人"当然可以在自己享有继受著作权的作品上署名。

第二种途径是在委托创作作品中达成协议,约定由"委托人"(即"被代笔人")享有署名权。实际上,"枪手代笔"主要发生于委托创作作品中权利归属的约定。根据《著作权法》第17条规定,"受委托创作的作品,著作权的归属由委托人和受托人通过合同约

---

❶ 王峰、姚建莉、黄易:"业内人士称枪手代笔系出版界潜规则",载 http://ip. people. com. cn/GB/17038487. html, 2012 年 2 月 8 日访问。

定。合同未作明确约定或者没有订立合同的，著作权属于受托人。"鉴于此，"被代笔人"在委托他人创作作品时，会在支付一定的报酬并经受托人（即"枪手"）同意后，明确通过合同约定由委托人享有署名权。

第三种途径是"枪手"自己放弃署名，同意"被代笔人"署名，或者将"被代笔人"署名作为行使署名权的方式。根据法律规定，"枪手"们可以通过各种方式行使署名权，他们可以自愿同意未参加创作的人在其作品上署名，而本人又放弃了署名，或者将他人姓名作为自己的假名。从"署名权"的内容上看，作者可以署名也可以不署名，还可以"署假名"。"枪手"创作完成作品后，并不需要转让署名权，而只需要认可这种自己不署名，或者以"被代笔人"之名假托的方式，就可以完成事实上的署名方式转移。就此种情形而言，著作权并未发生转移，"枪手"始终还是著作权人。也就是说，如果是"枪手"署上假名，而假名也是指向"枪手"，此时"被代笔人"实质上并无署名权。如果"枪手"能够提供证据证明"被代笔人"没有参加创作，则不仅可以要求取消署名，而且按照《著作权法》第47条第3项规定，"没有参加创作，为谋取个人名利，在他人作品上署名的行为"，应承担民事责任。所以，这种情况下只是实现了"被代笔人"在作品上署名的事实，并未真正达致署名权转移的法律效果。

二、"枪手代笔"的合法性争论

虽然在实践中可以借助上述三种途径实现署名方式的转移，但这三种行为是否合法，却存在两种不同的观点。其中，意思自治视角坚持可自由转移的立场，公共利益视角则反对这种转移。

按照意思自治的视角，传统著作权法中有关署名权不可转让、不可放弃的理解存在缺陷。事实上，署名权可以转让，也可以在委托创作合同中约定归属，更可以在征得他人同意的情形下以假托他人姓名的方式行使。

首先，署名权并不是传统意义上的人格权，它旨在表明作者的身份。如果说人格权是不可转让的话，那么署名权的转让并不会损害转让者的基本人格。换言之，作者的人格和现实中作者成为一位民事主体的人格之间并无等同之处。如果说，按照"意志论"的观点，作品乃作者之子，那么这时的作者也并不是现实中的人，而是经由创作行为而转化的新的身份享有者——作家、编剧或者其他创作主体——享有的权利。对于这样的身份，因为并不关乎现实中民事主体的基本人格，所以是可以转让或放弃的。形象地说，张三可以让自己成为一名作家，也可以放弃让公众认为自己是一名作家，隐匿在作品之后而不为公众知晓。这种隐匿不会妨碍其成为一位民事主体。所以，署名权作为一种私权，是可以放弃、转让，并且以多种方式行使。其实，这也是委托创作作品中允许双方约定权利归属的本意所在。

其次，署名权的自由处分，符合双方当事人的利益诉求。在通常情况下，转让署名权是有对价的，而且这种对价可能还要高于财产权的转让所获得的对价。委托创作作品可以类推《著作权法》第16条关于职务作品的著作权归属，并根据该条没有明确禁止约定著作人身权归属的事实，可以认为应包括著作人身权的约定。❶ 委托人有自己的个性化要求，受托人就此提供技术和特长，委托人支付报酬或者其他实惠，受托人在提供服务中获得相应的利益。可见，委托人享有包括署名权在内的著作权是该种作品创作的基本对价，也是双方缔约的基础。

最后，署名权的自由处分，是投资者利益和创作者利益均衡保护

---

❶ 冯晓青：《著作权法》，法律出版社 2010 年版，第 136 页。

的需要。著作权既要保护创作者，也要保护投资者。通过双方的自由协议确认谁是署名权人，是比任何政府干预更为可行的做法。如果抛开市场的力量，没有任何方法可以确认究竟是创作者还是投资者更有资格成为权利人。正是因为如此，立法允许创作者和投资者通过协商的方式确认著作权尤其是精神权利的归属。

按照公共利益的视角，署名权不得转让，也不能在委托创作作品的合同中约定由委托人享有署名权。理由在于：署名权的转移损害了社会公共利益和公序良俗，这主要包括教育利益、职称评价体系、社会诚实信用的道德准则等。现在有不少学者在署名时开"夫妻店"，搞"父子档"，一个人写的文章署上两个人的名，或者干脆为了评定职称而力捧某一个人，从表面上看是意思自治，但实际上损害了国家、社会对学术的评价标准，妨碍了教育利益。当前甚嚣尘上的买卖学位论文的现象，也是通过署名权的转让实现的，同样破坏了教育秩序。除此之外，"枪手代笔"还会危害社会诚信道德和思想评价体系。诚实守信不欺罔，是人类社会基本的道德准则，也是民法中的"帝王条款"。"枪手代笔"会滋生欺骗、蒙蔽、忽悠的不良风气，不利于培养正确的道德价值观。不仅如此，它还会在思想体系评价中造成混乱。例如，某位知名人士请"枪手代笔"，枪手的观点成为"知名人士"的观点，而这两位的思想还有可能是矛盾的。在学术著作中，本来是学者主编的作品却变成专著，其间观点矛盾。这些都严重危及公众、读者以及后学者对相应思想、观点的继受和评判。

然而正因为如此，即使是站在公共利益和社会公德的视角，也不能完全否定署名权的转让，或者在委托合同中约定署名权的归属，或者以假托的方式署名。进而言之，那些不危害社会公益和公序良俗的约定或权利行使行为就应该是有效的。所谓不危害社会公益和公序良俗，即不破坏社会评价制度，也不扰乱社会思想体系。

杨延超认为，在三种情况下，精神权利是可以转让的：（1）作品本身不体现作者的思想、观点，同时其精神权利的转让又不会误导社会评价。（2）作品本身虽然体现作者的思想、观点，但作品精神权利转让时，其作品的归属尚未确定或公示，且转让不会误导社会评价。（3）作品本身虽体现作者的思想、观点，但亦应允许对某些作品精神权利的许可使用，最典型的是修改权的许可使用。❶ 显然，上述情形也可以用来评价"枪手代笔"的合法性。首先，"枪手"转让署名权时，所撰写的作品如果不体现作者的思想、观点且转让不误导社会评价的，该转让行为应该有效。其次，在委托创作作品合同中，如果作品的创作体现了委托人的思想、观点，或者约定由委托人享有著作权不会影响社会公共利益的，该约定有效。最后，"枪手"假托"被代笔人"为署名人，只要不破坏社会评价制度和扰乱社会思想体系，也应该予以准许。根据《最高人民法院关于审理著作权民事案件适用法律解释》第13条规定，由他人执笔，本人审阅定稿并以本人名义发表的报告、讲话等作品，著作权归报告人或者讲话人享有。著作权人可以支付执笔人适当的报酬。第14条规定，当事人合意以特定人物经历为题材完成的自传体作品，当事人对著作权权属有约定的，依其约定；没有约定的，著作权归该特定人物享有。可见，在这两种情形下，司法解释明确认可了"代笔"行为的合法性，并且允许报告人、讲话人和特定人物独自享有作品的署名权和其他著作权。

由于署名权等著作人身权不能完全等同于民法上人身权，❷ 在权利行使方面，也不应该以署名权的著作人身权性质而断然否定"枪手"转让署名权，或者通过委托合同约定署名权的归属。同时，在近代民法向现代民法的转型过程中，民法的意思自治原则必须与诚

---

❶ 杨延超：《作品精神权利论》，法律出版社2007年版，第343页。

❷ 王迁：《著作权法》，北京大学出版社2007年版，第71~72页。

实信用原则、公序良俗原则等指导准则和法律理念结合起来才具有价值和意义。因此，站在契约自由和公共利益的角度，允许在一定的条件下署名权转让，或者约定归属，或者以"假托"方式行使，应为妥善的做法。

三、"枪手代笔"中的消费者利益保护

然而进一步的分析表明，从"意思自治原则"的角度，允许在不违反公共利益的前提下署名权转让，本质上还是有利于"枪手"和"被代笔人"。当事人掌握着各种内幕消息，可以直接否定署名权转让或者假托行使的事实。社会公众要站在公共利益的角度去揭示真相，却非常困难。以方某和韩某的争论为例，韩某可以提供大量证据证明自己就是创作者，并且否定由他人代笔的事实。由于"代笔人"与"被代笔人"之间特殊的关系，特定的利益关联，他们之间结成稳固"联盟"的可能性比较大。因此，普通社会公众要以充足的证据证明"代笔"行为存在，不仅存在很大的困难，而且会陷入动辄侵犯名誉权的境地。此外，即使能够证明存在署名权转让或者假托行使，也很难以该权利行使违反公共利益为由而主张无效。公共利益是一个包容性很强的法学范畴，在不同时期、不同地域、不同语境和不同法律中有着不同的表现形式和彰显重点，如果没有将其具体化展开，恐怕就很难具有实在的说服力。因此，必须为公共利益的天平添加更直观的砝码。笔者认为，切入消费者视角至关重要。

近代以来，出现消费者和经营者两大社会阶层的分界，消费者与经营者相互依存又相互对立，立法上对于消费者弱势地位的考虑和保护，形成消费者保护运动。消费者的弱势性，是指消费者为满足生活消费需要在购买、使用经营者所提供的商品或接受服务的过程中，因缺乏有关知识、信息以及人格缺陷、受控制等因素，导致权

利在一定程度上被剥夺造成消费者权益的损害。❶ 随着人们物质生活的丰裕，文化消费开始日益引起人们的重视。然而遗憾的是，文化消费者的弱势性没有受到关注，在文化消费领域保护消费者的理念也没有形成。这固然有文化消费滞后于物质消费的原因，文化消费对象的"非物质性"和文化消费者特殊性更是其根源。文化消费对象虽然包括有形的文化载体，但根本上是蕴含在文化载体中的无形文化表达。经营者和服务者总是误以为只要提供了合格的文化载体，就不会损害文化消费者的利益，殊不知消费者还存在提供高品质、高水准的文化表达的精神需求。文化消费的本质正是在于满足这样的精神需求。可见，在能否满足这种精神需求上，文化产品的生产者必须担负起相应的责任。此外，文化消费者总被认为是"有学问""有知识"的人，将他们与那些处于弱势地位"弱而愚"的消费者相提并论，似乎不为文化产品经营者接受。但是，随着文化事业和文化产业的发展，从事文化消费的群体与物质产品的消费者在范围上并无本质不同，亦即人人皆可为文化消费者。从这个意义上看，文化消费者的弱势性与有形产品消费者的弱势性并无二致。

著作权法虽以保护著作权人的利益为出发点，但其最终目的还是要通过激励创新以促进文化繁荣。该种浓郁的社会规划色彩使得作为私法的著作权法在制度设计上必须面对文化生产的另一面——文化消费。著作权法以实现创作者、传播者和使用者的利益平衡为目标，它也要保护作为使用者之一的文化消费者的利益。实际上，著作权法中也有复杂的消费者利益保护问题。这里的消费者主要包括两个层次：第一个层次是作品载体的消费者，也是通常意义上人们所感知到的文化消费。例如，从市场上购买书籍、CD 或者 DVD 等，然后回家欣赏、观看，这是一种比较常见的文化消费。在电影院里观看

---

❶　张严方：《消费者保护法研究》，法律出版社 2003 年版，第 84 页。

电影，在网络平台上接受服务，同样是这种消费方式。在著作权法中规定发行权权利穷竭原则，不赋予权利人所谓的"阅读权"和"接触权"，正是为了保证这种消费方式能够顺利实施。第二个层次的消费是对作品的消费。作品的消费既可以是对作品中思想、精神和内涵的接受、批判和否定，也可以是对作品表达的引用、转化和借鉴。众所周知的"思想表达"二分法就是维护文化消费者进行作品思想消费的重要准则。著作权限制规则中允许个人学习目的的引用、免费表演等，也是为了实现文化消费而必须进行的制度设计。由于著作权保护直接或间接影响到文化消费，因此必须在法律规则上贯穿消费者保护的理念和意识。或者说，著作权权利的形式、保护和限制等制度规范，都应该至少不能从根本上妨碍、制约文化消费，不得以损害文化消费者的利益为代价。这在规范署名权方面亦不例外。

其实，作者的署名是在文化消费者和创作者之间搭建起的一座"桥梁"，与文化消费的关系非常密切。如果说在有形商品领域中是"认牌购物"，那么在文化市场繁荣、活跃、多元的今天，文化消费则更多的是"认名购物"。从这个意义上看，是否署名以及如何署名的问题，直接与文化消费有关联。具体来说，至少包括以下方面：首先，署名具有读者联络和识别的功能。读者可以直接通过作品的署名判断作者的身份、学历和其他文化元素，在作品和作者之间建立起符号联系。署名不仅是作者行使权利的形式，而且帮助读者建立起知识的谱系和文化的框架，并且可以因循这样的线索进行学习和评判，因而具有重要的文化功能和社会效果。其次，署名的识别性也有强弱，可以帮助文化消费者作出是否购买的判断。简言之，文化消费在很大程度上取决于文化消费者的识别能力。这种识别能力缘于消费者的个人能力，也依凭作者和作品的显著性。其中，作者的显著性是通过其署名的显著性反映出来，并体现在作品的显著性之上。一般来说，显著性越强的署名越是具有吸引消费者购买的能力。最后，作品如何署名也是消费者再创作中使用作品时的重要依据。不同的署名所能够产生的引用价值不同，所带来的观点权威性和影响力也不同。文化消费者在使用作品尤其是将作品中的观点、思想、表达进行转化性使用时，尤其看重署名者的地位、角色和权威性。由此可见，作品的署名关乎消费者对作品的引用，关乎知识的接受和认同，关乎教育的传承和消费者的学习。

因此，应该将消费者权益保护的理念引入"枪手代笔"行为合法性的争论中。在署名权的转让、委托作品创作约定署名权或假托行使署名权的过程中，必须考虑到对消费者利益带来的影响。具体来说，文化消费者的以下权益需要保护：（1）知情权。消费者享有知悉其购买、使用的商品或者接受的服务的真实情况的权利。在文化消费中，消费者有权要求提供作品的作者、创作时间、创作方式等有关情况。（2）选择权。消费者有权自主选择提供商品或者服务的经营者，自主选择商品品种或者服务方式，自主决定购买或者不购买任何一种商品、接受或者不接受任何一项服务。在文化消费中，消费者也应该能够在不受外在干扰的环境下形成自己的判断，作出文化消费的抉择。在使用作品时，除了根据自己的判断外，还可以根据经由署名带来的作品显著性，作出是否引用或者如何评价的选择。（3）公平交易权。消费者在购买商品或者接受服务时，有权获得质量保障、价格合理、计量正确等公平交易条件。文化产品交易中也有质量问题。作品是否物有所值，关键就在于其所标注的信息给消费者带来的合理期待能否得到满足。虽然文化产品相较于有形商品，很难有固定的标准评判，真可谓是"萝卜青菜各有所爱"，但这绝非可以忽略不计。在某些特殊场合，消费者的公平交易权受到侵害是非常明显的。在名人聘请枪手"代笔""裸替"而又不正确署名的情况下，消费者基于对名人的确信、偏爱而实施文化消费行为，

"公平交易权"就可能遭受侵害。

　　鉴于以上分析,在满足意思自治和公共利益两项原则前提下,"枪手代笔"中署名方式的转移并非不可,但是还要结合文化消费者利益保护原则进一步检视其合法性。为此可以得出以下几点结论:首先,消费者行使知情权、选择权和公平交易权的必然途径,是对作品署名的真伪进行探究。任何文化消费者都有权利基于个人标准、学术范式和综合比较等方式探明署名的真实性。只要不存在恶意,应不被追究侵犯名誉权的法律责任。其次,规范署名的形式。在学术作品、文化作品等领域,严格区分"主编"和"专著",团队集体创作和学术带头人、课题负责人一人创作的作品,在署名上应该有清晰交代。由于法人或其他组织有着比普通自然人更强的活动能力和社会影响,对这些主体在行使署名权时应该遵循实名制的要求。❶同时为保护消费者利益,创作者和传播者除提供署名外,还应包括作者学历、所属专业及研究方向等信息,帮助消费者更好实现知情权和选择权。再次,加大对学位申报、职称评定等活动中"枪手代笔"行为的查处。结合当前网络技术发展的特点,严查某些以介绍论文代笔为业的网站。加强举报奖励力度,调动社会各界参与的积极性。最后,赋予消费者损害赔偿请求权。当消费者有充分证据证明文化消费中选择权、知情权和公平选择权受到侵害的,可以要求"被代笔人"承担损害赔偿的民事责任。由于文化消费辐射面广,涉及人数多,不可能由每个人提起诉讼并且将赔偿费分配至每一个人。因此可以通过公益诉讼的方法,将获得的赔偿额作为文化基金予以使用和管理。

---

　　❶　张凤杰:"论署名权的滥用与限制",载《中国版权》2009年第5期。

第四节　制作录音制品著作权法定许可的
　　　争论与思考

　　制作录音制品法定许可规则引发音乐界人士的质疑和学术界的讨论。实际上该规则并不是对表演权而是对复制权和发行权的限制。在立法中作出相应的规定，不仅有助于维护公平的竞争环境，而且是保障著作权人和消费者利益的需要。2012 年 3 月 31 日，国家版权局发出通知，公开对《中华人民共和国著作权法》（修改草案第一稿）（以下简称《修改草案第一稿》）征求意见。其中第 46 条规定，录音制品首次出版 3 个月后，其他录音制作者可以依照本法第 48 条规定的条件，不经著作权人许可，使用其音乐作品制作录音制品。这一看似普通并且是对现行著作权法固有规定进行完善的内容，却引起了音乐界人士强烈不满。2012 年 7 月，国家版权局公布《中华人民共和国著作权法》（修改草案第二稿）（以下简称《修改草案第二稿》），第 46 条被彻底删除，顺应了音乐人的诉求。笔者认为，上述一删了之的做法欠缺理性的分析和科学的论证，需要在理论上作出进一步的检讨。

一、立法修改引发的争议

　　《修改草案第一稿》第 46 条引起热烈的争议，这在我国著作权法立法史上会留下耐人寻味的一笔。反对该条款的音乐界人士，起初是站在错误理解这一条文的基础上发表自己的看法。他们将这一条款理解为是对翻唱行为的解禁。有音乐界人士据此举例说，一旦该条文通过，那么，任何人都可以翻唱《春天里》，著作权人却不能制止。❶ 此处的翻唱不是法律用语，而且引人误解。从上下文看，应该指向著作权法上的表演行为。然而，制作录音制品著作权法定许可所要限制的权利，并不是表演权，而是复制权和发行权。简言之，所谓制作录音制品的著作权法定许可，是指录音制品制作者使用他人已经合法录制为录音制品的音乐作品，亦即聘请歌手、乐队演唱、演奏该音乐作品后再制作成音乐制品并予以发行的，适用法定许可规则，不需要征得音乐作品著作权人的同意，但必须要支付报酬。可见，第46条所要达到的法律效果，并不是"想唱就唱"，而是在满足特定条件下，允许录音制品制作者（唱片公司）之间为录制音乐作品而进行公平竞争。

在初步澄清上述误解以后，音乐界人士又提出了反对第46条规定的若干理由。择其要者而言，包括：（1）取消了"原作者许可声明不得使用"的规定不妥。实践中，著作权人将被剥夺自由选择录音制品录制者的自由。这是把"法定许可"变成"强制许可"，后果将相当严重。实施强制许可会直接危及唱片公司的生存，其后果是使音乐产业雪上加霜。（2）3个月的时间太短，也不符合国际社会的通行做法。如果一个歌手影响力大，有市场，那么他的音乐作品还有被大家迅速听到的可能；但如果是一个新人，可能投入几百万元都是收不到效益的。所以在3个月时间内，基本无法让人对一首歌的原创作者产生深刻印象，这条规定会对讲究风格和个性的作者造成致命打击。❷ 3个月的期限一过，其他歌手就突然涌过来，用各种方式去翻唱这首歌，录制出各种不同版本的作品，"而且他们是没投入太大经费的，所以可以卖得很便宜，那可想而知，花钱去把这首歌

---

❶ "著作权法拟允许未经授权翻唱他人音乐作品"，载 http://news.163.com/12/0405/07/7UAH2J570001124J.html，2012年4月10日访问。

❷ 肖执缨："刀郎质疑《著作权法》：权益无保障 行业没希望"，载 http://ip.people.com.cn/GB/17772108.html，2012年4月28日访问。

推红的公司，不仅不可能从这首歌当中赚到钱，就连之前投入的宣传经费都会亏进去，请问谁愿意做这种赔本的生意。"❶ 按照惯例，音乐著作权人在首次录音后，将可获取高额预付版费，保护期过短，著作权人将无法获得高额预付版费，音乐人处境将更为艰难。❷（3）我国有自己的国情，唱片公司需要解决的是生存问题，根本不存在反垄断的必要。"国外制定法定许可是为了打破大唱片公司的垄断，但国内唱片公司连生存都很困难，根本谈不上垄断。"❸ 针对上述主张，赞成者进行了若干回应，试图恢复公众和音乐界人士对制作录音制品法定许可制度本身的客观认识，建立对这一制度价值的公正评价。这些回应的内容主要有以下几点。

首先，从国际立法例和本制度所要实现的目的来看，现行《著作权法》规定"原作者可声明不得使用"不够妥当，有必要在立法修改时予以取消。事实上，这也是我国主流著作权法学者的共识。冯晓青认为，法律规定"著作权人声明不许使用的不得使用"这难以避免这一法定许可在实践中被流于形式。❹ 王迁认为，"著作权人声明不许使用的不得使用"的规定与大多数国家的规定不同。西方国家规定这种"法定许可"的目的在于防止唱片公司通过与音乐著作权人签订独家许可协议而垄断唱片市场、提高唱片价格。而允许音乐著作权人作出保留无异于使这一"法定许可"从根本上失去作

---

❶ "音乐界反对著作权法草案背后：内地乐坛或消亡"，载 http://tech. ifeng. com/internet/detail_ 2012_ 04/14/13885184_ 0. shtml，2012 年 4 月 16 日访问。

❷ 路艳霞："录音制品 3 个月保护期意在杜绝垄断"，载 http://legal. people. com. cn/GB/17749417. html，2012 年 4 月 26 日访问。

❸ "音乐人认为部分条款忽视现状，国家版权局回应争议"，载 http://ip. people. com. cn/GB/17751065. html，2012 年 4 月 26 日访问。

❹ 冯晓青：《著作权法》，法律出版社 2010 年版，第 175 页。

用。❶ 李明德、许超认为，如果让音乐作品著作权人行使这样的保留权，尤其是授权第一家录音制品制作者进行录制以后行使这样的保留权，倒真有可能出现让第一家录音制品制作者垄断市场的情形。❷可见，在《修正草案第一稿》中取消这一条件存在正确的学理基础。

其次，规定3个月的时间体现了我国制度设计的优越性，也维护了消费者和弱小公司的利益。日本、韩国等规定都是3年，我国台湾地区规定6个月，但这是被强势著作权人给左右了，时间越长越容易导致大的音乐公司垄断，"这一家越滚越大，小公司越滚越小，所以才会有四大唱片"。为了避免这一现象，选择了以3个月作为期限。❸只有在相对短的时间内，让不同的唱片公司进行不同风格的录音制作和发行，才能满足不同消费者的利益，也才会避免强势公司的垄断地位，并顾及更多弱小公司的利益。❹ 现行著作权法是从录音制品首次出版时即实行法定许可，草案增加了3个月的权利保留期，对首次录音制品制作者的利益保护有了一定程度的加强。❺

遗憾的是，上述反对者的意见最终占据了上风。为了避免争议，国家版权局改变了自己的立场，在《修改草案第二稿》以及随后的第三稿中删除了制作录音制品法定许可的规定。然而，这是否为立法理性化的表现，却值得深入思考。

---

❶ 王迁：《著作权法》，北京大学出版社2007年版，第226页。

❷ 李明德、许超：《著作权法》，法律出版社2003年版，第121页。

❸ 谷体伟："国家版权局详解著作权法草案：称有修改可能"，载 http://ip. people. com. cn/GB/17772201. html，2012年4月28日访问。

❹ 路艳霞："录音制品3个月保护期意在杜绝垄断"，载 http://legal. people. com. cn/GB/17749417. html，2012年4月26日访问。

❺ "音著协回应著作权法草案争议：防唱片公司垄断"，载 http://www. sipo. gov. cn/mtjj/2012/201204/t20120410_ 667189. html，2012年4月13日访问。

二、制度规则的正当性

笔者认为,《修改草案第一稿》第 46 条在总体方向和立法意旨上体现了国际通行做法,是承继我国既有规定和发展完善现有立法的具体表现,反映和贯彻了著作权法保护的基本精神。然而,《修正草案第二稿》为了平息争论,将制作录音制品著作权法定许可的规定简单废止,不仅使得我国著作权法未来保护水平高于美国、德国、韩国等发达国家和新兴工业化国家,而且蕴藏着诱发垄断、侵害消费者、弱势著作权人和弱势录音制作者利益的潜在风险。

首先,为制作录音制品设定法定许可规则,符合国际社会的通行做法。《伯尔尼公约》第 13 条第 1 款规定,本同盟每一成员国可就其本国情况对音乐作品作者及允许其歌词与音乐作品一道录音的歌词作者授权对上述音乐作品以及有歌词的音乐作品进行录音的专有权利规定保留及条件;但这类保留及条件之效力严格限于对此作出规定的国家,而且在任何情况下均不得损害作者获得在没有协议情况下由主管当局规定的合理报酬的权利。因此从总体的立法精神上看,制作录音制品法定许可规则并不是出自中国的"杜撰",它来自于发达国家,并且一直在我国著作权法中得到认可,具有国际条约法上的依据,不违背最低的知识产权国际标准。

其次,设立该法定许可规则的基本目的,是建立公平竞争的录音制品制作市场。音乐作品录制市场存在滋生垄断的制度风险。少数占有市场优势的唱片公司往往倾向于同音乐作品的著作权人签订独占使用合同,排除其他唱片公司在初始唱片推出并产生良好市场效益后寻求权利人授权,从而垄断录音制品市场,压制新兴和弱小唱片公司的生存空间。在这种情况下,法定许可规则可以否定独占使用许可合同的效力,保障录音制作者之间的公平竞争权。可见,该法定许可规则针对的是进行录音制作的唱片公司,而不是著作权人。

相反，在唱片录制过程中，地位相对弱小的著作权人还可以直接从这一规则中受益。因为法定许可规则意味着录音制品的制作者不可能通过格式合同条款限制音乐作品著作权人的许可权，而后来的录音制作者还必须向权利人支付报酬。从理论上讲，著作权人的作品越受欢迎，再行制作的录音制品就越多，获得的报酬也会同步增加。

最后，并不是必须已经出现了唱片公司垄断格局下，这一法定许可才有意义。在美国1909年版权法首次规定这一制度时，美国的唱片公司并没有出现垄断。只是在当时的技术条件下，唱片很难像书籍、报刊那样被复制，同时唱片出租市场也尚未形成，购买唱片是公众得以欣赏音乐作品的主要渠道。因此获得独家授权的大唱片公司有可能借助市场垄断地位提高唱片价格，获得不合理的高额利润。为了使唱片公司之间能够形成合理的竞争，使唱片价格维持在较合理的水平，美国的立法者才规定只要音乐作品已经被合法制作为录音制品，其他唱片公司就可以不经音乐著作权人许可，将其音乐作品录制在唱片上销售，但需要支付法定报酬。❶ 等到1976年美国《版权法》修订时，唱片公司的垄断情况还是没有出现。美国版权局曾建议取消这一强制许可，因为促成这一条款达成的所谓垄断情形从未发生。但是，版权局也意识到，唱片公司之所以未出现这种垄断也是与该强制许可条款的存在有着实质上的联系，因此，最终还是提议在法律中继续保留这一规定。❷ 可见，即便是在音乐制作产业最为发达、最有可能出现唱片制作垄断的国家，该法定许可规则也不是为了制止事实上已经存在的垄断状态而进行的设计。就目前的网络环境而言，初看起来到处都是免费的音乐下载和传播，似乎并不存在发生垄断的可能性。但是，随着数字权利管理系统的完善和网络音乐作品发行环境的改善，法律还是必须对录音制品市场有可

---

❶　王迁：《著作权法》，北京大学出版社2007年版，第225页。

❷　Register's Report, 35.

能产生的垄断保持警惕之心。因此，即便没有实际的垄断出现，设定法定许可规则也是合理的、具有前瞻性的选择。

三、《修正草案第一稿》相关规定的进步性

若将《修正草案第一稿》第46条、第48条的规定和现行著作权法的内容相比较，可以发现其具有明显的进步性：（1）它取消了"著作权人没有发表不许使用的声明"这一饱受诟病的条件，体现了这一制度设计的主旨。（2）它规定了3个月的期限，为先行录音的制作者和表演者提供了实现"市场先占优势"的机会。（3）建立了使用申请备案制度。在使用前向国务院著作权行政管理部门申请备案；使用者申请法定许可备案的，国务院著作权行政管理部门应在其官方网站公告备案信息。（4）缩短了使用费支付的期限。要求被许可人在使用后1个月内按照国务院著作权行政管理部门制定的标准向著作权集体管理组织支付使用费，同时报送使用作品的作品名称、作者姓名和作品出处等相关信息。（5）对著作权集体管理组织转付费用提出明确要求。著作权集体管理组织应当将使用费及时转付给相关权利人，并建立作品使用情况查询系统供权利人免费查询作品使用情况和使用费支付情况。（6）对于先行制作的音乐作品，提出了必须已经"出版"的要求。《修正草案第一稿》明确纠正了现行法律中没有要求先行录制的唱片必须已经发行的缺陷，意味着权利人总是可以自己选择唱片公司先行制作发行，后来制作的录音制品将不可能率先占领销售市场。

需要说明的是，《修正草案第一稿》建立的申请备案制度是借鉴美国版权法上强制许可规则的表现。按照我国传统的法定许可理论，使用者只要满足使用的条件，就可以径行使用而不需要履行相应的手续。这一制度理念的优越性在于，使用者可以简便快捷地利用作品，既减少了与权利人的谈判成本，也减少了政府机构进行公告的

社会管理成本。但是，实践操作中却出现权利人利益无从保障的问题。由于权利人不知道哪些录音制作者利用了自己的作品，其获得报酬的机会就完全建立在使用者的自觉支付的基础上。权利人即便是想主动要求使用者支付报酬，也因为巨大的查询成本而难以实现。美国版权法与此不同。该国《版权法》第115（b）（1）规定：任何人打算根据本条获得强制许可，都应该在制作录音制品30天前，并在发行唱片之前，向权利人发出意图使用的通知。如果登记机关或版权局的任何公开记录中无法辨别权利人，以至于无法发送这样的通知，这时向版权局作出同样的通知亦为有效。通知应遵循版权登记机构规定的形式、内容和服务方式等要求。可见，《修正草案第一稿》坚持我国法定许可的制度框架，同时借鉴了美国版权法中强制许可中的合理元素，建立了申请备案制度。该制度有助于权利人的获得报酬权得以切实实现。为确保备案制度具有可操作性，国家版权行政管理部门还应依据法律的规定，制定更为详细的备案要求，以防止备案制度的立法目的在实践中落空。

四、制度完善的建议

毋庸讳言的是，《修正草案第一稿》在制度设计的理性化和细致化方面仍存在一些缺陷。从该条文引发的争论看，权利人仍然担心制作录音制品法定许可会严重损害他们的实际利益。正如前述，这些担忧中，有些内容经过理性审视后并不存在。但是有些担忧尖锐地反映了现行法和《修正草案第一稿》的制度不足。我们应该重视后一种担忧，通过进一步完善法律规定，正视权利人合理关切，将该规则可能带来的不合理影响降到最小。

按照国际公约中"三步测试法"的规定，权利限制只能在特定情形，不与作品的正常使用相冲突，也不得不合理损害权利人的合法利益前提下才可以采取。完善立法规定，也是为了让制作录音制品法定许可规则能够通过该测试，成为有助于实现创作者、传播者和使用者利益平衡的制度设计。笔者认为，未来的立法方向不是废除而是完善这一规定。具体而言，可考虑从以下方面完善立法，以进一步平衡著作权人、消费者和录音制作者的合法利益。

（一）允许使用者和权利人进行协商授权

我国著作权法遵循法定许可的传统，没有规定权利人和使用者进行协商谈判的前置程序。但是在强制许可的制度语境下，往往要求将权利人与使用者的谈判作为前置程序，或者乐见权利人和使用者达成自主协议。如果当事人通过直接进行的私人谈判，或者借助擅长机械复制权许可谈判的代理公司，可以更简便达成授权协议，版权法并不阻止。❶ 现实中不乏愿意通过自主谈判完成授权的情形。当使用者在寻找权利人方面并非需要花费高额成本时，允许当事人之间通过自由协商达成授权许可的协议，既能够达到防止垄断的立法目的，又能够最为公平有效地保障当事人的利益。在集体管理组织日渐成熟、功能日渐突出的时代环境下，集体管理组织不仅仅只是承担转付使用费的"小角色"，而应该是具有代表权利人参与授权许可谈判的"大担当"。所以，立法可以允许权利人或者其集体管理组织和使用者或其代理机构通过自主协商的方式进行授权谈判，在权利人拒绝按照通常使用费标准授权许可时，后续录音制作者才可以采取法定许可的措施。

（二）建立法定许可撤销规则

自2001年我国著作权法修正案建立起制作录音制品法定许可规则至今，已有十余年的时间。与其他法定许可规则一样，这一制度最容易受到批评的就是，立法上虽然有使用者必须支付报酬的规定，

---

❶ Marshall A. Leaffer, *Understanding Copyright Law*，(*Third Edition*)，Matthew Bender & Company Incorporated. 301～302 (1999).

但不少使用者却对此视若无物，根本不按照要求向权利人支付报酬。即使有个别支付报酬的，也会隐匿录音制品的实际制作和发行数量，权利人的合法利益根本无从保障。建立申请备案制度，可以解决权利人查找使用者困难的问题，但是并不能从根本上督促使用者支付报酬。按照现有法定许可规则，使用者违反法律规定的代价几乎为零。易言之，现行法没有规定，如果使用者未按照法律规定的标准支付报酬，将应该承担怎样的后果。在美国，被许可人未能支付必要的报酬，或者提交年度、月度的财务报告说明的，权利人有权通知其自动终止该许可。一旦被自动终止，制作、发行行为将构成侵权行为而需要承担完全损害赔偿责任。[1] 我国台湾地区"著作权法"第71条也规定，取得制作录音强制许可后，发现其申请有虚伪情事者，著作权专责机关应撤销其许可；未依著作权专责机关许可之方式利用著作者，著作权专责机关应废止其许可。上述规定具有明显的震慑和惩治功能，颇值得借鉴。建议立法中明文规定，被许可人没有按照规定的要求备案，未按照法定的标准在规定期限支付使用费，未应权利人请求及时提供制作发行证明或者在财务报告中弄虚作假的，或者其他违背法定许可要求的，权利人有权请求著作权行政管理部门撤销该法定许可。法定许可被撤销后，制作录音制品的行为构成侵权，应该承担民事责任。

（三）规范后续录音制作者的使用行为

现行著作权法和《修正草案》都只是规定了后续录音制作者可以制作录音制品，但是制作录音制品后可以从事哪些行为，法律规定语焉不详。其实，制作录音制品的法定许可，只是产生对音乐作品著作权人复制权和发行权的限制效果。至于将录音制品再用于其

---

[1] Paul Goldstein, *Goldstein on Copyright*, *Third Edition*, *Volume* II, *Aspen Publisher Wolters Kluwer*, Volume II, 7：21 （2007）.

他商业用途，则因涉及对权利人其他权利的保护而不被允许。为避免误解，建议立法中明确规定：其他录音制作者可以依照本法规定的条件，不经著作权人许可，使用其音乐作品制作录音制品，同时可以将该录音制品发行使用。如果我国《著作权法》在修正后授予音乐作品著作权人出租权，❶ 那么后续制作者也可以基于法定许可规则，对该出租权进行限制，允许将该录音制品出租使用。

需要特别指出的是，后续制作者能否将录音制品用于网络发行和传播，直接决定了该制度的未来命运。从我国著作权法设定的财产权内容来看，网络中的交互式传播行为由信息网络传播权控制。如果按照上述分析，制作录音制品法定许可所要限制的是著作权人的复制权和发行权，并不包括信息网络传播权。这就是说，后续制作者不能在未经著作权人许可并支付报酬的情形下，将该录音制品通过数字媒体进行网络交互式传播。但是，1995 年《美国录音制品数字表演权法案》在《美国版权法》第 115（c）中增加了一段规定，将机械复制权和发行权许可扩展到数字发行，一旦数字录音制品的传播构成数字发行，也属于后续制作者进行发行的范围，进而寻求在网络新型市场中获得与传统市场一样的保护措施。❷ 坦率而言，该举措有其时代前瞻性，也符合美国运用发行权控制网络传播行为的立场。但是这一延伸保护建立在网络传播市场规范有序的基础上。相比较而言，我国音乐作品的网络传播比较混乱，消费者也主要接受免费传播。盲目将后续制作者的权限扩大到网络环境，必然会严重损害著作权人的利益。因此，建议立法还是暂缓延伸保护为好。当然，随着网络传播和数字音乐消费逐渐占据音乐文化市场的主流，

---

❶ 现行著作权法并没有授予音乐作品的著作权人以出租权，所以后续录音制作者将录音制品进行出租，并不侵害著作权人的权利。

❷ Paul Goldstein, *Goldstein on Copyright*, *Third Edition*, *Volume* II, *Aspen Publisher Wolters Kluwer*, Volume II, 7：26（2007）.

如果不允许后续制作者在网络上进行数字传播，实行网络发行，那么制作录音制品著作权法定许可制度的适用范围将渐趋缩小，并且最终失去其存在的意义。鉴于此，在满足何种条件下可将后续制作者的权利扩展到信息网络领域，进而对著作权人的信息网络传播权进行限制，仍然是值得研究的课题。

第三章 技术产品文化消费与著作权变迁

著作权制度是印刷复制技术直接推动的产物，并且伴随着录音、录像、广播、电视、网络等信息技术的发展而不断发展。文化消费也不可须臾离开当下信息技术所照应的社会条件。现代信息技术革命带来一个重大变化是，技术特征和技术措施日渐融入文化产品，专供个人文化消费的技术产品数量不断增长，技术产品的消费者可以直接从技术产品的使用中实现文化消费。同样，著作权人也更多地偏向以技术手段保护私权，在文化产品中注入技术保障措施，用以阻止未经许可的接触和使用，技术措施的频繁采用让文化产品带上了技术属性，技术手段成为控制文化消费的有效形式。可见，技术产品的文化消费包括两种形式：一种形式是由技术产品的生产商提供各种可用于文化娱乐的产品，消费者购买该技术产品后进行文化消费；另一种是著作权人直接将文化产品改造成技术产品，或者某些文化产品本身可以理解为属于技术产品，消费者对这类特殊的文化产品进行的消费，类似于对技术产品或者二者综合体的消费。因此，有必要讨论技术产品的文化消费给著作权保护和限制带来的影响，在保护权利人利益的同时，维护正常的文化消费生态。

第一节 技术产品文化消费与著作权保护模式

技术产品文化消费的通常方式，是消费者购买家用复制或者播放设备，单独或者与其他文化产品相互配合后，实现对作品、表演、录音录像制品或者电视节目的欣赏、娱乐、研究或者学习。在廉价和高质量的家用复制设备出现之前，技术产品文化消费的能力极其有限，消费者需要到剧院、电影院去接受文化服务进而被动获得文化消费，或者直接购买图书等文化产品进行文化消费。复印机、印刷机、照相机等复制设备完全是生产文化产品的工具，而不是文化消费的器械。直到个人录音机、录像机、空白磁带出现后，这些技术产品才开始直接成为文化消费的设备。电视机、机顶盒、电脑、手机、MP3 等新型技术产品不断出现，而技术的发展让这些产品都可以直接用于文化消费，有的甚至唯一目的就是实现文化消费。技术产品的文化消费趋向给著作权人的利益带来消极影响，一些版权人甚至将矛头指向技术产品的制造商和经销商，著作权的保护模式受到挑战。

一、实质性非侵权用途规则及其衰落

技术产品属于典型的功能性消费品，它可以被用于不同的场合，发挥不同的效能。例如，手机是一种技术产品，它可用来进行远距离通讯，也可以用来上网，还可以存储音乐作品。在这些所有的功能中，有关涉文化消费的，也有与文化消费无涉的情形。按照技术中立的法律理念，不能因为某项技术可以被用来从事侵犯著作权的行为而禁止该种技术的创新。所以，生产功能卓越、性能优质的各类技术产品用于文化消费，不仅不能为法律所禁止，相反应为全社会所鼓励。然而，有些技术产品却走向极端，它的唯一目标或者主要功能只在于帮助消费者在文化消费中实现未经许可的复制和传播，而不管这种使用是否符合著作权法合理使用的要求。对此种技术产品的生产行为自然获得文化消费者的欢迎，却难免会引起著作权人的不满。

Sony 案❶的出现较早反映了这一问题，也是美国率先建立版权法"实质性非侵权用途规则"的标志。20 世纪 70 年代，日本索尼公司开始在美国销售名为 Betamax 的录像机。该录像机既可通过电视机录制正在被观看的节目，也可以通过自带的接收器在观众观看一个频道时录制另一个频道的节目，还可以通过定时器在观众不在家时自动按预先设定的时间对某一指定频道的节目进行录制。此外，Betamax 录像机还有"暂停"和"快进"功能，观众在边观看边录制时可以通过按下暂停键避免将广告录进去，在播放录像带时可以通过按下快进键跳过广告。美国环球电影制片公司和迪斯尼制片公司于 1976 年向加利福尼亚州中区地区法院起诉索尼公司，认为消费者未经许可使用 Betamax 录像机录制其享有版权的电影构成版权侵权；而索尼公司制造和销售这种录像机的唯一目的就是引诱购买者录制电视节目，包括其拍摄的电影，因此应作为"帮助侵权者"为消费者的版权侵权行为承担责任。两电影公司要求获得损害赔偿，包括索尼公司从销售 Betamax 录像机中获得的利润，同时颁布禁止生产和销售这种录像机的禁令。❷ 1984 年 1 月 18 日，美国最高法院以 5∶4 的多数通过该案的判决：为了在家庭中"改变观看时间"使用录像机录制电视节目构成对版权作品的"合理使用"；索尼公司出售具有"实质性非侵权用途"的录像机并不构成"帮助侵权"。❸ 本案中，有两个不同意义上的文化消费者：利用索尼产品观看电视和电影的纯粹被动文化消费者以及购买索尼产品就是为了文化消费的技术产

---

❶ Sony Corporation of America et al v. Universal City Studios, Inc., ea al 464 US 417 at 586 (1984).

❷ 王迁："索尼案二十年祭：回顾、反思与启示"，载《科技与法律》2004 年第 4 期。

❸ 王迁、王凌红：《知识产权间接侵权研究》，中国人民大学出版社 2008 年版，第 16 页。

品文化消费者。关于文化消费者在家庭中进行复制是否构成侵权，涉及个人使用的合法性，对此问题前面已经论及，此处不再展开；关于"实质性非侵权用途"标准，则直接关系到技术产品文化消费的生产端口，也直接关系到该种消费方式能否顺利展开，因此有必要重点进行探讨。

在 Sony 案中，法院认为索尼公司不用就其生产的技术产品在文化消费中可能存在的违法行为承担责任，主要有两点理由：其一，技术产品生产商并不能监督技术产品出让后的文化消费行为。也就是说索尼公司在销售录像机之后就无法控制用户的使用行为，不具有"监督他人侵权行为的权利和能力"，就此而言，索尼公司不需要承担替代责任。其二，引进美国专利法中的"通用商品原则"，❶建立了版权法上的实质性的非侵权用途规则。如果"产品可能被广泛用于合法的、不受争议的用途"，即"能够具有实质性的非侵权用途"，即使制造商和销售商知道其设备可能被用于侵权，也不能推定其故意帮助他人侵权并构成"帮助侵权"。

对于"实质性非侵权用途"标准应该一分为二地看待。就该原则的合理性而言，主要包括两个方面：其一，该原则符合"媒介中立"构成侵权抗辩的原则。媒介中立原则是指不论作品附着于何种媒介，著作权人均享有同等保护。但媒介能广泛用于合法、无争议性的目的，则媒介本身及其制造商、提供者并不构成侵权。❷ 其二，

---

❶ 《美国专利法》第 271 条（c）条规定：如果一种零部件、材料或设备构成了享有专利权的发明或方法的实质性部分，而且销售者知道其专门被用于对专利产品或方法的侵权性使用时，除非这种零部件、材料和设备是"可用于实质性非侵权用途的通用贸易商品"，在美国境内对其进行销售、许诺销售或进口的人应作为帮助侵权者承担责任。

❷ 蔡惠如：《著作权之未来展望——论合理使用之价值创新》，元照出版有限公司 2007 年版，第 215 页。

该原则为新技术的研究和开发提供了较为宽松的制度环境。从历史上看，每一次新技术的创新都会给创新者带来法律风险和承担侵权责任的压力，而这些技术成就本身最终有助于社会公众和技术革新。"实质性非侵权用途"原则仅仅要求技术创新者证明技术产品并非专为侵权而设计就可以免责，对于技术创新者减轻法律风险较为有利。

正是因为"实质性非侵权用途"原则具有合理性，又满足"技术中立"支持下的"技术创新"需求，因此，该规则在著作权法上仍可以看做划定文化创新和技术创新合法性的分界线。如果一个技术产品具有多种功能，或者其主要功能并非用于文化消费，当然也就不是主要被用作侵犯著作权的使用，那么这样的技术创新行为不会被认定为侵权行为。质言之，在通常样态的技术产品生产和消费场合，"实质性非侵权用途规则"应该被继续确立为著作权法中的基本规则。

至于"实质性非侵权用途"原则的缺陷，可从以下方面分析：首先，该原则具有可轻易规避性。在 Sony 公司 Betamax 案件，多数法官还特别强调：为了判断本案中录像机是否符合"实质性非侵权用途"标准，无需研究它具有的不同潜在用途以及哪些用途构成侵权、哪些用途具有商业意义，而只需考虑它是否具有相当数量的非侵权用途。学者指出，这样的理解会导致几乎除了最愚蠢的技术提供者外，均可在某项技术服务中嵌入非侵权用途，从而适用该标准规避法律责任。其次，该原则忽视了权利人的合法利益。随着现代信息技术尤其是网络技术的不断发展，技术产品、文化产品与网络服务的融合程度日益加深，技术产品即使具有"非侵权用途"，技术产品的生产者也可以借助网络服务从广告中获得巨额收入。这意味着技术产品虽然具有"实质非侵权用途"，但是只要与网络结合，权利人的合法利益就会受到意想不到的损害。盲目坚持"实质非侵权用途"标准，本质上是无视网络服务对文化消费带来的冲击和影响。在 P2P 软件这一技术产品的使用上，集中体现了该原则所具有的弊端。最后，该原则偏离了传统的侵权法理。"实质性非侵权用途"是在专利案件中存在的"普通商品原则"演化而来，偏离了常规的侵权法原理，也与传统上的共同侵权行为归责原则和责任标准不同，它没有以直接侵权行为的存在为逻辑前提，也没有以过错为归责的重心，偏离了传统侵权法的固有思维和构成要件理论。它在具体的法律适用中普适性不强，也赋予法官过强的自由裁量权限，因此有检讨必要。

为改进"实质性非侵权用途"原则所存在缺陷和不足，有学者提出"比例测试"原则。该原则是指侵权使用超过了非侵权性使用，P2P 软件的创造者和发行人将为版权侵权承担责任。❶ "比例测试"原则具有的合理性一面在于，并不是所有流行的侵权工具和服务行为都是合法的，如果某些技术或服务的侵权功能非常明显，以至于完全超过了其非侵权功能，就应该承担法律责任。按照这一原则的逻辑推导，一些以侵权为业或者主要依赖于侵权生存的技术产品生产商和服务商也在法律的打击之列。这对于净化社会整体的产业环境无疑是具有重要意义的。但是，"比例测试"原则也存在不可克服的弊端：首先，如何确定"比例"的大小，的确是与政策取向、技术发展以及商业模式等许多要素存在联系，因此很难有固定的标准。其次，做比例分析所需的证据仅仅可以通过侵犯使用者的隐私而得以收集，该原则需要以牺牲隐私权为代价。最后，该原则虽然是从反面解读"媒介"中立原则，但本质上与该原则矛盾。它不能让那些很有前途但是在短时期内无法解决侵权瓶颈的技术和产业得到保护，会阻碍技术的开发和创新。

---

❶ ［美］Margo E. K. Reder 著，汤俊芳译："P2P 文件共享：美国高院有机会考虑什么"，见易继明主编：《中国科技法年刊（2007 年卷）》，华中科技大学出版社 2008 年版。

事实上，随着科学技术的发展，"实质性非侵权用途"规则正在走向衰落，或者说，它的笼统性、普适性、无条件的适用正在受到限制。在网络技术设备的文化消费中，越来越多的案件处理必须照应技术产品和网络服务两种文化消费交织所带来的复杂性。司法实践中，法院更多地按照"帮助侵犯"或者"引诱侵权"的法理，追究技术产品提供者侵犯著作权的法律责任。

二、补偿金模式及其论争

著作权补偿金制度是指复制设备和复制媒介在出售时，按照售价的一定比例支付给著作权人，作为对随后可能进行的私人复制行为的补偿费。德国联邦最高法院在 1964 年认定录音机制造商应该向音乐版权人支付一定数额的补偿金，以弥补因消费者的私人录制而对版权人造成的损失。次年制定的《德国著作权法》据此首次引入了对录音录像设备收取补偿金的制度。1985 年，德国又将补偿金的征收范围扩大到空白录音录像带和复印设备。据统计，迄今已经有包括加拿大、法国、西班牙、意大利、丹麦等在内的 42 个国家和地区实行私人复制补偿金制度。❶

总体上看，著作权补偿金制度具有以下特征：（1）它是针对私人复制行为而收取的补偿款项。补偿金制度是有关行业妥协的结果，虽然其不适用于一般复制行为，只限于法定的用于私人使用目的的复制，但是这一制度从理论上讲，其涉及的是目的为私人使用的复制这个一般性问题。❷ 就目前来看，权利人并不能就传播行为收取补偿金。至于为什么要对私人复制收取补偿金，是因为这些国家的著作权法认为私人复制行为并不当然构成合理使用。但是，通过授权

---

❶ 王迁：《著作权法学》，北京大学出版社 2007 年版，第 230 页。

❷ ［日］中山信弘著，张玉瑞译：《多媒体与著作权》，专利文献出版社 1997 年版，第 52 页。

许可或者事后的侵权救济，都需要耗费高额成本，而且会使得使用行为处于一种不确定状态。为此，立法以补偿金制度事先就可能用于私人复制的设备和媒介的售价中提取一定比例，以补偿著作权人，并将随后以之为媒介的所有私人复制行为置于合法状态。（2）需要提取补偿金的设备和媒介是特定的，一般由法律明确规定，包括收取设备（复印机、录音机、录像机）使用费，必要时还对用于复印的材料（可以进行复制的录音带和录像带等）收取另一种使用费。（3）能够获得补偿金的权利人包括因私人复制而受到损害的各类权利人，主要是因为使用者在家中复制录音制品和视听作品受到损害的作者、表演者和制作者。（4）补偿金由复制设备和载体的制造商和进口者以及复印设备的经营者代为支付。不过，经营者也只是代为支付而已，其价金实际已经转移至产品价格中，最终由使用者承担。不过因为不能去人家的住所收取报酬和进行检查，所以需要经营者代为交纳。如果出现下列情形可以免征版税：如果设备用于出口；如果使用者是录音带或录像带的制作公司，或是录音制品或录像制作品商业复制公司或是视听传播企业；如果这种设备或载体供视觉或听觉残疾者使用。❶ 在借助相关设备进行私人复制的场合，私人复制既是纯粹被动文化消费的附带过程，也是技术产品文化消费的必然结果。通过补偿金实现技术产品文化消费的合法化，反过来也保证整个文化消费过程的合法化。

美国于 2004 年通过《著作权补偿金分配改革法案》（*Copyright Royalty and Distribution Reform Act of* 2004）。该法案为了有效核定著作权强制许可，以及生产、销售、传播复制设备或空白储存设备提供商的补偿金，特常设"著作权补偿金法官"，以代替"著作权补偿金仲裁委员会"这一临时性组织，并详细规定了著作权补偿金法官的

---

❶ ［西］德利娅·利普希克著，联合国译：《著作权与邻接权》，中国对外翻译出版公司 2000 年版，第 184~189 页。

职权、任命、组成、裁决程序和司法救济等规定。该法案的目的在于：（1）使公众得以最大限度接触作品；（2）使著作权人就其作品获得公平合理的报酬，并使著作权使用人在现有经济条件下取得合理收益；（3）体现著作权人与著作权使用人向公众提供作品的原创性、投资和风险；（4）最大限度降低对产业结构和既有产业习惯的消极影响。在这一思想的指导下，该法案提出由全职的"著作权补偿金法官"（copyright royalty judges）取代临时性的"著作权补偿金仲裁委员会"，旨在提高著作权补偿金订立的效率。然而，著作权补偿金法官虽被称为"法官"，但与美国法中传统的法官意义大不相同，著作权补偿金法官仍然隶属于政府公务员系统，仍由国会图书馆馆长任命，但该法官独立于国会图书馆。该法案在保证著作权补偿金法官独立性的前提下，使版权局、国会图书馆与申请人之间实现了良好互动，三者在相关信息共享的同时，可以依照该程序，集合各方诉求，有助于落实利用人的付费规则，增加著作权人的收益。

补偿金制度建立在这样的基本立论基础上：使用者利用技术产品进行文化消费对著作权人的市场利益产生影响，必须通过补偿机制回复这种可能造成的损害，进而可以在法律上确立技术产品及技术产品文化消费的合法性。补偿金制度相对于直接针对每一次个人复制行为进行授权使用并收费而言，节约了社会成本，也使得原本不可能实现的授权许可变换成有效的补偿机制。对使用人来说，支付版税手续简单；对权利人来说，通过管理机构行使权利效果明显。❶但是，在我国颁布《著作权法》后的十多年里，对于这一制度的利弊争论一直不断。在录音录像等模拟技术大行其道的模拟版权时代，我国实际上并没有建立补偿金制度。笔者认为，模拟版权时代没有借鉴德国、奥地利等国家的立法规定补偿金机制，应为明智之选择，

---

❶ 吴汉东：《著作权合理使用制度研究》，中国政法大学出版社2005年版，第236页。

理由在于：（1）我国立法对于"个人使用"构成合理使用，采取了比较宽松的法制环境。法律没有对于个人复制的数量采取明确规定，也没有对于个人使用的动机采取区分对待。由于补偿金是建立在"个人复制"超出一定范围将需要授权许可和付费使用的基础之上，所以在我国并没有征收补偿金的明确法律基础。（2）补偿金制度本身的缺陷，使之很难得到文化消费者和技术产品制造商的文化认同。对文化消费者使用作品的行为不加区分征收补偿金，不考虑录制设备可能用于会议记录、语音练习，或记录公有领域作品，或者用于其他合理使用目的，这在事实上会造成合理使用制度的失灵，也会妨碍消费者对于公共文化领域作品的自由使用。该制度也没有区分不同的复制设备，不考虑复制设备中不同部件生产商的不同地位，而是进行一体征收，在实质上不公平地加重了技术产品生产商的负担。一旦实行补偿金制度，征收的费用由制造商先行承担后转嫁给消费者，可能招致电子产品制造业、电信运营商的抱怨，还可能引起消费者的不满情绪等。❶（3）补偿金制度并非一定能够公正地保护权利人。在补偿金的征收方面，并没有正确地建立起与利用相对应的征收制度，采取的方法是，事前对复制机器和记录媒体等进行无区别征收，这从制度上就决定了不可能正确地进行分配。❷并非所有作者的作品都得以被他人录制、复制，同样的道理，也并非所有作者的作品都会被同时进行录制、复制。因此，由集体管理组织无区分地针对复制设备征收补偿金后平均分配给所有的权利人，会让一些不受欢迎的作品的著作权人也会得到相应的物质利益，而那些被反复复制的作品的作者却并没有被有效激励。（4）补偿金制度的有

---

❶　张今：《版权法中私人复制问题研究：从印刷机到互联网》，中国政法大学出版社2009年版，第272页。

❷　［日］中山信弘著，张玉瑞译：《多媒体与著作权》，专利文献出版社1997年版，第52页。

效运作还依赖于各种透明的外部环境。尤其是集体管理组织，必须得到社会各界的普遍认可。我国的著作权集体管理组织在没有赢得所有著作权人普遍尊敬和信任之前，建立所谓的补偿金制度，并不能真正达到保护著作权人利益的目的。

数字时代，数字设备和媒介能否适用补偿金制度，存在不同的实践和理论观点，引起了更为广泛的讨论和思考。数字时代补偿金制度的最核心问题，就是可以征收补偿金的数字设备可以包括哪些。德国 2007 年 9 月 21 日通过的《规范信息社会著作权的第二部法律》规定，负有缴纳补偿费义务的是所有通常被用来制作合法复制件的机器和储存介质。那些从理论上来说可以被用来复制的储存芯片，但实际上被用于完全不同的其他功能的数字设备例如手机则没有补偿义务。[1] 这表明，德国已经对扫描仪、刻录机、带有内存的 MP3 播放机、空白 CD 和 DVD 光盘等收取补偿金，并正在讨论是否将个人电脑纳入补偿金的征收范围。2013 年 5 月 13 日，法国政府正在评估一项"文化税"提议。该提议一旦被批准，苹果和谷歌等科技公司在法国就将面临一项新的税收义务。该提议中称，对苹果 iPhone、iPad 和谷歌 Android 等智能手机和平板电脑的销售征收"文化税"，可以资助法国的文化事业，因为消费者在这些硬件上的投资高于内容投资。2015 年 1 月实施的《西班牙知识产权法》的一项主要内容是建立所谓的"谷歌税"制度。也就是说，谷歌在其搜索结果中显示的新闻内容相关链接所属的媒体机构，有权向谷歌收取名为"新闻内容制造权"的费用。该法律为对提供未经授权内容的网站进行罚款提供了一定的法律依据。该种"补偿金"实际上已经超出了传统著作权法仅仅针对复制设备和复制行为征收的范围，它扩展到了网络技术产品和服务领域。但是总体上看，这些国家基本上是以扩

---

[1] 张今：《版权法中私人复制问题研究：从印刷机到互联网》，中国政法大学出版社 2009 年版，第 243 页。

展补偿金的征收对象来应对网络技术带来的变化。

不过，在这方面，美国却采取了较为谨慎的立场。美国针对数字录音设备才开始规定补偿金制度，并将之作为应对数字时代著作权变革的措施。1992年通过的《家庭录音法》（AHRA）允许著作权集体管理组织针对数字录音设备征收补偿金。但是在该法中，能够征收补偿金的数字录音设备是非常狭窄的。根据定义，它是"一种通常提供给个人使用的机器或设备，无论是否被其他机器或设备所包含或者是其他机器或设备的组成部分，其数字录音功能的基本设计或推广目的是，并且能够实现的是，为个人使用目的制作数字录音制品"。数字录音复制品是指数字音乐制品的数字录音格式复制品，无论其复制品是由另一种数字音乐制品直接制得，还是通过传输方式间接获得。数字音乐制品是指一种物质客体：（1）其中以数字录音格式固定有声音、资料和权利声明，以及视情形含有声音附带的指令；以及（2）从中可直接或者在机器或设备的辅助下感知、复制或传输声音与资料。上述定义中的种种限制，使得该法在音乐与消费电子产业的发展中处于边缘地位。1999年，联邦第九巡回上诉法院在审判中认为，该法对Rio播放器（最流行的MP3随身听品牌之一）不适用，因为该设备所存储的音乐作品通常下载自电脑硬盘（硬盘的主要用途与音乐制品无关，不符合该法对"数字音乐制品"的定义），不符合"数字录音复制品"的狭窄定义。如今，只有数字录音机、迷你磁盘随身听、作为立体声音响设备组件的CD刻录机等落入该法的征税范围。因此，计税对象并不广泛，这正是根据该法提取和再分配的税收金额如此之少的原因所在。2000年，此项税收创历史最高，达到550万美元；从那以后，年税收额就一直徘徊在350万美元左右——约占美国音乐制品年销售额的0.03%。❶ 随着电

---

　　❶ ［美］威廉·W.费舍尔著，李旭译：《说话算数：技术、法律以及娱乐的未来》，上海三联书店2008年版，第92～93页。

脑在数字作品创作与传播领域发挥越来越大的作用,《家庭录音法》的意义日渐衰微。❶ 有美国学者建议,数字作品的复制设备、数字作品复制件的存储媒介、互联网文件下载或流媒体在线点播服务以及P2P或其他文件共享服务都应该是适宜征税的设备和服务。❷ 但是到目前为止,美国还没有在修改《家庭录音法》进而扩大补偿金在数字时代的征收范围达成新的共识。

笔者认为,在数字时代,个人电脑和刻录机、可刻录光盘等具有多种用途,大多数消费者并不一定就是利用这些设备进行私人复制,对这些设备一概收取补偿金不公平。站在文化消费者的立场来看,对那些技术产品征收补偿金与消费者在购买产品时所应支付的对价多寡直接联系在一起,所以应该得到消费者的认同。由于数字复制设备更新的频率非常快,新产品日新月异,相应的文化消费功能也并不相同,所以在征收补偿金前必须对拟征收设备的技术特征和功能作出标准化的描述,否则就会损害各种差异化消费的消费者利益。至于有些国家将补偿金的设备扩充到谷歌等网络传播领域,或者学者建议的P2P软件等新兴装置、服务,则应该持有谨慎的立场。这种做法已经超出了针对私人复制征收补偿金的范围,需要结合网络技术的发展检讨这种实质性改革的必要性和其可能存在的代价。

数字时代扩展补偿金的第二个问题,是它与权利人进行技术措施的控制之间会出现重复的保护。一方面,权利人通过技术措施阻止了消费者浏览、欣赏、使用、复制和传播作品;另一方面,又通过补偿金从消费者那里收取每一次个人使用的报酬。这不仅是多余的,而且会造成权利人获得多次补偿或收费的机会。❸ AHRA认为,任何

---

❶ [美] 威廉·W.费舍尔著,李旭译:《说话算数:技术、法律以及娱乐的未来》,上海三联书店2008年版,第75页。

❷ 同上书,第198页。

❸ 王迁:《著作权法学》,北京大学出版社2007年版,第231页。

生产数字录音设备的厂商都必须在其所生产的设备中装置"连续著作权管理系统"（serial copyright management system，SCMS）或其他具有相同功能的系统，以避免数字录音档案遭不法盗录。在前述 Rio 案中，生产该种播放设备的 Diamond 公司为了表示诚意并减少各界的抨击，曾特地在 Rio 的软件中加入反盗拷的系统，该系统可以让消费者在聆听一至两首从网络上下载的音乐之后，就将 Rio 随身听自动锁住。这种做法虽然没有得到权利人的积极响应，但在客观上依凭技术措施实现了对著作权的保护。不过，此案后的著作权人还是按照这样的思路，强化了技术措施的运用，希望能结合录音、电子以及电脑产业，共同为音乐的安全数字化分类，采用一项统一技术标准。当然也有学者认为，数字时代的补偿金制度有利于处于弱势地位的权利人、集体管理组织和特殊用户群体等其他利益团体，因此应该继续保留补偿金制度，其理由是：（1）以技术措施和权利管理电子信息为基础构建的数字权利管理系统缺乏安全性和交互性。（2）缺乏正当性。数字权利管理系统仅仅为拥有著作权的大公司所操纵，他们不会将收入分配给作者。（3）私人复制的便利性。与通过数字权利管理系统进行管理的排他性权利相比较，以强制版税为基础的私人复制的法定豁免更能保证消费者的利益。❶ 笔者认为，这种观点值得商榷。从数字技术的发展趋势上看，数字权利管理系统的安全性和交互性越来越好，即便存在问题，重复收费的客观事实依然存在。从补偿金制度的基础缺陷上看，它也并不是保护消费者的有效途径。

更重要的一个因素是，数字时代著作权补偿金面临着一个显而易见的困境，就是技术产品都与网络连接，技术产品的文化消费也就是网络服务的文化消费。网络文化消费的基本特征是，消费者使用

---

❶ 冯军、黄宝忠主编：《版权保护法制的完善与发展：基于欧盟经验与中国实践的视角》，社会科学文献出版社 2008 年版，第 15 页。

作品的基本方式不是复制，而是借助于网络传播。网络服务提供与技术产品紧密结合在一起，有些数字媒介和设备不仅仅是私人复制的工具，而且是公开传播的工具。如果就这些媒体和设备都一概收取补偿金，实际上已经超出了对复制权进行限制的范围。由于传播权和复制权的限制途径和法理并不完全相同，这无疑会扩大补偿金的征收范围。前述所谓的"谷歌税"在本质上是对谷歌公司提供链接服务征收补偿金，而谷歌公司提供网络链接服务即便构成侵权，也是侵犯传播权的行为，所以，它已经超出了传统版权法关于补偿金的规制范畴，属于一种全新的制度设计。在应对"谷歌税"中，谷歌采取了一个堪称"聪明的策略"，除非传统媒体网站承诺不会对谷歌收费，否则谷歌新闻将删除其所有新闻链接。这种策略本质上是以消解网络文化消费的便利性为代价，但同时也对传统媒体借助网络推进文化消费带来不便。这说明，将补偿金扩大到传播权领域，未必就能够取得意料之中的保护效果。

在"三网融合"的背景下，国内越来越多的有线电视服务商开始提供电视回放功能，供用户回看。同时，市场上已经能够提供各种在网络上播放电视节目的网络机顶盒，可以根据消费者的需求在选定的时间和地点播放电视节目。是否应该对这些播放设备征收补偿金，也引起过多方的讨论。在我国，由于没有补偿金制度，实践中的解决之道是根据侵权法的规则判定这些设备的生产商是否构成共同侵权。理论上看，是否可以考虑对于具有回看功能或者网络播放功能的机顶盒征收补偿金，从而一劳永逸地解决消费者按需观看电视的合法性问题呢？笔者认为，这种想法过于简单。实际上，在我国的电视广播系统中，不同系统下的收看模式在收费标准和对象上有很大差异，有的还涉及国家的文化政策和区域平衡发展战略。例如，在城镇尤其是大城市，消费者通过广电系统购买有线服务，如果要增加节目回看功能，一般都会多缴费给广电部门。这个时候的节目回看，实际上已经是基于约定的广电服务项目下的合法使用。如果还要消费者支付补偿金，则无疑属于重复收费。至于消费者缴纳的费用最终没有能够拿出一部分比例在权利人之中进行分配，实则是由于我国广播权法定许可制度产生的影响，而非缴纳补偿金所能解决。现在发生的由于三网融合所带来的网络电视台机顶盒问题，说到底也是因为提供网络链接收费低于广播电视网络，相应的网络链接属于侵权行为造成。解决这些问题的办法是强化网络电视服务提供者的合法利用意识，增强电信服务商提供广播电视服务的审查义务。如果网络上出现的电视频道均在合法授权后才可进入网络电视台观看，电信服务商必然也要在提供接入服务时增加费用，用以维护合法的广播电视节目购置。因此，即便没有补偿金制度，消费者也会支付更多的服务费，用以维护良性的网络电视服务。由此可见，针对网络电视机顶盒征收补偿金，并非解决此类侵权问题的根本之道。

三、帮助侵权与引诱侵权规则的复兴

20 世纪 90 年代中期，伴随着网络技术进入寻常百姓生活，网络服务提供者侵犯著作权的法律责任规则得以逐步确认。在这个过程中，以《美国数字千年版权法》为代表，将侵权法中的间接侵权规则完全运用到网络版权领域，并成为普遍的遵循。有些情况下，网络服务提供者也是技术产品的提供者，例如提供搜索引擎服务，依凭搜索引擎技术产品，不过由于消费者并不用购买该技术，而是接受其服务即可完成文化消费，所以本质上还是网络服务提供行为而非技术产品消费。有的时候，技术产品和网络服务虽然截然分开，但是适用网络环境的技术产品不可能脱离网络服务而存在。无论是 ipad 还是数字机顶盒，都是在借助网络服务提供者所提供的作品、表演和录音录像制品，最终促成文化消费。P2P 软件出现后又产生了另一种境况：技术产品的消费与网络服务交融在一起，技术产品的提供过程与网络服务难以区分。如果网络服务提供者可以根据间接侵权追究法律责任，那么作为整个侵权链条中的技术产品提供者，也可以据此追究责任。间接侵权责任原理被运用到技术产品，最先发生于 P2P 软件引发的 Napster 案和 Grokster 案这两个典型案件之中。

Napster 案❶的基本情况是：Napster 公司开发了一个名为"Music-Share"的软件，该软件利用 P2P 技术为用户提供 MP3 格式文件交换服务。任何人到 Napster 公司的网站上下载"MusicShare"软件并安装到自己的电脑上后，就可以在上网时登陆到 Napster 公司的网络系统上并可以免费注册为 Napster 公司的用户。所有 Napster 公司的用户之间利用"MusicShare"软件可以互相交流 MP3 格式的文件，实现资源免费共享，即 Napster 公司的用户在任何时候上传和下载 MP3 文件都不需要向对方用户、Napster 公司或者音乐作品的版权人支付对价。1999 年 12 月 6 日，RIAA 提起侵犯著作权诉讼。经过一年多的审理，旧金山联邦上诉法院在 2001 年 2 月 2 日认定 Napster 构成对录音及音乐之著作权复制权和发行权的"帮助侵权"（contributory infringement）与"替代侵权"（vicarious infringement）。上诉审中，美国联邦上诉法院认为地方法院原先发出之禁令过宽，所以必须将禁令加以修正。2001 年 3 月 6 日，地方法院法官 Marilyn Patel 修正原来的禁令，要求 Napster 内部必须建立筛选机制，封锁受版权保护的歌曲经过其服务器再发生任何交换存取行为；RIAA 亦须提供唱片名单，协助 Napster 进行筛选识别。

Napster 案在三个方面的结论具有重要意义：（1）点对点服务提供者不同于普通的网络定位服务提供商，它是一种新类型网络服务活动。法官认为，这种服务的特殊性就在于，使用者与分享者之间

---

❶ A&M Records, *Incv. Napster*, 239 *F. 3d* 1004（*9th Cir.* 2001）.

的连接虽然借助 P2P 服务商，但是并非通过其系统传播，而是借助 P2P 软件浏览器在使用者的系统中进行传播。（2）点对点服务构成帮助侵权和替代侵权的责任。特别是在其明知特定侵权文件为享有著作权的作品，但是并未通过措施防止其传播时，就应负起侵害著作权的帮助责任。如果其未能有效监督及避免侵权作品存在其搜索引擎，同时又通过这种服务获得经济利益的，点对点服务提供商还要担负起替代侵害的责任。该案中，法院重申了判例法中帮助侵权的认定条件：其一，ISP 知道或者有理由知道用户的直接侵权行为，ISP"明知"的认定可以根据版权人的通知来确定。本案中原告至少有 12 000 个侵权文件的传播通知了原告。其二，ISP 对用户的直接侵权行为提供了重要的帮助，这种重要帮助不需要辅助侵权人的服务器提供侵权材料实质内容的浏览与下载服务。（3）点对点服务项目具有其他非实质侵害用途，从而为这一产业的发展预留了发展空间。Napster 系统至少有三种非侵权用途：试听，用户临时复制和欣赏音乐作品，以决定是否购买；空间转移，用户通过 Napster 系统获取他们已拥有的音乐作品；获得新艺人或成名艺人授权的传播行为。❶ 法院采取了这样的见解：其一，点对点服务非为侵害目的而使用时，不能因为存在某些侵害使用行为就直接推定被告的行为和点对点服务性质违法；其二，只有点对点服务商明知侵害行为发生而仍为提供服务活动，同时有权限和能力监督侵害活动发生但怠于进行监督，并从中牟利，才可能构成间接侵权。

由于 Napster 软件借助于中间服务器，不能脱离网络服务，所以技术产品的提供者必然同时是网络服务提供者。在这样的技术特征下，适用网络服务提供者的责任规则也的确在情理之中。虽然该案总体上没有沿用 Sony 案所确立的"实质非侵权用途规则"，并且遭

---

❶ ［美］威廉·W. 费舍尔著，李旭译：《说话算数：技术、法律以及娱乐的未来》，上海三联书店 2008 年版，第 104 页。

到消费者群体的强烈抗议，但是该案正确展示了网络环境下这一规则适用的困境：技术产品的提供者同时也是网络服务提供者；终端用户不仅借助技术产品进行复制，而且可以达到网络传播的目的。由此得出的逻辑结论是，司法机关可以借助"实质非侵权用途规则"肯定技术产品创新，同时也必须依照网络环境的特殊性，针对个案要求技术产品的生产者承担与其网络服务相配套的法律义务。

　　Grokster 案❶的基本案情是：Grokster 公司和 Streamcast 公司是美国的两家提供软件下载服务的网络公司。其中，Grokster 公司自行开发了一种名为 Grokster 的软件，网络用户下载 Grokster 软件后，就可以利用其再下载 Kazza 软件。Grokster 公司的网络用户在下载并安装 Kazza 软件后，相互间就可以充分地进行资源共享。用户可选择将其计算机中的某些档案，例如音乐档案、视频档案、软件程序、电子书、文本文件等与人"分享"。Streamcast 公司则与 Grokster 公司略有不同，其自主开发了一种名为 Morpheus 的软件，该软件本身就是采用了 P2P 技术。Streamcast 公司的网络用户通过登录该公司的网站便可直接下载 Morpheus 软件，下载该软件的网络用户同样可以相互间进行资源共享，如 MP3 音乐文件等。具体运行时，两款 P2P 软件直接提供各种工具让用户将所需种类的分享档案进行彻底搜索，例如，用户只要输入关键词和歌曲名称或作曲者姓名即可进行，搜索开始后，软件首先把那些愿意和他人分享档案同时又存有符合条件歌曲的用户全部列出或列出其中某些部分，同时列出的资料还有档案传输的使用时间估计。与前述 Napster 的最大区别就在于，这两款 P2P 软件并未提供实质的从事侵害的设备与网络位置，而是由使用者利用软件系统，互相连接创造出网络传输通道。美国第九巡回上诉法院最终并未判定 Grokster 的帮助侵权责任，由于 Grokster 无权终止或

---

　　❶　Metro – Goldwyn – Mayer Studios, Inc. v. Grokster, Ltd. , 259 F. Supp. 2d 1029 (C. D. Cal. 2003).

关闭使用者的网络连接，所以并不构成"恶意视而不见"，也无监督责任。从技术上讲，点对点服务提供商即使明知使用人的侵害行为，也难以从事任何有效的制止行为。也就是说，法院即便责令 Grokster 关闭，使用者还是可以继续分享档案。其后，美国最高法院的审理又再次推翻了第九巡回上诉法院的判决，认定 Grokster 尽管具有实质性的非侵权用途，也应承担法律责任。

美国最高法院审理过程中，提出了以下的观点：（1）从技术上看，Grokster 不同于 Napster，因此承担的法律责任也不应同于后者。Grokster 软件发行人既没有为侵权提供网址和设备，也没有充当路径的提供者/因特网提供者；版权人必须证明的软件提供者有阻止侵权存档的能力，而且未能运用该能力来阻止侵权的发生；法院认为，被告没有义务创建一种控制系统——借此保持对其使用者的侵权行为负责。（2）对"实质性非侵权用途"进行反思和限定。美国最高法院对 Sony 案所建立的"实质性非侵权用途"标准加上了一个严格的限定——除了产品被实际用于侵权行为之外，没有其他证据能够证明产品提供者有意引诱他人侵权。Grokster 案的判决扭转了"实质性非侵权用途"规则在第三人版权法律责任认定中居主导地位的势头，使第三人版权责任的认定标准向侵权法回归。❶（3）将引诱侵权作为判定间接侵权的重要标准。虽然 P2P 软件的提供者没有直接提供网络服务上的帮助，所有的侵权流程都是在消费者下载软件后自主完成，但是如果 P2P 软件的提供商在宣传中以 Napster 的替代品自居，且诱导用户下载并指导消费者进行侵权文件的分享，从中获得巨额广告收益，也应认定为构成引诱侵权，属于间接侵权的情形。

受到第三代 P2P 服务提供者构成引诱侵权这一思路的启发，美国业界提出了制定专门的《引诱侵权法案》的提案。但是最终该议案

---

❶ 张今：《版权法中私人复制问题研究：从印刷机到互联网》，中国政法大学出版社 2009 年版，第 198 页。

未获通过。究其原因有四：其一，"引诱侵权规则"会使研发技术的努力却步，合法的技术发展导致侵害结果的发生，必然妨碍技术更新。❶ 虽然著作权人可运用这一规则有效打击各种侵权行为，但是网络使用者可从 P2P 获得实益，开发更多便捷的下载工具以符合公共利益。其二，网络的本来架构就是倡导"端对端"传播，P2P 技术实现了这一功能，所以有关的宣传不是引诱侵权，而恰恰是对互联网功能的提升和回归。其三，随着 P2P 技术的应用，网络服务提供者不再需要进行宣传，消费者也可知晓有关软件的功能。所以，随着技术的进步引诱侵权的宣传会减少。从防范风险的角度讲，网络服务提供者也会主动减少明显的引诱宣传。其四，从司法对策上看，提供 P2P 软件的服务提供者如果构成引诱侵权，也可以运用传统的侵权责任法规则予以解决，并不需要单独的立法。由此可见，点对点服务提供者固然可能构成帮助侵权和引诱侵权，却并无明显或实质的特殊性以致要求制定新的规则。

由此可见，不论是第几代 P2P 软件，也不论 P2P 软件的生产商和提供者是否直接参与侵权过程，只要借助于网络服务，都有可能构成间接侵权。我国台湾地区法院在审理 Kuro 案和 Ezpeer 案时，尽管判决结果不一样，却都认为 P2P 软件是中性的科技，不应被苛责或禁止，但利用或提供该等软件或服务的行为，仍要视行为人的行为是否有诱使、帮助、引起他人的侵害著作权行为而加判断。❷ 如果 P2P 软件提供者同时也是网络服务提供者，并且对下载信息进行分类，可能按照网络服务提供者的侵权责任标准判定构成帮助侵权，这一点与通常情况下提供链接和信息存储空间的帮助侵权没有什么不同。如果 P2P 软件提供者通过广告宣传引诱消费者下载软件，从事侵权活动，则有可能构成引诱侵权。

---

❶ 曾胜珍：《论网络著作权之侵害》，元照出版有限公司 2008 年版，第 53 页。

❷ 同上书，第 45 页。

上述解决网络环境下 P2P 软件提供者是否构成侵权责任的思路具有很强的代表性，它可运用到其他数字技术产品侵犯著作权情形中。在我国发生的数字机顶盒被禁事件，就体现该种分析路径。2014 年，新闻出版广电总局针对互联网电视牌照商下发通知，要求立即关停互联网电视终端产品中违规视频 APP 的下载通道。其中，华数传媒和阿里合作推出的"天猫魔盒"和百视通推出的"小红互联网电视机顶盒"产品，因载有爱奇艺、搜狐视频、优酷等视听节目客户端软件和互联网浏览器软件而被要求整顿。这两家公司被要求立即关闭所有互联网电视终端产品中各类商业视听网站客户端软件及各类视频聚合软件下载通道，并对已经下载的软件立即予以技术处理，在未完成整顿之前，不得发行新的互联网电视终端产品。❶实践中，互联网电视机顶盒侵犯著作权主要有三种情形：（1）盒子生产商同牌照商合作获得生产机顶盒的资质，为扩大用户数量，在机顶盒内设置链接或其他形式，将他人享有版权的影视等作品提供给观众；（2）硬件商虽获得授权生产机顶盒产品，但是通过该机顶盒可播放一些仅限于在牌照商平台播出的版权内容，无形中造成侵权；（3）一些"山寨"机顶盒产品既没有同牌照商合作，也没有同内容商合作，通过这些产品可以在线观看海量影视节目。上述三种情形都不能在"实质非侵权用途"的规则下获得豁免。这是因为，在网络服务的环境下，必须按照侵权责任法的要求，技术产品提供者在与牌照商平台合作提供作品时应承担合理注意义务，这种义务不在于其技术产品生产商的地位，而是在于其网络服务提供合作者的资质。由于网络用户可以按照国家规定获得网络电视服务，并且已经为此支付了服务费用，所以此时的技术产品提供商和牌照商平台都应该就所提供服务尽到善良注意义务甚至是审查义务，明知或

---

❶ 姜旭："互联网电视机顶盒暗藏版权隐患"，载 http：//www.sipo.gov.cn/mtjj/2014/201407/t20140704_ 975271. html，2015 年 8 月 20 日访问。

应知所提供的服务为侵权行为，或者在宣传中出于与广播电视平台竞争的需要引诱用户侵权的，都应该按照共同侵权的规则追究其法律责任。相关部门加强对内容的监管是保护著作权的需要，也有助于机顶盒产业的健康发展。

四、未来的发展与展望

以上的分析表明，技术产品的文化消费在著作权法上有其独特的制度诉求。随着技术产品与文化创新的结合日益紧密，传统的文化创新和技术创新边界渐渐模糊。如何通过著作权激励文化创新，同时又不至于严重阻碍技术产品的生产和消费，已经成为值得探讨的理论和实践话题。网络技术已经深刻影响到文化创新和技术创新，著作权法在保护权利人利益的同时，必须维护良性的技术产品文化消费，这也是技术产品制造商、销售商的利益所系。

总体上看，网络时代技术产品文化消费的著作权调整模式，有三种不同的观点和倾向：（1）否定实质性的非侵权用途规则，建立完全意义上的帮助侵权、引诱侵权和替代侵权的间接侵权责任体系。《美国引诱侵权法案》是其代表。虽然这一法案没有获得通过，但是随后出现的一系列网络版权法案提案中，仍大量包括相关的内容。（2）大规模扩展补偿金的适用范围，甚至以补偿规则代替著作权的授权规则。美国学者费舍尔教授针对音乐产业和电影产业固有商业模式的危害，意图通过法律改革和体制创新，重新构建音乐产业及电影产业。他提出行政补偿体系模式，其运作机制为：音视频作品版权人欲许可他人使用作品获得补偿，则应向版权局申请作品登记。版权局给登记作品分配独一无二的文件名，以便后续检索作品传播、使用和修改信息。为补偿版权人，政府可授权必要的税费。❶ 按照这

---

❶ ［美］威廉·W.费舍尔著，李旭译：《说话算数：技术、法律以及娱乐的未来》，上海三联书店 2008 年版。

一模式，消费者免除每年因使用作品而支出的费用，同时获取娱乐产品的边际成本近乎为零，能够随心所欲地欣赏尽可能多的歌曲和电影。价格歧视行为将被杜绝。消费者还可以对所获得的数字娱乐产品进行任意加工。（3）围绕"实质性的非侵权用途规则""补偿金规则"和"间接侵权责任"划定各自适用的边界，共建技术创新和文化创新的新型边界。综观目前有代表性的判决，该种思路应为稳健的改革路线。

首先，"实质性的非侵权用途规则"表象上的衰落，只是彰显其一统天下的格局不再，并不意味着该规则本身已经完全不可适用。诚如前述，"实质性的非侵权用途规则"已经如同公理，深深地根植于技术创新的实践中。事实上，如果没有实质性的非侵权用途规则，文化领域的技术创新将会动辄得咎，处处受制于版权的私人审查，从长远看很不利于社会公共利益。在 P2P 软件技术提供者责任、网络电视生产和机顶盒技术提供过程中，也没有法院否定 P2P 技术、网络电视技术和机顶盒技术产品本身的合法性，这恰恰就是该规则在法律适用中的有效运用。

其次，"补偿金规则"虽然具有保护消费者、促进技术创新、维护版权人利益的正当性，但是在具体适用中也并非没有边界，而且受制于各种外部条件，在建立和扩展补偿金规则的适用范围时，必须注意与其他相关制度的配套，并且尽量采取循序渐进的方式将网络播放设备纳入补偿金征收的对象。

考虑到我国并无补偿金制度，建议在传播权领域加快数字权利管理系统建设。理由在于：（1）补偿金是在科学技术发展中主要针对复制权和复制技术而建构的一项法律制度。由于传播权的基本特征是不以物质载体的转移为行为特征，所以并不适合补偿金制度。（2）我国著作权法并无补偿金制度。相反，对于私人复制行为以合理使用制度控制之，对于商业复制则是以授权许可和法定许可制度调整。在我国建立补偿金制度面对的是对传统思路的大洗牌，面对复杂的利益格局，并不是轻易可为之。即使要进行制度设计，也应该从私人复制行为开始，而不应跳跃到传播权领域。（3）补偿金制度与权利管理系统下的授权许可存在着一定的矛盾性，特别是在数字权利管理系统与补偿金并存的情况下，消费者会因为同一传播行为而支付两次费用，既增加了使用作品的成本，也不利于促进作品的传播和流通。鉴于此，建议暂不将补偿金制度引申至传播权范畴。

最后，运用侵权责任法的基本原理，建立网络技术产品提供者和服务提供者的间接责任体系。具体说来，未来追究技术产品生产商的法律责任，可针对不同的情况，结合技术产品生产商在网络服务中的法律地位，判断其是否应该承担法律责任。如果技术产品提供商能够监控版权的复制或者传播，并且从侵权行为中直接获得经济利益，可认定构成替代侵权；如果技术提供商明知或应知侵权行为而不采取相应的措施，可以认定为构成帮助侵权；如果技术提供商教唆、引诱使用者实施侵权行为，可按照引诱侵权追究法律责任。在这个过程中，更多关注提供技术产品者的主观状态，技术服务提供者的主观恶意重要性得到凸显。只要应该知道或者有合理理由知道侵权发生，仍为这种侵权行为提供帮助，或者引诱这种侵权的发生，就应该追究责任。

举例为证。在如何处理互联网电视和移动互联中的技术产品提供者侵权责任时，可以综合运用"实质性非侵权用途规则""补偿金规则"和"间接侵权规则"进行解决。（1）互联网电视中的智能系统平台产品是指以安卓系统作为运行操作系统，在智能环境下通过内置的"市场"由用户下载客户端软件，自行选择播放内容的产品。因为该设备的工具性特点，在用户购买设备之后，播放设备完全脱离开发、提供者的控制，如何使用，安装何种应用，播放何种内容，均为用户决定，且并不需要播放器提供者的后台服务器的内容支持，其安装及使用过程类似于普通家用电视机或个人电脑，故此种播放设备完全适用技术中立原则，不存在播放内容侵权的风险。（2）播放设备经营者主张在视频节目的播放过程中仅提供自动接入、搜索、链接等服务，且有证据证明的依据法律及相关司法解释精神原则上适用避风港原则，不承担侵权责任；播放设备经营者主张在视频节目的播放过程中仅提供自动接入、搜索、链接等服务，但无法提供证据证明的，视为直接传播作品行为，应承担直接侵权责任；播放设备经营者主张在视频节目的播放过程中仅提供自动接入、搜索、链接等服务，且有证据证明，但同时又有证据表明所播放视频节目为侵权视频，且播放设备经营者存在"明知"或"应知"情形的，应当承担帮助侵权的间接侵权责任；播放设备经营者与视频节目提供者有合作协议，且有明确利益分成约定条款的，在视频节目存在侵权时，播放设备经营者与视频节目提供者构成共同侵权行为，应承担连带责任。❶（3）技术产品的销售者也应该承担较高的注意义务。中国作家维权联盟以及北京中文在线等诉苹果公司侵犯著作权案中，北京市二中院判决苹果公司侵权行为成立。法院认为，苹果公司作为 App Store 的运营者，对 App Store 网络服务平台具有很强的控制力和管理能力，其通过 App Store 网络服务平台对第三方开发商上传的应用程序加以商业上的筛选和分销，并通过收费下载业务获取了可观的直接经济利益，故对于 App Store 网络服务平台提供下载的应用程序，应负有较高的注意义务。苹果公司未适当地履行其注意义务，在其经营的"App Store"上提供了涉案侵权应用程序，供网络用户付费后下载，构成对原告的侵权。❷ 最后，针对苹果公司经

---

❶　林子英："浅谈网络播放设备侵权案件的审理原则"，载 http://www. lawtime. cn/info/zscq/zscqlw/20130412129568_ 2. html，2015 年 8 月 3 日访问。

❷　"苹果被判侵犯著作权 8 作家获赔 43 万不及市场价"，载《北京晨报》2012 年 12 月 28 日。

营模式，以及平板电脑的实际销售和使用情况，可以考虑在建立补偿金制度时，除针对模拟环境下的录音录像设备、空白录像带、空白光盘等征收补偿金外，尝试扩展到诸如 Ipad 等平板电脑领域。至于提供搜索服务的网络服务提供者和提供存储服务的网络服务提供者，在网络服务过程中，技术设备的重要性弱于服务活动的主导性，所以征收"谷歌税""百度税"等主张应该缓行。

第二节　技术措施版权保护中的使用者权

技术措施又称技术保护措施（TPM），是指权利人为防止、限制其作品、表演、录音录像制品或者广播电视节目被浏览、欣赏、复制或者通过信息网络传播而采取的有效技术、装置或者部件。从现有的国际公约规定上看，《世界知识产权组织版权条约》（WCT）和《世界知识产权组织表演和录音制品条约》（WPPT）均明确要求各成员国为技术措施提供版权法保护。我国《著作权法》和《信息网络传播权保护条例》亦明确保护技术措施，禁止未经许可的规避技术措施行为。《著作权法（修正草案）》第一稿至第三稿均将技术措施版权保护单列为一章，将《信息网络传播权保护条例》中的相应条款整体移入。可见，在当代版权法制框架下，技术措施已成为版权人控制作品使用的基本途径之一。技术措施的版权保护则允许为权利人提供超版权的保护，使得任何一个文化产品都可以成为技术产品。由于作品在网络环境下的接触、浏览和复制、传播被代码所控制，代码的技术功能与作品的文化功能合二为一，作品的文化消费在某种意义上也成为技术产品的文化消费，在这个过程中，需要保护消费者的合法利益。

一、使用者权的范畴提出

技术措施为版权人管理、控制甚至追查作品的传播和使用提供了新的机会。❶ 在当代版权法制框架下，技术措施已成为版权人控制作品使用的基本途径之一。技术措施版权保护集中表现为反规避条款和反交易条款。前者旨在禁止未经许可的规避行为，后者则重在阻止主要用于规避技术措施的装置、部件和服务的交易。技术措施是与版权有关之"法益"。版权法为技术措施提供保护，是"超版权"的法律保护。❷ 这样的制度设计打破了传统著作权法律结构中的利益平衡，使用者权应时而生。

首先，技术措施具有多元化的表现手段，为之提供版权保护，会让使用者的各种合法利益置于不确定状态。著作权法条的数量远不及技术措施。这些对于内容获取途径的控制并没有得到法庭批准。它们其实受制于程序员。虽然法律关于某方面的控制规定都会经由法官权衡，但是技术引起的控制却缺少类似的内在权衡体系。❸ 这样的担忧绝非空穴来风。事实上，由于技术措施是不需经过任何人审查的"代码"，法律也无法对其作用进行合理的预期与规制，因此每一种新型技术措施的出现都会引发使用者的"恐慌"：作为普通的消费者，除了在这些技术面前无所适从外，根本找不到更好的方法去分享文化成果、实现使用者的权利。更有甚者，消费者的知情权和信息自由权还有可能会受到侵犯。

技术措施的版权保护之所以具有正当性，只是在于它能够维护著作权人的合法利益，即是一种隐含在权能之后的法律上利益。如果该法律上的利益本身要受到限制，则对于技术措施的保护也必然应该受到限制。换言之，技术措施虽然是在作品之上所加挂的一把锁，

---

❶ 薛虹：《网络时代的知识产权法》，法律出版社 2000 年版，第 28 ~ 55 页。

❷ ［比利时］迪索利耶、莱普、比伊当："数字环境下的版权和信息的获取"，载《版权公报》2000 年第 4 期。

❸ ［美］劳伦斯·莱斯格著，王师译：《免费文化：创意产业的未来》，中信出版社 2009 年版，第 123 页。

但是如果存在合理的理由允许使用者使用该作品，那么也就应该可以在满足同等条件下去开这把锁。"科恩法则"认为，对技术措施提供保护是可行的，但是一旦出于合理的目的，我们就有权利去抗拒这些系统。❶这要求建构使用者权的理论和制度体系，为使用者规避技术措施提供法律保障。

其次，传统的合理使用是一种被动防御的机制，在技术措施版权保护的超强能力面前显得弱小和无力。技术措施的版权保护范围广于一般的权能控制范围。技术措施的版权保护范围，不仅包括对直接规避行为的禁止，而且涵盖了间接规避的活动，可以旨在禁止未经许可的规避行为，以及阻止主要用于规避技术措施的装置、部件和服务的交易。同这种做法迥然不同的是，著作权的权能控制范围，是权利人禁止未经许可对作品的利用行为，它无法覆盖规避行为，更不能涵摄技术措施的交易行为和服务行为。从这一特点可以鲜明地反映出，技术措施的版权保护本质上是一种"超版权"的保护，它的力度不是传统版权法的权能概念所能够涵盖，而是一种更强的保护方式。在版权范畴内，把破解技术措施的行为和提供规避技术措施装置、部件、服务的行为都认定为非法行为，就等于为一个简单的技术手段建立起了一道新的保护，而没有考虑到一旦障碍被排除后使用者所实施行为的合法性。

由于合理使用是针对使用作品行为而设计的限制机制，因此很难利用该种制度保护使用者的利益。合理使用不是对技术措施保护进行限制的理由。技术措施保护的限制并非基于合理使用而产生的。合理使用与技术措施的保护无关。❷合理使用这一法律制度在各国的立法上均指向对著作权人权能的限制，它不适用对技术措施的保护。

---

❶ 转引自［美］劳伦斯·莱斯格著，李旭等译：《代码：塑造网络空间的法律》，中信出版社2004年版，第171页。

❷ 李明德：《美国知识产权法》，法律出版社2003年版，第256页。

实际上，代表性立法例都单独规定技术措施保护的限制条款，这从实证的层面证明，对技术措施保护进行限制，并不能够等同于作品的合理使用。相反，建构技术措施保护的限制制度，就是在立法上明确承认了一种全新的民事权利——使用者权。

最后，技术措施虽然是著作权人享有的一项"法益"，但是为这种"法益"提供著作权法保护时，不能忽视依然存在的其他重要利益。这些其他法律上的利益包括：（1）信息自由的利益。技术措施不应成为阻碍社会公众进行信息交流的制度障碍。事实上，控制访问的技术措施往往会产生禁止使用者合理接触作品，阻碍合法的信息共享。（2）著作权法上公共领域带来的制度利益。著作权制度并不以保护著作权人的权利为唯一目标，其制度设计的根本追求是增进社会的文化财富。换言之，授予著作权也不过是为扩展文化公共领域而必须给付的对价。在此种理念下，技术措施不应仅仅成为强化权利保护的工具。（3）文化消费和教育利益。作品关系文化消费，涉及文化传承和教育发展。技术措施的采用不能阻止文化消费和教育，不能成为横亘在文化发展目标上的制度障碍。（4）技术创新的利益。技术措施体现了技术进步，规避技术措施的技术同样也是一种技术创新。严禁规避技术措施和提供规避技术措施装置、部件、服务的行为，如果没有相应限制机制，必然会阻碍规避技术措施的研究和开发应用，会导致技术研发的不均衡推进，最终妨碍技术进步。

二、使用者权的性质证成

使用者权的出现是对于著作权限制本质认识的深化。合理使用是最重要的著作权限制手段，学者们对其法律性质存在三种不同的看法：专有权所控制的行为之例外、使用者抗辩和使用者权利。❶ 在传统著作权法领域，我国早有学者提出运用使用者权解释合理使用的法律性质。吴汉东教授指出，著作权法上的合理使用是一种法定的使用者权利。❷ 当然，在一些学者看来，合理使用并不是一种法定权利，而是专有权所能控制行为的例外或者是使用者的抗辩。❸ 笔者认为，虽然在传统著作权法上将合理使用解读为使用者享有的权利存在诸多的困难，但是这并不意味着随着科学技术的发展，在著作权法领域中不能确立使用者权的理论范畴。理由在于：

（1）使用者权是文化产品使用者对公共领域知识的接触权。著作权法若要服务于公共利益，必须包容两种市场冲突的私人权利——创作者向公众传播其作品的经济回报权与使用者因利用著作权作品而提高其知识水平的学习权利。❹ 美国独树一帜确立的著作权保护的三项政策（3P），即促进知识的政策（the promotion of learning）、公共领域的政策（the preservation of the public domain）、保护作者的政策（the protection of the author），隐含着第四个政策"进入权政策"（the right of access），即个人有权使用著作权作品。❺ 帕特森和林伯格否定了著作权和公共领域的两极性，而直接把著作权法描述为使用者的权利保护法。在她们看来，公共领域是表象，而著作权制度是基础。著作权法上各种各样的特权，如合理使用，不是著作权的例外，而是著作权法的重要内容。著作权法的目的不仅在于保留公共

---

❶ 吴汉东：《著作权合理使用制度研究》，中国政法大学出版社 2005 年版，第 133 页。

❷ 同上书，第 109 页。

❸ 于玉：《著作权合理使用制度研究》，知识产权出版社 2012 年版，第 20 页。

❹ L. Ray Patterson & Stanley W. Lindberg, *the Nature of Copyright*: *A Law of Users' Right*, Georgia: the University of Georgia Press, 207（1991）.

❺ 吴汉东：《著作权合理使用制度研究》，中国政法大学出版社 2005 年版，第 15 页。

领域，而且还丰富了公共领域。❶ 对技术措施版权保护进行限制，就是通过重申公共领域的使用者权属性，为著作权人设定技术措施确立法律的边界，为使用者规避技术措施进入公共领域创建法律依据。

（2）使用者权具有作为权利概念的主观性和客观性。休·布雷基（Hugh Breakey）认为，如果将使用者权的主体看做是自由联合体，那么他们可以同时控制公共利益，因此，使用者权就是一种客观权利。如果从著作权的角度看，使用者权是个体选择思想、表达和学习的自由，也就是运用每个人的大脑去理解、运用、记忆知识。这是一种主观权利。❷ 在技术措施版权保护的限制机制中，使用者权的权利属性得到进一步强化。从客观权利角度看，传统的合理使用制度中使用者不能请求权利人为一定行为的能力得到克服。立法已经规定使用者有权依法采取主动方式规避技术措施，获取规避技术措施的装置、部件和服务。从主观权利角度分析，使用者权体现了特定情形下使用者自由利用作品的自由，不用顾及技术措施施加者的意志，并由此获得相应的学习利益、消费利益、共享利益或者财产利益。在这里，使用者控制了一种实实在在的法律利益，对技术措施版权保护的限制在本质上是赋权给使用者，而不仅仅是限制著作权人的权利。

（3）使用者权是宪法权利的民法化。使用者权侧重从民事权利的结构来理解著作权与宪法上的知情权、受教育权和文化利益分享权的关系。具体言之，将著作权纳入宪法的分析框架，其侧重点在于把作品的使用看做是读者的一种权利，后者属于宪法所规定的公民信息自由的范畴。它强调在保护权利人的同时，也保障使用者的

---

❶ L. Ray Patterson & Stanley W. Lindberg, *the Nature of Copyright：A Law of Users' Right*, Georgia：the University of Georgia Press，50（1991）.

❷ Hugh Breakey, *User's Right and the Public Domain*, I. P. Q., Issue 3, 2010.

信息自由。❶ 正是由于宪法权利民法化，所以使用者的权利和著作权人的权利才处于更为对等的位置，有效防止了使用者权的虚掷。加拿大最高法院在 CCH 诉 Law Society 案❷案中，首次肯定了"使用者权"的法律地位。学者认为，这意味和法院将强调的重点从一直占据突出地位的版权利益转换了过来。他们现在主张的是权利人和使用者双方的平等待遇，两者的利益不再有轻重之分。❸ 从这个意义上，版权法也是一部关于使用者权利的保护法。使用者的权利与作者的权利是不可分的。认真对待使用者权利就是要把它看做独立的民事权利，而拒绝将它看做是要达到外在于它们自身目标的某种手段。❹

总之，使用者权学说能够更为清楚地诠释技术措施版权保护限制的本质。技术措施版权保护本身是一种"超版权"的保护，必须要有超版权的限制；技术措施版权保护中不仅禁止直接规避行为，而且禁止间接规避行为，使用者必须有相应的权利进行抗拒；技术措施版权保护更容易侵犯消费者的知情权、信息安全权和公平交易权，需要赋予其使用者权；技术措施版权保护会妨碍言论自由、技术创新和公共领域的合理成长，只有使用者权的设置可以回复业已破坏的平衡。

---

❶ 李雨峰：《著作权的宪法之维》，法律出版社 2012 年版，第 209 页。

❷ [2004] S. C. C. 13，该案中，原告是一些法律出版商，被告是一家法律图书馆，原告诉被告为馆外用户提供的复制服务违反了版权法的规定，构成对原告版权的侵犯。该案上诉到加拿大的最高法院，以原告败诉告终。

❸ [加] 麦拉·J. 陶菲克："国际版权法与作为'使用者权利'的合理使用"，载《版权公报》2005 年第 2 期。

❹ 书景竹：《版权制度中的公共利益研究》，中山大学出版社 2011 年版，第239 页。

三、使用者权的制度内容

在现有制度架构中，使用者权的内容包括合理规避权和自助权两种，它们既是对直接规避和间接规避两种保护行为的有效回应，也是保护使用者利益的必然选择。合理规避权是指在法律明确规定的情形下，使用者可以规避为作品、表演、音像制品和广播节目（以下简称作品等信息）设定的技术措施，进而访问、浏览该作品等信息，从事法律所允许使用行为的权利。自助权就是使用者能够通过适当途径获取规避技术措施的装置、部件和服务的权利，它既是使用者权的组成部分，也是对合理规避权的有效保障。

（一）合理规避权

《美国数字千年版权法》（DMCA）第 1201 条在保护技术措施的同时，设定了一些保护的例外，这就是合理规避权行使的条件，具体包括：（1）对非营利性图书馆、档案馆和教育机构的豁免；（2）执法、情报和其他政府活动；（3）反向工程；（4）加密研究；（5）关于未成年人的例外；（6）个人信息的保护；（7）安全测试等。DMCA1202 节第（e）规定，如果版权人采取的控制接触或控制使用作品的技术措施使得广播电台、电视台等传输组织，从技术上看不可能避免侵权行为或是造成不适当的经济负担，则版权人应当在技术上可行和经济上合理的范围内，提供必要的手段以使传输组织得以实施复制。否则传输组织不因破解了技术措施而进行复制承担侵权责任。不仅若此，在 DMCA 出台以后，美国公众对技术措施予以限制的呼声日益高涨。2001 年，美国国会图书馆根据每 3 年内审定该条款的立法规定，将规避技术措施的例外扩大到以下情形：（1）采用商业过滤软件阻止用户登录域名、网站或网站之一部分的互联网地址汇集；（2）利用"软件狗"（一种技术措施）保护的计算机程序，由于"软件狗"失灵或损害而导致无法使用；（3）以某种已经无法使用的格式发布，需要用原介质或硬件方能启用的计算机程序及电子游戏；（4）用电子图书格式发布的文字作品，如果所有现存的电子图书版本（包括得通过授权机构获得的技术措施）无法朗读，又不能通过屏幕阅读器将文本转换成一种"特定格式"。此后，授予合理规避权的条款被多次修改，例如，2010 年的修正案允许破解技术措施以便转换电信服务提供者向智能手机安装应用程序，或者修改电子阅读器以实现文本到语音的功能，或者在纪录片、非商业性著作和用于大学教育的视频中绕过 DVD 的技术措施等。

2012 年，美国国会图书馆再次增加了 5 种可以行使合理规避权的情形：❶（1）受阻止出声朗读功能或干扰屏幕阅读器的技术手段或其他应用程序或辅助技术保护的以电子形式传播的文学作品，当这样一部作品的副本被盲人或其他视障人士合法取得时；（2）使无线电话手机能够执行合法取得的软件应用程序的计算机程序，且采取规避措施仅仅是为了实现此类应用程序与手机中计算机程序的互动功能的；（3）以固件或软件形式存在、使在本例外规定生效后从无线电信网络运营商或零售商处购买不超过 90 天的一部无线电话手机能够与其他无线通信网络连接的计算机程序，如被锁手机的无线通信网络运营商未能按照该无线电话手机所有者的请求在一段合理时间范围内将之解锁；（4）针对出于评论、批评和教育目的而使用电影片段，当实施规避行为的当事人相信并有合理理由相信规避是必须进行的；（5）当实施规避仅仅是为了获取播放头和/或嵌入此类作品副本的相关时间代码信息、以及仅仅为了制作出能够将此类作品有声部分的视觉展现和/或此类作品中图像部分的有声展现进行转化的播放器从而使合法购买了此类作品副本的盲人、视障人士、聋人

---

❶ "美国对数字千年版权法案条款制定新的例外规定"，载 http：// www. ipr. gov. cn/guojiiprarticle/guojiipr/guobiehj/gbhjnews/201211/1705828 _ 1. html， 2013 年 1 月 8 日访问。

或听力障碍人士能够感知该作品而从事的研发，但是，由此产生的播放器应无需对技术措施进行规避即可操作。上述决定是自 DMCA 通过以来，第五次扩大使用者享有合理规避权的具体情形。

可见，美国的立法对于合理规避权行使条件的规定，具有几个方面的特点：（1）采取具体列举的立法模式。对于可以进行合理规避的各种具体情形进行了非常详细的列举。从其具体的条款规定可知，合理规避权的行使条件不同于合理使用的具体条件，它并不是在传统著作权领域对复制权、表演权、发行权、展示权的限制，而是一种新型的限制情况。（2）采取动态管理的立法技术。DMCA 授权美国国会图书馆每隔一段时间来评估可以进行技术措施规避的情形。❶ 这种及时因应技术发展变化而允许合理规避权行使的动态管理方式，是考虑到技术措施保护与技术发展尤其是数字技术发展日新月异的特征所进行的立法选择，无疑更具有时代感和科学性，也有助于根据技术创新和发展适度调整立法的规则，矫正版权法可能出现的失衡。（3）合理规避权的主体广泛，同时也必须在具体的情景和技术环境下才能行使。从立法的不断调整过程中可知，普通的消费者、非营利性的公益机构、研究人员甚至是商业性的使用者在特定情形可以规避技术措施，以实现其在著作权法上的合法利益。

2001 年的《欧盟版权指令》为使用者规避技术措施并且获得相应的工具、服务也预留了相应的空间。主要包括以下内容：（1）导言第（51）节规定，对技术措施的法律保护的适用不影响该指令第 5 条反映的公共政策或公共安全。（2）在导言中明确规定，技术措施保护不应阻碍电子设备的正常操作以及技术发展，技术措施保护不应妨碍密码学的研究。按照《欧盟版权指令》的原则要求，欧盟成员国在国内法律修改中，规定了破解技术措施的例外情形。例如

---

❶　根据美国法律要求，国会图书馆每三年内就应修改相应的行政法规，将那些"进行非侵权使用的能力"受到反规避条款"负面影响"的人排除出去。

2003 年英国版权法修正案第 296ZA 第 2 项规定，为进行加密技术研究而破解有效的技术措施不构成侵权。但是其研究过程或其公布研究成果的行为已经对版权人的利益造成损害的除外。第 296ZB 第 3 项规定，执法机构或安全部门为了公共安全或者为了侦察或阻止犯罪行为、调查违法案件或在执法过程中需要破解技术措施的，不属于违法。

《条例》第 12 条规定，属于下列情形的，可以避开技术措施，但不得向他人提供避开技术措施的技术、装置或者部件，不得侵犯权利人依法享有的其他权利：（1）为学校课堂教学或者科学研究，通过信息网络向少数教学、科研人员提供已经发表的作品、表演、录音录像制品，而该作品、表演、录音录像制品只能通过信息网络获取；（2）不以营利为目的，通过信息网络以盲人能够感知的独特方式向盲人提供已经发表的文字作品，而该作品只能通过信息网络获取；（3）国家机关依照行政、司法程序执行公务；（4）在信息网络上对计算机及其系统或者网络的安全性能进行测试。也就是说，教研使用者在教学或科研活动、使用者向盲人提供作品、使用者为执行公务活动以及使用者为安全测试的需要在满足相应条件下，可以享有合理规避权。

这是我国首次在立法中规定合理规避权，当然具有重要的现实意义。它要求合理规避权行使的原则性边界：不得向他人提供避开技术措施的技术、装置或者部件，不得侵犯权利人依法享有的其他权利。总体上看，行使合理规避权时不得向他人提供避开技术措施的技术、装置或者部件，应该为正确的做法。此外，《条例》借鉴了代表性国家立法中的典型做法，列举了 4 种情况下使用者享有合理规避权的条件，具有时代感和进步性。

由此可见，虽然使用者享有合理规避权，但是并不能在任何情况下行使该权利。由于合理使用的情形并不必然导致合理规避权的行使，所以有必要在立法上对这些情形进行明确规范。从总的趋势看，随着技术的革新而不断调整合理规避权的行使条件，是一种优先的考虑。就普遍规律而言，合理规避权的行使条件应限于特别相关的和重要的限制与例外的平衡适用，此类限制也应符合"三步检验法"❶的要求。也就是说，合理规避权的设定和行使，必须遵循相应的原则并满足具体的条件，绝不可以任意为之。

（二） 自助权

自助权是保障技术措施"柔性"运行的重要机制。就现有的法律来看，使用者行使自助权的基本途径主要包括两种情况：（1）权利人或者技术措施的施加者自愿提供相应装置、部件和服务。使用人与权利人就如何获取、如何使用用于合理目的规避技术措施的装置、部件和服务达成协议，在使用者需要行使合理规避权时，由权利人或其它有义务的当事人提供相应的技术或者服务。自愿措施可以有很多的形式，如提供不受保护的作品版本，或提供加密技术的解密钥匙等。（2）使用者从第三人处通过商业途径获取。由于法律并不禁止所有技术措施交易行为，所以使用者可以与第三人进行交易，获取规避技术措施的技术和服务。

在上述第二种途径中，自助权的实施仰赖于立法如何规范技术措施交易行为。也就是说，使用者能否自由在市场上获取规避技术措施的装置、部件和服务，在很大程度上取决于法律是否禁止第三方提供用于规避技术措施的装置、部件和服务。美国DMCA采取"主要设计或制造目的"标准判断，也就是说禁止制造商、设计者在制造、设计主要目的是规避技术措施的装置或部件。至于其究竟是否还存在其他的技术效果和使用用途，则在所不问。日本的做法与此

---

❶ 所谓"三步检验法"，是指权利限制应满足以下三项检验标准：（1）特殊情况；（2）不与作品的正常利用相抵触；（3）不能不合理地损害作者的合法利益。

不同。按照《日本著作权法》的规定，只有某一设备的唯一目的在于规避技术措施时，才可以对该设备提供者追究法律责任。由于设备制造商容易将一些无关紧要的技术功能置放在规避技术措施的设备上，所以日本立法的标准虽然可以从根本上最有效保护使用者通过市场化途径实现自助权，但是却不利于维护著作权人和技术措施施加者的利益，也会直接冲击技术措施版权保护的意义。我国《信息网络传播权保护条例》第 4 条明确禁止提供主要用于规避技术措施的装置、部件和技术服务，这是借鉴美国做法的体现。

四、使用者权的体系拓展

除却合理规避权和自助权，理论和实践中还在探讨有无必要延展使用者权的制度内容，制定更多的使用者权规范，创建更为丰富的使用者权体系。总体来看，主要的探索有以下两种。

第一种主张是将某些提供专门用于规避技术措施的装备和服务的第三方行为设定为合法行为，由使用者享有自由使用权。有学者建议，如果是无过错地为某些破解或规避行为提供了便利，则不应当承担法律上的责任。[1] 还有学者认为，为了私人目的而私下传播规避装置的行为，版权人同样无权干涉。[2] 在美国的司法实践中，出现了为科学研究传播专门用于规避技术措施的技术、装备、服务而未受到法律追究的实例。一起案件是普林斯顿大学的艾德·费尔顿教授领导的团队在破解了数字水印技术后，拒绝领取 1 万美元的奖金，而是选择将该科研成果公开发表。美国唱片业协会（RIAA）认为这一行为构成对 DMCA 反交易条款的违反，但是当费尔顿提出确权诉讼，认为自己有理由发表该成果时，RIAA 妥协了，不再反对他将该成果发表。另一起案件中，俄罗斯专家破解了 Adobe 公司 PDF 格式的复

---

❶ 曹伟：《计算机软件保护的反思与超越》，法律出版社 2010 年版，第 86 页。

❷ 易健雄：《技术发展与版权扩张》，法律出版社 2009 年版，第 221 页。

制保护技术，并且可以通过互联网购买。该俄罗斯专家虽然被起诉并逮捕，但是案件还是以戏剧性的妥协告终。如果上述案例确立的原则被普遍遵从，那么使用者权的实现就有了一种新的管道，那就是由立法允许科研、教学机构及其研究人员在一定条件下专门研发用于规避技术措施的装置和部件，同时非营利性地传播，那么使用者有权随即获取规避技术措施的方法。

应该看到的是，上述主张是扩展使用者权的有益思考，具有很好的参考价值。但是，如果笼统地允许无过错或者私人目的提供专门规避技术措施的装置，或者为此提供便利，那么著作权人希望通过技术措施维护合法利益的目的也会落空。因此，有必要为这种形式的使用者权设定更为严格的条件。笔者建议可以考虑以下因素：（1）立法虽然原则禁止提供主要目的是规避技术措施的装置、部件和服务，但是在特定情形下可以允许存在例外。（2）就目前的情况看，为了促进而不是阻碍密码学的研究，应该允许科研机构及其人员进行反规避技术措施的研究，同时在有限范围内提供该规避技术措施的装置、部件和服务。（3）为了保护著作权人的利益，提供规避技术措施的技术、设备的途径必须予以控制。质言之，如果研究人员或机构仅仅将规避技术措施的部件或者装置进行学术交流而不进行营利性的使用，可以认定为是无过错。但是如果直接向使用者提供规避技术措施的装置、部件和服务，无论营利如否，都应该承担法律责任。（4）使用者基于合理规避权，可以利用上述科研机构发表的技术成果，在满足合理规避权条件时，通过自己的行为实现对相应技术措施的合理规避。

第二种主张是权利人或技术措施的施加者向第三方交存规避技术措施的装置或设备，由使用者享有免费获取权。学者认为，版权人欲得到反规避条款的保护，就必须在加密软件中嵌入"基于个人非商业使用之管理的自动规避"模块。假如作品使用者对"规避设置"

不满意，或者当著作权人没有采取自愿措施时，使用者可向政府主管机关提出行为许可申请，如果政府机关认为所申请实施的行为是合法的，就会给申请者颁发一个开启安全系统的"密匙"。该政府机构在遵守保管和隐私义务的情况下，免受任何直接或间接的著作权侵权责任。❶ 笔者也曾明确表示支持这样的做法，认为著作权人必须在合适的第三人处提供相应规避技术措施装置、部件的存放，用以保护使用者权。在权利人未提供时，消费者可以依靠法律允许的"自组织"（例如消费者权益保护协会）研究和制造破解技术措施的方法和装置，符合条件的消费者均可申请获得。❷ 应该说，这是一条很好的平衡使用者利益和著作权人利益的思路，也可以看做是另一种扩展使用者权的有效途径。

五、结语：超版权保护与使用者权的利益平衡

法律一个最自相矛盾的特点就在于：一方面，它是维持现状的手段；另一方面，它又被作为一个使现有社会安排发生变化的手段在发挥作用。❸ 当著作权人寻求以技术的手段解决技术发展带来的问题时，现状被打破。著作权法为了应对已经发生变化的社会安排，为技术措施提供"超版权"的法律保护，以回应权利人在数字网络时代的利益诉求，这正是法律发挥作用的具体表现。然而，法律在维持现状中所应该考量的社会利益并没有发生变化，著作权制度依然

---

❶ Don L Burk & Julie E. Cohen, Fair Use Infrastructure for Rights Management Systems, 15 Harv. J Law & Tec 41 (2001), P63. [美] 威廉·W. 费舍尔著，李旭译：《说话算数：技术、法律以及娱乐的未来》，上海三联书店 2008 年版，第 140 页。朱理：《著作权的边界：信息社会著作权的限制与例外研究》，北京大学出版社 2011 年版，第 199 页。

❷ 梅术文：《著作权法上的传播权研究》，法律出版社 2012 年版，第 169 页。

❸ [英] 布莱恩·辛普森著，范双飞译：《法学的邀请》，北京大学出版社 2008 年版，第 18 页。

要在权利人和社会公众之间建立平衡。"使用者权"就是与"超版权"保护相继而生的制度安排。使用者在法律规定的情形下可以规避技术措施，在满足一定要求时可以获得规避技术措施的装置、部件和服务，这是"使用者权"的基本内容，也是著作权法建构新的利益平衡的必要举措。

网络环境下，日益增多的免费使用在损害著作权人利益的同时，也促成了日渐强化的著作权保护。在遵循"强保护"政策的理念背景下，著作权限制的范围呈现缩小的趋势。著作权限制的方式需要创新。在技术措施版权保护中，设立使用者权，允许使用者基于法定理由破解技术措施，获取规避技术措施的工具和服务，这是对传统著作权限制性质和制度设计的突破，有助于在新技术环境下探索和建构更周全的保护使用者利益的法律规则。

第三节　DRM 著作权许可中的消费者利益保护

数字权利管理系统（DRM）的运用，为作品的商业利用和数字文化产业发展提供了契机。权利人和数字媒体在进行著作权许可时，可以采取数字权利管理系统，以减轻权利人对作品许可利用后轻易扩散的担忧，这也保证了消费者更为便捷地获得文化产品。不过，在采用 DRM 著作权许可的场合，由于授权许可合同具有特殊性，必然会对消费者利益产生影响。以往，著作权的被许可人并不是通常意义上的文化消费者；现在，借由 DRM 系统，文化消费者也成为著作权的被许可对象。这就需要结合当前的实践提出相应的解决对策，推动 DRM 著作权许可在不损害消费者利益的前提下得以合法展开。

一、DRM 著作权许可对消费者利益的影响

数字权利管理系统（DRM）是在数字化作品利用过程中用以控

制、监督、调整和计量作品、表演和录音录像制品复制、传播的技术手段、信息系统、计价方式和跟踪反馈系统等综合机制。DRM 许可是指借助 DRM 机制，以权利管理电子信息和格式条款为基础，由著作权人、数字媒体（许可人）与使用人（被许可人）缔结的作品利用合同。它一般包括：（1）授权条款。DRM 可以提供弹性化的合约及多样化的授权条款，保证许可人与被许可人之间可以选择个性化的授权方式。例如，选择 A 条款就可以转载，选择 B 条款可以下载，选择 C 条款仅仅可以播放等。（2）支付条款。该条款标明转载、下载和复制的条件及其收费标准。而有关收费标准方面，又可能包括单曲制、会员制或是串流制等。在计价模式上又可能包括点数制、会费制和零付制等。❶（3）约束条款。包括双方的违约责任，许可人要求被许可人承担的不可多次复制义务等。DRM 著作权许可的最重要特点就是通过技术措施，著作权人（或者经由授权的数字媒体）将文化消费过程转化为技术产品的消费，文化消费者不再是纯粹被动地购买文化产品（作品的载体）或者接受文化服务；相反，著作权人（数字媒体）通过向消费者发出著作权的授权许可，消费者在获得有约束的著作权授权后通过复制、浏览作品而实现文化消费。

近年来，DRM 著作权许可得到广发应用，在某种意义上被西方学者认定为是确认音乐作品订购服务模式能否获得实质进展的关键。❷ 美国苹果电脑所经营的 iTunes Music Store 与五大唱片公司及部分独立唱片公司合作推出线上音乐付费下载服务。该公司借助 DRM 系统，以每首单曲 0.99 美元或每张音乐专辑 9.99 美元之价格在网络上向消费者提供音乐作品下载。自 2003 年 4 月起上线，每周音乐下

---

❶ 叶玟妤：《数位内容照过来》，元照出版社 2006 年版，第 210～211 页。

❷ Michael A Einhorn, *Media*, *Technology and Copyright*：*Integrating Law and Economy*, Edward Elgar Publishing, Inc. 51（2004）.

载数量平均达 50 万首，9 月初更达成销售第 1 000 万首的里程碑。❶
那些颇受欢迎的影片，也可以借助 DRM 许可运营，获得扩散利益。
例如，付费收看的高清正版《让子弹飞》在各大视频网站上线，只
要在线支付 5 元，就可以在 48 小时内无限制点播普通话版或者四川
话版《让子弹飞》。据公布的数字显示，该片上线首日就有 2 700 多
人付费观看。❷

　　总体上看，DRM 著作权许可对文化消费者有所助益。它开辟了
网上文化消费的新途径，在为消费者提供正版高清音频和视频的同
时，还可借助差别定价系统，针对消费者偏好量身定价，避免了单
一定价的无效率，减少了文化消费成本。Carl Shapiro 和 Hal Varian 创
造了"自选"（versioning）一词用以指代在线作品市场所具有的不同
产品以不同定价的能力。❸ 这种差别式定价和服务既有益于生产者，
也为高端消费者和低端消费者同时带来好处：对于那些高端消费者
而言，差别定价和自选权可以让这部分追求精美的消费者获得更好
的服务；对于那些低端消费者而言，生产者可以按照消费者等级为
他们提供较低的价格，有时甚至为了吸引消费者和扩大影响而推出
免费的数字产品。❹ 因此，大多数的文化消费者都会从 DRM 著作权
许可中受益。

　　但是，DRM 著作权许可也会对消费者的利益产生消极影响。譬
如，作品的保护层越多就越难接近消费者，因此就使销售给公众这

---

❶　赖文智：《数位著作权法》，益思科技法律事务所 2003 年版，第 216 ～
217 页。

❷　刘阳："让 5 亿网民习惯付费观看影视剧"，载《人民日报》2011 年 3 月
22 日。

❸　C. Shapiro & H. R. Varian, *Information Rules*, *Harvard Business School Press*,
53 ～ 82（1999）.

❹　Michael A Einhorn, *Media*, *Technology and Copyright*：*Integrating Law and E-
conomy*, Edward Elgar Publishing, Inc. 50（2004）.

一最优商业化目标落空。❶ 与免费的网络使用相比，DRM 著作权许可并不具有更强的吸引力。DRM 著作权许可还是一种点击合同，它更多地从权利人角度设定合同条款，消费者要么接受，要么选择离开，并不是意思表示一致或者自由协商的结果。如果数字媒体意图将 DRM 著作权许可建构成为网络环境下著作权利用的有效途径，就必须对消费者可能"用脚进行的投票"保持足够的敬畏之心。实际上，现在的 DRM 著作权许可还不为公众所普遍接受，原因之一正在于该种许可远离消费者的实际需求，并且可能存在侵害消费者利益的现象。版权人采用合同方式界定、规范最终消费者的权利，有可能剥夺版权法赋予消费者的各种合理使用利益。在美国加州法院审理的一起案件中，原告就认为，发行带有复制保护技术的光盘违反了加利福尼亚州消费者权益保护法和相关的许多普通法规则。❷ 因此，在 DRM 著作权许可机制的形成过程中，技术工作者和法律制定者应该紧密合作，促成 DRM 著作权许可在优越、亲切的技术环境和制度环境中实现良性运行。

二、DRM 著作权许可与消费者的知情权

DRM 著作权许可是以权利管理电子信息和格式条款为主要表现方式的合同，该类交易模式的重要特点在于：许可人即数字媒体或者权利人确立许可合同的基本内容和条件，并且通过技术措施阻止被许可人在付费之前接触或获取作品，被许可人只能以点击方式被动选择是否缔结合同，以及以何种方式缔结合同。被许可人在 DRM 环境下决定是否作出缔结合同的承诺，必须了解作品的权利归属、

---

❶ ［苏丹］卡米尔·伊德里斯著，曾燕妮译：《知识产权：推动经济增长的有力工具》，知识产权出版社 2008 年版，第 193～194 页。

❷ ［美］威廉·W. 费舍尔著，李旭译：《说话算数：技术、法律以及娱乐的未来》，上海三联书店 2008 年版，第 117 页。

作品利用价格以及作品质量等基本的信息，最终形成对作品质量、个人是否需求的判断。作为一种交易模式，合理获知销售方提供产品或服务的真实情况，这正是消费者知情权的体现。然而，如同当前电子商务活动中普遍欠缺诚信告知体系一样，DRM 著作权许可中也存在故意隐瞒作品信息和权利信息，进而侵害消费者知情权的情形。为此，DRM 著作权许可中的许可人应该遵循《消费者权益保护法》的一般规定，根据该种许可合同的特殊性，着重告知消费者以下信息，以保护文化消费者的知情权。

首先，告知已经采取技术措施的情况。DRM 著作权许可的基本辅助手段是技术措施。在缔结合同过程中，许可人应对其采取技术措施的行为予以标记及说明，以告知公众。我国《信息网络传播权保护条例》第 12 条规定，属于下列情形的，可以避开技术措施，但不得向他人提供避开技术措施的技术、装置或者部件，不得侵犯权利人依法享有的其他权利：（1）为学校课堂教学或者科学研究，通过信息网络向少数教学、科研人员提供已经发表的作品、表演、录音录像制品，而该作品、表演、录音录像制品只能通过信息网络获取。（2）不以营利为目的，通过信息网络以盲人能够感知的独特方式向盲人提供已经发表的文字作品，而该作品只能通过信息网络获取。（3）国家机关依照行政、司法程序执行公务。（4）在信息网络上对计算机及其系统或者网络的安全性能进行测试。也就是说，教研使用者在教学或科研活动、使用者向盲人提供作品、使用者为执行公务活动以及使用者为安全测试的需要在满足相应条件下，可以享有合理规避权。因此权利人对其作品采取技术措施的，还应预先为自由使用作品保留空间，如允许作品使用者浏览特定的作品部分、摘录特定数量的字节、允许特定数量的私人复制等。❶ 同时，根据技

---

❶　易健雄：《技术发展与版权扩张》，法律出版社 2009 年版，第 221 页。

术措施版权保护中合理规避权的要求，许可人还应借助 DRM 机制告知被许可人在合理情形下获知规避技术措施的一般途径，通过自助协议的形式帮助被许可人实现合理规避权。

其次，告知交易客体的基本情况。DRM 著作权许可中的许可人，无论是提供影音作品、数据库，还是提供普通的文字作品，都应该建立比较详尽的可供交易的作品资料库，并将其基本情况公之于众，公开宣示作品的发表日期、主要内容和作品类型等。对于作品的了解是消费者愿意支付报酬缔结合同的前提。DRM 著作权许可的最重要特点就是阻止消费者在付费之前接触作品，从而颠覆了传统情形下先接触作品再决定购买的文化消费方式，也最容易直接侵害消费者的知情权，让消费者在心理冲动或者盲目感性情形下作出交易决定。因此，数字媒体还应该通过 DRM 系统设计试看、试听功能和服务，保障消费者对交易客体的了解，进而做出理性判断。

最后，告知许可合同的其他主要条款。根据著作权法的规定，著作权许可合同的一般条款包括：许可使用的权利种类；许可使用的权利是专有使用权或者非专有使用权；许可使用的地域范围、期间；付酬标准和办法；违约责任；双方认为需要约定的其他内容。因此，DRM 著作权许可中，许可方应该公开提示订立合同的上述条件。同时，针对 DRM 著作权许可的特殊性，还应专门在显著位置规范网络付费的方式，既要做到便捷，又要保证使用者的支付安全。权利人及其集体管理组织还应透过网络服务平台，告知利用人寻求个人交易的资讯，以及 VIP 用户及特定利用人避开格式条款，寻求个别授权的方式及途径。

DRM 著作权许可中的一种特殊情形是，许可人会通过技术手段禁止消费者可以从事的消费性使用作品的行为。这些消费行为有的属于著作权控制范围，有的属于著作权法赋予消费者享有的合理使用行为，有的则属于法律保持沉默的"灰色地带"。例如 iTunes 采用一套比较宽松的 DRM 系统，称作 FairPlay，对从其网站上下载的音乐文件实施以下控制：（1）文件可以被拷贝到任何一台 iPods 随身听上；（2）文件至多在 3 台获得授权的计算机上播放；（3）文件可以被不限次数地拷贝到 CD 光盘上；（4）将 iTunes 中某一受 FairPlay 保护的播放列表中的文件复制到 CD 上的次数限制为 10 次。❶ 这样一来，许可人可以借助合同机制，剥夺或者限制被许可人在著作权法上所可以得到的合理分享利益，许可人的行为合法性需要进行讨论。作为使之合理化的最基本前提，是必须在显著位置告知被许可人所受到的各种限制，否则将会侵害了消费者的知情权。至于这种以合同方式限制合理使用范围的方式是否因侵害消费者公平交易权而归于无效，下文还将进行详细讨论。

三、DRM 著作权许可与消费者的公平交易权

DRM 著作权许可合同以格式条款表现债权关系，应该充分保护消费者的公平交易权。根据 DRM 著作权许可的自身特点，在维护消费者公平交易权方面，有两个基本问题需要注意：其一，DRM 著作权许可中，许可人利用格式条款规避著作权法的约定是否有效；其二，借助 DRM 著作权许可合同，许可人超越"首次销售规则"而享有的法律特权是否应该被制止，法律上有无必要再设定新的限制规范以维护被许可人的利益。

（一）规避著作权法条款的效力

学者们注意到，在 DRM 著作权许可中可能会发生这样的现象：许可人借助 DRM 营造的技术环境规避著作权法，进而实现所谓的合同法对著作权法的超越。是否需要以及如何对这影响进行矫正，成

---

❶ ［美］威廉·W. 费舍尔著，李旭译：《说话算数：技术、法律以及娱乐的未来》，上海三联书店 2008 年版，第 142 页。

为讨论的热点。Guibault 认为，如果不考虑版权规则，数字媒体可以凭借 DRM 系统，以格式合同形式强行实施适用条款，那么将会阻止使用者自由支配合法获得的信息，特别是版权法上所允许的使用行为也受到禁止。如果这是实情，版权制度就会让位于大众市场许可和技术措施。[1] 莱斯格认为，如果认为版权法的平衡是至关重要的，那就不能允许它被合同法所破坏。虽然并非所有的使用许可协议都与版权法相冲突，但确有很多协议违背了版权法有限保护的要求。[2] 我国学者也认为，如果网络合同中损害公众利益的条款比比皆是，比如侵害合理使用的空间，禁止购买者对作品进行讽刺性模仿或批评，那么著作权法的利益平衡机制将被破坏，正义不复存在，著作权人就将成为垄断者。[3] 由于 DRM 机制营造了有利于许可人的技术环境和缔约环境，包括跟踪、限定、收集、评价甚至攻击等技术措施和不允许讨价还价的合同条款，权利人的垄断地位得以强化，相反，被许可人的谈判能力和技术应对能力显著削弱。DRM 环境下，权利人更容易做到迫使消费者接受各类不公平的条款。

那么，在 DRM 著作权许可中，这些通过技术手段实现规避著作权法规定的条款是否有效？有观点认为，网络合同只有在遵守著作权法的原则时才是合法有效的合同，才应该为合同双方所遵守，也就是说网络合同应该尊重合理使用制度。[4] 还有观点认为，版权人不得通过各种合同排除著作权限制条款的适用，若合同中有与这些限

---

❶ Lucie Guibault, *Contracts and Copyright Exemptions*, In Bernt Hugenholtz (ed), *Copyright and Electronic Commerce: Legal Aspects of Electronic Copyright Management*, Kluwer Law International, 125 (2000).

❷ ［美］劳伦斯·莱斯格著，李旭译：《思想的未来》，中信出版社 2004 年版，第 264 页。

❸❹ 吴汉东：《著作权合理使用制度研究》，中国政法大学出版社 2005 年版，第 265 页。

制措施相反的条款，这些条款应归于无效；若就合同有关条款的理解发生歧义，可以作出两种或两种以上的可能解释，则应作出对公众有利的解释。❶ 笔者认为，上述观点不无道理。不过，借助 DRM 著作权许可合同规避著作权法规定的情况颇为复杂。虽然许可人大多时候是借助许可合同规避著作权的合理使用条款，但绝非仅仅只限于这种情形。所以，需要对所有借助 DRM 许可合同规避著作权法条款的内容进行全景式观察，结合著作权法、合同法和消费者权益保护的相关理论进行具体分析。

首先，著作权法中的一些条款若属于效力性的强制性规定，可以阻止 DRM 著作权许可中有关约定发生效力。从合同法实务上看，判定效力性的强制性规范有正反两个方面的标准。在肯定性识别上，首先的判断标准是该强制性规定是否明确规定了违反的后果是合同无效，如是，则该规定属于效力性强制规定。其次，法律、行政法规虽然没有规定违反将导致合同无效的，但违反该规定如使合同继续有效将损害国家利益和社会利益的，也应当认定该规定是效力性强制性规定。在否定性识别上，应当明确法律、行政法规的强制性规定仅关系当事人利益的，法律、行政法规的强制性规定仅是为了行政管理或纪律管理需要的，一般都不属于效力强制性规定。❷ 具体地，对于否定性识别应从两个方面考虑：（1）从强制性规定的立法目的进行判断，倘其目的是实现管理的需要而设置，并非针对行为内容本身，则可认为并不属于效力性强制性规定。（2）也可从强制性规定的调整对象来判断该规定是否效力性强制性规定。一般而言，效力性强制规定针对的都是行为内容，而管理性强制规范很多时候单纯限制的是主体的行为资格。当然，上述两个方面的判断不能以

---

❶ 易健雄：《技术发展与版权扩张》，法律出版社2009年版，第221页。
❷ 韩世远：《合同法总论（第3版）》，法律出版社2011年，第177~178页。

偏概全，还要结合合同无效的其他因素考虑。❶ 毫无疑问，对于 DRM 著作权许可合同中有关条款是否因为直接违背著作权法的规定而归于无效，也应以之为标准进行判定。

进而言之，DRM 著作权许可合同中规避著作权法的相应约定，并不会必然无效。法院应当结合著作权相关法律的规范目的，以决定合同条款的效力。例如，在美国发生的 ProCD v. Zeidenberg 一案中，被告购买了一份原告编制的电话簿光盘，在光盘包装盒中有一张表格，提示该光盘是仅供家庭使用的。被告将光盘内容上传到网站向公众提供。原告以违反启封许可证为由起诉被告。法院认为，如果不承认启封许可证的效力，原告的利益就难以得到有效保障，因此认定被告的行为构成违约。然而，根据美国版权法，原告编制的电话簿是不受著作权法保护的，一经出版就处于公共领域。原告利用启封许可证禁止被告发行该电话簿的行为显然缺乏法律依据。被告上诉至第七巡回法院。上诉法院认为，联邦著作权法的原则不能排除本州合同法的规定，因此被告的行为仍然构成违约。❷ 这样的判决应该是正确的。因为尽管没有独创性的作品不受到著作权法保护，然而作品的独创性要求并非是效力强制性条款，它只是影响到能否获得著作权保护，而不是要促成某些行为归于无效。

相反，在《著作权法》中也存在不少效力性的强制条款。比较典型的是某些著作权合理使用条款。《著作权法》虽然并没有明确规定违反合理使用的约定无效，但是从效力强制性条款的判断标准上看，那些事关公共利益的合理使用条款，就应该是效力性规范而非管理性的规定。胡根霍尔茨教授界定了对版权独占性予以限制的三

---

❶　沈德咏、奚晓明主编：《最高人民法院关于合同法解释（二）理解与适用》，人民法院出版社 2009 年版，第 112～113 页。

❷　吴汉东：《著作权合理使用制度研究》，中国政法大学出版社 2005 年版，第 264～265 页。

种类型：（1）有些例外通过版权来表达对保证某些自由（例如言论自由）的关切；（2）有些例外是出于公共利益（例如图书馆和公共教育）的需要；（3）有些例外被引入版权的立法中，以补偿作者的市场损失，即补偿作者不能有效地控制市场和阻止某些使用而遭受的损失。❶ 其中，引用、国家机关执行公务使用、图书馆等公益组织的使用、盲文出版、计算机软件合法用户的使用者权、技术措施的合理规避权等规定，是基于言论自由和公共利益目的而对著作权进行的限制，通过 DRM 著作权许可合同排出这些条款的适用，应该认定为违背效力强制性条款而归于无效。

其次，当 DRM 著作权许可中规避著作权法的条款侵害社会公共利益时，应该认定为无效。❷ 也就是说，如果 DRM 著作权许可中的约定看似保护著作权，但实质上违背社会公共利益时，也应该认定这样的约定为无效。学者指出，此处损害社会公共利益的实质是违反公序良俗的行为，主要包括十种类型：危害国家公序型、危害家庭关系型、违反性道德型、射幸行为型、违反人权和人格尊重行为型、限制经济自由型、违反消费者保护型、违反劳动者保护型和暴利行为型等。侵害社会公共利益的具体类型。❸ 例如，在《信息网络传播权保护条例》第 12 条规定了 4 种合理规避权的情形，这固然属于效力性强制条款，DRM 著作权许可约定规避使用者上述权利的条款，当然归于无效。但是这些规定中不包括随着技术发展而出现的

---

❶ ［荷］胡根霍尔茨："数字环境下版权的未来"，克吕韦国际法律出版社 1996 年版，第 94 页。转引自 ［法］安娜·勒帕热著，刘板盛译："数字环境下版权例外和限制概况"，载《版权公报》2003 年第 1 期。

❷ 根据《合同法》第 52 条的规定，违反法律、行政法规的强制性规定和损害社会公共利益的合同条款无效。

❸ 梁慧星：《民法学说判例与立法研究（第 2 册）》，国家行政学院出版社 1999 年版，第 16 页以下。

新类型，例如，普通消费者为了保护个人信息安全而对技术措施的规避等。如果 DRM 许可中禁止使用者基于个人信息安全的目的而规避技术措施的，由于该约定直接侵害消费者的安全权，构成对公共利益的妨碍，可以认定为该约定无效。2006 年以来，苹果公司的 iTune 设备通过 DRM 系统设定严格的许可条款，阻止使用者在其他同类型设备上播放合法购买的音乐作品，同时单方面设定保留修改合同利用条款的权利。这些规定遭到了消费者的反对。挪威的消费者调查官与来自法国、德国、瑞典、荷兰等国家的消费者组织一道，要求 iTune 废除 DRM 中的不公平条款，实现播放设备的兼容。迫于消费者的巨大压力，2008 年的时候，苹果公司改变了 DRM 下载的音乐必须在其允许播放器上播放的合同条款。

最后，DRM 著作权许可中规避著作权的条款是否有效，还需要结合具体的情况进行综合分析，不可一概而言。实际上，必须坚守合同法上鼓励交易的原则和经济学上的效益原则，不要轻易将 DRM 著作权许可合同认定为无效。例如，前述的 iTunes 设定的 DRM 许可条款中，虽然基于合理使用的原则，允许被许可人进行必要的复制，但是却限定了复制的次数。对于这样的约定，应该认定为有效。从效率的原则和公平合理的伦理原则上审视，这种复制次数的限制为当事人自愿选择的结果，并不会对于公共利益造成损害，合同的执行也不会违背社会公共政策目标的实现。但是，如果 iTune 通过 DRM 著作权许可合同直接侵害消费者的选择权，阻止播放设备的兼容播放，则因为涉及消费利益保护和公平自由竞争的市场环境，进而关涉到公共利益，则应该认定为无效。

（二）DRM 著作权许可与"首次销售原则"

DRM 著作权许可中，许可人可以借助技术措施阻止被许可人对获取的数字作品载体进行销售、赠与，这与"首次销售原则"产生矛盾。"首次销售原则"是指任何作品以有形载体为媒介进行销售、赠与时，著作权人的发行权只能行使一次即为耗尽，随后进行的销售、赠与得由作品载体的所有权人自行为之而不得干涉。然而，在DRM著作权许可中，使用者并未直接得到作品的有形载体，难以援引已经由著作权人行使了发行权作为理由。❶ 实际上，DRM著作权许可中，许可人还完全可以借助技术措施持续控制随后的转让和赠与，因此即便被许可人可以援引"首次销售原则"，也在技术上受到许可人的限制。如果DRM许可不是以容忍而是通过控制二手市场消费来达到拓展消费选择空间和促进产品多样化的目的，那么该种许可模式所具有的市场吸引力就会大为减弱。

为此，有必要在立法中规定类似于"首次销售原则"的内容，保证DRM许可中被许可人的利益。这一规则可包含以下方面：（1）DRM许可中，许可人采取技术措施阻止使用者对作品进行多次复制的，虽然不会导致该约定条款的无效，但是必须在显著位置明确告知被许可人。（2）DRM许可中，在未有许可人明确禁止的情况下，使用者应有权在删除自有文件的前提下，将由此获得的作品以复制方式销售、赠与给其他人。（3）为实现前述第②条事项中许可人的利益，许可人可以采取技术措施，以保证使用者在向其他人提供作品后，原已拥有的作品格式归于无效。

四、DRM 著作权许可与消费者信息安全权

DRM著作权许可会潜在地妨碍消费者的个人信息安全。DRM著作权许可是一种重要的数字作品网络利用形式，著作权人以及其他许可人为了维护自身的许可利益，掌握消费者的基本动态，阻止消费者的后续利用行为，可以借助技术措施在著作权许可过程中埋置相应的观察和探测手段。DRM中的观察功能可以将使用者的行为报

---

❶ 王迁："论网络环境中的'首次销售原则'"，载《法学杂志》2006年第2期。

告给数字内容提供商和运营商，这种报告可以在按流量付费进行准备工作时发生，也可以在实际支付期间单独发生。DRM 技术中的许多记录行为都是自动控制的，不为消费者所知晓。此外，DRM 中的探测手段甚至包括对于匿名使用者的定位分析，并由此获取大量的消费者不欲为外人知晓的信息。❶ 如 Sony 公司在 Sony BMG 所发行的 CD 中附加 broadcast flag 技术，借此防止作品再次传递，禁止数位电视内容线上交易。但此类 DRM 技术却使 CD 消费者的个人电脑成为黑客攻击的对象。Sony 公司因此被迫停止该技术之应用，并召回数万片的 CD，更面临侵害消费者隐私权的指控，而陷入诉讼之困境。❷ 再如，在网上通过 DRM 许可订购音乐或者欣赏电影，个人的信息以及偏好逐渐为数字媒体抓取并进行了整理，有时甚至可以总结出被许可人的年龄、学历、性格、专业等个人信息。被许可人可能会接到网络发来的各类音频、视频推荐和介绍，这表明，网站已经跟踪并分析获得了个人的多种信息。

基于此，DRM 著作权许可中，应在保障商业信息合法获取的同时，加强对个人信息的保护，禁止对消费者信息安全权的侵害。2012 年 12 月 28 日，我国出台《全国人民代表大会常务委员会关于加强网络信息保护的决定》（以下简称《加强网络信息保护的决定》），明确宣示国家保护能够识别公民个人身份和涉及公民个人隐私的电子信息。任何组织和个人不得窃取或者以其他非法方式获取公民个人电子信息，不得出售或者非法向他人提供公民个人电子信息。根据《加强网络信息保护的决定》的内容，结合消费者权益保

---

❶ 谈咏梅："数字版权管理技术运用中的隐私保护"，载《情报杂志》2006 年第 1 期。

❷ 蔡惠如：《著作权之未来展望——论合理使用之价值创新》，元照出版有限公司 2007 年版，第 214 页。Matthew Rimmer, *Digital Copyright and the Consumer Revolution: Hands off my ipod*, Edward Elgar Publishing, Inc. 171 ~ 183 (2007).

护法的基本理论，许可人在采用 DRM 机制进行著作权许可时，应该保障消费者的以下信息安全权。

（1）个人信息收集的知情权。《加强网络信息保护的决定》指出，信息收集者应遵循合法、正当、必要的原则，同时也有公开其收集、使用规则。因此，许可人利用 DRM 机制从个人处收集信息时，应该提供有关信息的收集目的、信息的利用目的、信息机密性与完全性，以及信息内容的保护手段、信息提供与不提供的效果、救济的权利等适当的信息。从形式上看，许可人应该在该系统的显著位置告知消费者个人信息将被收集的约定，只有在消费者点击确认后，收集系统才能开始工作。

（2）个人信息收集的查看权。个人信息是否被收集，收集的信息达到何种程序，都应该在消费者的掌控之下。在 DRM 系统中应该置放相应的信息进入和查看机制。由于 DRM 许可需要消费者的注册、密码和银行账户等信息，所以个人信息查看权尤为重要。消费者可以打开 DRM 许可中的信息收集栏目，在输入个人密码或者账号后，进入自己填写的个人信息数据库查看相应数据。除某些必须填写的数据外，可以拒绝透露更多个人信息。❶

（3）个人信息收集的安宁权。《加强网络信息保护的决定》指出，网络服务提供者和其他企业事业单位及其工作人员不得泄露、篡改、毁损，不得出售或者非法向他人提供。同时采取技术措施和其他必要措施，在发生或者可能发生信息泄露、毁损、丢失的情况时，应当立即采取补救措施。任何组织和个人未经电子信息接收者同意或者请求，或者电子信息接收者明确表示拒绝的，不得向其固定电话、移动电话或者个人电子邮箱发送商业性电子信息。因此，DRM 许可中，许可人在登录、查看和运行过程中，应该为确保个人

---

❶《加拿大个人信息保护及电子文件法》要求机构承担一项基本义务，确保个人知悉并同意收集信息行为，并且个人应有权获得该信息。

信息的机密性和完全性而采取适当的技术和管理控制措施，不得采取攻击性或者危害消费者个人信息安宁的技术手段。在被许可人拒绝信息收集的请求后，许可人不得违反规定收集，也不得通过电子邮箱、短信、移动电话等方式再次或多次征询许可人的意见，妨碍许可人的生活安宁。

（4）个人信息安全受侵害的救济权。《加强网络信息保护的决定》指出，公民发现泄露个人身份、散布个人隐私等侵害其合法权益的网络信息，或者受到商业性电子信息侵扰的，有权要求网络服务提供者删除有关信息或者采取其他必要措施予以制止。因此，在DRM著作权许可中，被许可人发现许可人侵害其信息安全权时，有权要求许可人删除或采取其他措施予以制止，或者向有关主管部门举报、控告，也可以以个人的信息安全权受到侵害为由提起民事诉讼，追究许可人的民事责任。但是如何在损害赔偿中切实维护被许可人的利益，还需要相应的制度设计。《德国联邦数据保护法》第8条规定，在当事人以自动化数据处理依据本法以及与数据保护相关的其他法律不合法或不正确为理由，向数据存储机构请求损害赔偿时，如果就损害是否是可归责于存储机构的事由而引起的争议，存储机关负有举证责任。该配置模式考虑到网络信息收集方和被收集方在技术上和举证能力上的差异，值得借鉴。因此，建议在修改完善《加强网络信息保护的决定》《消费者权益保护法》或者制定《人格权法》时，明确规定消费者享有的信息安全权或者信息权，在信息收集中侵害该民事权利的，信息收集人应该承担损害赔偿责任。如果就损害是否可归责于信息收集人的事由而引起的争议，信息收集人负有举证责任。

第四节　计算机软件的文化消费与
消费者利益保护

计算机软件是指计算机程序及有关文档，其核心是计算机程序。计算机程序，是指为了得到某种结果而可以由计算机等具有信息处理能力的装置执行的代码化指令序列，或者可以被自动转换成代码化指令序列的符号化指令序列或者符号化语句序列。计算机软件被视为文学作品受到著作权保护，同时它又可以产生相应的技术效果，成为技术方案的一部分，或者本身可以进行技术上的运用。因此，计算机软件的法律性质具有特殊性，对于软件的消费，可视为技术产品的文化消费。消费者购买计算机软件的主要目的是应用，而不仅仅是满足人们精神上的享受，这使软件的"功能性"显得更为重要。在为计算机软件提供著作权保护的同时，消费者的利益也容易受到这种"功能性"特征的影响：权利人可以通过技术手段迫使消费者接受并不需要的软件功能，也可以借助合同对该技术产品的利用进行限定，进而阻止消费者本可获得的合理使用利益。《计算机软件保护条例》针对计算机终端用户规定相应的著作权限制措施，保障消费者的合法利益，但是在实践中仍存在理解和操作上的问题。因此，有必要就此展开专门探讨。

一、问题的提出：计算机软件保护引发的消费者困境

软件可视为计算机和互联网的灵魂，直接推动了现代信息技术的不断革新。软件产业的发展依赖于智力劳动和不断更新的创造性成果，它改善了信息产业的基本结构，为社会创造了大量的财富，始终是知识产权密集型产业的代表。由于计算机程序具有作品属性和功能属性的复合型特征，计算机软件的法律保护体系也呈现出著作

权、专利权和商业秘密等交叉集合的综合模式。这种强保护的发展趋势虽然为软件产业提供了制度支持，产生了消费福利和社会贡献，但是却同时给消费者带来困境，软件的权利人更倾向于借助技术、合同和制度控制消费过程，甚至不顾及消费者的利益和公认的商业道德，发行流氓软件，滥用权利，开展恶意竞争。

首先，借助进攻性的技术措施保护计算机软件。技术措施是用来保护作品的装置、设备和部件，作为技术产品的计算机软件中更容易植入各种技术措施。在"江民逻辑锁"一案中，从事杀毒软件开发的江民新技术有限责任公司的"KV300"系列杀毒软件被破解，因此其在软件中内嵌了"逻辑锁"的保护程序，一旦有人利用盗版的 KV300L＋＋软件，电脑就会死机。此案是非常典型的借保护版权之名，滥用著作权的行为，严重侵犯了公共利益，该案最终是被公安机关以危害计算机系统安全为由给予了行政处罚。无独有偶，2010 年，微软正版增值计划引发消费者黑屏恐慌。根据这项计划，如果 WindowsXP 用户没有通过 WGA 验证，用户开机起进入后桌面背景将变为纯黑色，用户可以重设背景，但每隔 60 分钟将再度黑屏。用户登录时会出现登录中断对话框，并在屏幕右下方出现一个永久通知和持续提醒的对话框，显示"您可能是软件盗版的受害者"。上述技术措施表面上看是在维护著作权人的作品，禁止未经许可对作品的复制和使用，但是这些技术措施已经超出了法律容忍的限度，采取如此的攻击性技术措施违背了诚实信用原则，危害到消费者的信息安全。

其次，随意发行各种名目众多的流氓软件。流氓软件，也称为恶意软件，是指在未提前告知计算机用户或未经计算机用户同意的情况下，隐秘或强行将某一软件安装于用户的计算机系统上，并且不向用户提供卸载程序或难以将其彻底卸载甚至无法卸载的软件。流氓软件不是合法软件，因为它违背当事人意志，具有恶意性；流氓软件也不是病毒软件,因为它并不必然具有破坏性,并不为法律所明令禁止传播。所以,它是界于二者之间的一种特殊软件形式。这些流氓软件,不是强迫就是欺骗用户安装,无疑侵犯了消费者相应的权利:(1)侵犯了用户的知情权。用户有权利知道自己安装的软件内容、功能、操作以及有没有泄露其隐私、记录其上网过程等。(2)侵犯了用户的选择权。用户有权利选择这个软件,也有权利选择那个软件。具有相同功能的同类软件可能有几个,不能一旦选择其中一个软件,就不能安装另一家软件。(3)侵犯了用户的公平交易权。用户有权利公平地进行交易,双方权利与义务不能有非常大的悬殊。❶ 在用户未经许可或不知情的情况下强制下载并安装流氓软件,消费者在正常工作之中不堪其扰,个人学习、生活和工作安宁被破坏。

再次,通过缔结合同时的优势地位侵害消费者利益。软件公司尤其是具有创新优势、集团优势和流行引领优势的大公司,通过不公平的定价机制实现市场先占利益。有的公司在发展中国家的软件定价高于发达国家,有的公司则在不同经济水平和消费水平的国家采取统一定价。例如,微软公司实行全球统一价格,一套正版 WindowsXP 软件在美国市场卖 199 美元左右,在中国市场至少也需要 1 000 多。美国人均月薪 3 000 美元,199 美元谈不上昂贵,但中国人均 GDP 刚刚迈过 1 000 美元的门槛,无力承受这样的价格。究竟是价格高引发盗版,还是盗版引发价格高,就成了先有鸡还是先有蛋这样的玄奥命题。但是其结果却是显而易见的,那就是消费者的确无力购买和安装过于昂贵的各类软件产品。这种优势地位还体现在消费者对于若干强势软件的消费依赖,无可选择。例如在 2013 年发生的腾讯与 360 之间的 3Q 大战中,腾讯公司就发出"二选一"的消费

---

❶ 李领臣:"'流氓软件'的法律规制",载《法治论丛》2007 年第 2 期。

威胁，让消费者在腾讯 QQ 和 360 之间作出选择。这种主张实际上剥夺了消费者的选择权，也是对消费者固有消费习惯的干预和把持。此外，软件公司的合同缔结优势地位还体现在拆封合同的盛行。拆封合同是指计算机软件销售商在出售其软件产品时，经常采用的印刷在封装好的软件包装上或保存于软件包装内的格式合同条款；如果用户购买后拆开封条，打开包装并使用该软件，就意味着用户已经同意接受该合同的条款，并受该条款的约束。在订立拆封合同过程中，消费者往往并无选择余地。大量的合同条款是格式条款，里面的内容也多有对消费者复制、传播或者反向工程进行限定的条款。实际上，有些内容与著作权法所允许的合理使用相抵触。例如，很多拆封合同的内容要求买方不得还原程序的源代码，对加密程序买方不得解密，买方对使用程序中得知的卖方商业秘密，不得告知他方等，希望借此为买方设定保密义务。这在商业秘密的保护中，既没有法律依据，又不能从事实上证明软件处于秘密状态。❶《计算机软件保护条例》允许终端用户出于备份的目的进行复制，但是有些拆封合同只允许将软件安装在 1 台电子计算机上。这些规定同样对消费者利益造成影响，妨碍了消费者的合理使用利益。

最后，终端用户利用计算机软件会出现动辄侵权的情况。在中国，计算机软件终端用户承担侵犯著作权责任，是否必须以营利性的使用为目的，引起了广泛的讨论。《计算机软件保护条例》第 24 条第（1）项规定，除法律、行政法规另有规定外，未经软件著作权人许可，复制或者部分复制著作权人的软件的构成侵犯著作权。就此而言，商业性使用盗版软件，一般会对该软件进行复制，因此会侵犯复制权。但是用户购买盗版软件使用，如果在使用中同时对盗版软件进行了复制，即便没有营利目的，也会构成侵权。这就会让

---

❶ 吕彦主编：《计算机软件知识产权保护研究》，法律出版社 2005 年版，第 254 页。

消费者陷入动辄侵权的境地。事实上，在传统版权法领域，购买盗版书籍进行阅读，虽然可以判定违反治安管理法规，但是却并不侵犯著作权。在激烈的争论之下，《最高人民法院关于审理著作权民事纠纷案件适用法律若干问题的解释》第 21 条规定：计算机软件用户未经许可或者超过许可范围商业使用计算机软件的，依法承担民事责任。增加"商业使用"的规定为消费者提供了一条免责的途径，但是所谓的"使用"表述，是否在某种程度上授予权利人以宽泛的"使用权"却引发争论。假设某网站未经许可破解了某著名杀毒软件的序列号，然后将该软件放置在服务器上供用户"在线杀毒"，也即用户无须下载该杀毒软件，只需点击后就可以在线运行，查杀本地计算机中的病毒。某公司明知该网站中的杀毒软件是盗版而经常使用，是否构成侵权？由于赋予软件著作权人享有一般性的"商业性使用权"，将任何商业使用盗版软件的行为，均认定为侵犯著作权的行为，因此某公司也构成侵权。但是这种做法破坏了著作权作为"再现权"的本质，也会无限度扩大权利范围，并最终减少社会公众可以利用软件产品的自由范围。

二、计算机软件文化消费者的保护理念和规范模式

计算机软件的开发者和拥有者长期以来以维护自身合法权益为首要任务，高举打击盗版的大旗是他们长期坚持的准则。在这个过程中，消费者的消费习惯和保护理念始终作为权利人意图改变或者影响的因素。但是由于软件具有技术产品和文化产品的双重属性，在实际销售中又总是与硬件结合起来，进入网络时代更是成为网络文化消费的基本工具，所以在很多场合下消费者并不认可权利保护的要求，于是在权利人和软件消费者之间产生了紧张关系。如果没有正确的保护文化消费者的理念，权利人的市场模式将得不到消费者的支持，相关的政策努力和制度主张也因为得不到社会公众的法律

信仰而流于空洞。

首先，保护消费者的利益就是保护权利人利益的观念。软件的文化消费不同于一般的技术产品，它实质上会产生边际效益递增。在软件产业发展中，权利人固然通过打击各种侵权行为获得超额利益和市场先占优势，但是也可以利用软件产业的消费规律获得持续发展机会。软件发展中会出现持续不断的版本更新，消费者对于软件存在丰富的"交叉需求"，软件企业可以开发"家族式"的软件，借助相同族群的"互补性"功能吸引消费者，或者在不同的端口开发具有相同功能的软件，拓展消费者的想象空间，增强产品的市场吸引力。例如，《愤怒的小鸟》是 Rovio 旗下最知名的游戏，广泛流行于平板电脑与智能手机平台，随后也发布了 PC 版本。不少用户在上面花费的时间甚至超越了美剧，如此强大的用户黏度为公司带来极大的商业效益。Rovio 认为用户就是一切，盗版问题倒是其次。这表明，软件权利人应该逐渐放弃"打击盗版唯一"的商业策略，而是应该更加注重消费者利益保护，从消费者视角重新审视发展策略。这样做的目的不仅在于缓解与消费者之间的争斗，而且从本质上有利于开发者和经营者的利益，有助于建构更好的软件生产——消费生态。

其次，从有偿使用模式向多元使用模式的探索与应用。在软件产品的市场运营中，消费者最为关心的是价格。当市场上有比较便宜甚至是免费的替代品时，哪怕这种替代品属于盗版，也会对消费者具有很强的吸引力。由于消费者在进行软件消费时往往更多借助于对硬件的购置或者网络连接的实现，所以已经付费的心理使得他们很难接受过高的软件消费。在 20 世纪 80 年代以微软为代表的企业经营者成功实现软件与硬件的分离，推动了软件产品的单独售卖，并在权利的护卫下得到巨额利润。然而实际上，消费者并没有完全从心理上接受软件与硬件分别售卖的理念，我国很多用户并没有形成使用软件付费的习惯，只愿意使用免费软件，这也是软件侵权长期难以控制的基本原因之一。随着网络技术的发展，一些软件开发者尝试探索多种使用模式。尤其是网络软件免费使用模式的出现，再次冲击了传统的有偿消费取向。例如360杀毒软件的免费化，受到一部分消费者的热烈欢迎，但是却受到同行业竞争者的强烈的抵制。随着云计算、大数据等新兴信息技术的发展，软件的售卖模式还会不断变化。例如，美国新兴网上软件出租服务，通过互联网供应软件出租服务的公司——应用服务供应商（application aervice providers，简称ASPs）——以征收月费的方式，让付费的公司可通过互联网使用特定的应用软件。接受服务的公司可以省下购买软件的费用，也不需要将资料储存在服务器或硬盘，更不必为提升和维修电脑软硬件而烦恼。在多元利用模式冲击下，有偿使用的生产商也应该正视软件产业发展和消费的特殊性，根据不同的消费群体制定不同的消费价格，结合不同的消费对象采取不同的商业模式。如果始终以权利保护为理由，在市场端肆意滥用违背消费习惯的收费模式，这样的权利保护将很难有持续生存的空间和理由。总之，软件商要生存下来，就必须通过多种手段来盈利。

最后，软件的创新离不开消费者的配合，它应该是一个开放竞争和合作竞争的系统。软件已经进入全方位保护的阶段，这种全身"铠甲护卫"的强势力度没有取得意想之中的效果。相反，软件的创新速度反而由此受到影响。如果软件的表达形式被授予著作权，思想和操作方案被授予专利权，作为创新借鉴素材的源代码又始终处于商业秘密控制之下，那么不仅是消费者在正常消费中饱受控制，而且作为作者的消费者也不能修改、反向工程或者基于学习、研究目的进行合理利用。正因为如此，软件的创新应该是一个开放竞争和合作竞争的系统。事实上，开放源代码运动是这种理念的早期代表，并且在促进软件开放创新进而保护消费者利益方面功不可没。

GNN 最早在 1984 年出现于麻省理工学院，正式成型于 1998 年，它是指源代码公开的软件，将软件的源代码放在网上供下载或者可以以低廉的价格买到，如 linux。对这类软件，用户在遵循一定条款的前提下，有使用、修改、复制的自由。开放源代码软件的发布者必须得到开放源代码软件联盟，比如 OSI 或 FSF 认证后，才可以以开放源代码的形式发布自己的软件并享受相应的权利。其中 GPL 是最为著名的许可证。在法学界，有相当数量的学者为开放源代码行动助阵。在这些学者看来，开放源代码是计算机软件开发商对社会公众的尊重，同时也是平衡软件权利人与社会公众利益的最佳安排。从最近出版的学术文章上看，中国法学界持此观点人应占大多数。❶ 即便是商业巨擘微软公司也意识到传统的以压制消费者为特征的封闭创新模式出现了弊端，正在尝试新的"烧掉舰船"战略。微软与日本、韩国和其他国家进行交叉许可产生了巨大的价值：不仅通过创造新的消费型产品拓展业务，而且还为交易各方的市场行为提供更为广阔的自由空间。❷ 开放式创新的语境下不仅要善于发现知识产权中的排他性价值（exclusivity value），而且应该开发更多的包容性价值（inclusivity value），给予同业者互利共赢机会的同时，在实质上增强消费者的福利。消费者在个人福利增长的同时，必然会从自利性的本能中选择这种更为开放的软件产品。

正是因为软件开发——消费的特殊逻辑关系和市场关系，软件文化消费者的保护观念不仅应该与软件的知识产权保护观念相向而行，而且应该建立与知识产权综合保护相对等的消费者权益保护体系，实现消费者利益和权利人利益的平衡发展，最终促进软件的创新和

---

❶ 郑成思主编：《知识产权——应用法学与基础理论》，人民出版社 2005 年版，第 486 页。

❷ ［美］马歇尔·菲尔普斯、戴维·克兰著，谷永亮译：《烧掉舰船：微软称霸全球的知识产权战略》，东方出版社 2010 年版，第 92 页。

市场的活跃。

其一，公法保护和私法保护。将软件法律关系中的平等利益关系纳入私法调整范围的同时，加大公共干预的力度，严禁通过软件危害公共秩序。例如，2005 年美国加利福利亚州制定了《保护消费者反间谍软件法》，禁止安装能控制他人电脑、搜集个人信息的"间谍软件"；企业或网站必须声明它们是否会在用户的电脑中安装"间谍软件"；非法在他人电脑中安装"间谍软件"者可能被处以巨额罚款；受害的消费者有权向在自己电脑中安装"间谍软件"者索赔1 000美元。❶ 通过公法保护消费者利益，有助于加大威慑力度，也解决了消费者维权难、取证难等问题。

其二，民事法保护和经济法保护。民法中的权利不得滥用原则、诚实信用原则为保护软件消费者利益提供了有效的途径。在授予软件以相应知识产权时，也应该建立相应的限制机制，以维护消费者的合理使用自由。同时，还可以借助"消费者权益保护法""反不正当竞争法"以及"反垄断法"等经济法，通过政策干预实现保护消费者利益。在缔结拆封合同等可能影响到消费者利益的场合，除了要按照合同法等民事法律中的格式合同限制、著作权合理使用条款进行检视外，还可以引入市场竞争秩序、公认的商业道德以及滥用市场支配地位等经济法规则，建立起保护消费者的法律网络。

实践中，流氓软件的安装大多发生在网络个人用户浏览网页、注册 ID、下载软件等过程中，在用户未经许可或不知情的情况下强制下载并安装，用户与流氓软件发布者之间不存在交易，这时能否将用户理解为消费者，存在两种观点：一种认为，❷ 这种情况下很难认定流氓软件的发布者构成经营者，主动或被动接受流氓软件的网络

---

❶　李领臣："'流氓软件'的法律规制"，载《法治论丛》2007 年第 2 期。

❷　张雨林："流氓软件：游走在法律的边缘"，载《中国计算机用户》2006 年第 37 期。

用户们与流氓软件发布者间很难形成既有法律事实上的消费关系；一种观点认为，❶ 流氓软件和用户实际上仍然存在交易关系，只不过用户给付的对价不是直接的金钱，而是浏览广告和点击网页等新的使用方式而已。因此两者之间存在消费关系应无疑义，那么用户就应受到《消费者权益保护法》的保护。笔者赞同后一种观点。从保护消费者利益和建构完整的软件文化消费体系的角度看，将流氓软件中的发布者和接受者之间的关系界定为消费者利益关系，不仅是因应网络技术发展的必然要求，而且这种关系在本质上也是为引发软件消费而发生的社会关系，将其纳入消费者权益保护法的范畴，符合相应的法理规定。消费者可以在受到流氓软件干扰后，以消费者利益受到侵害为由，提起相应的诉讼。

此外，如果经营者发布的流氓软件故意实施破坏、捆绑、屏蔽、干扰和修改等行为，违背诚实信用原则，侵害其他经营者和消费者合法利益，破坏竞争秩序，则应该认定为构成不正当竞争，可以由同业竞争者提起诉讼。

其三，一体保护和区别保护。也就是说，在具体的保护措施上，可以针对不同的消费者，采取不同的保护模式；针对不同场景下的文化消费，提出各异的保护要求。当前，我国针对国家行政机关、大学和国有企业的软件文化消费，采取一系列针对性的"正版化"行动，取得了很好的效果。为推行政府机关使用正版软件的管理，让软件正版化工作制度化、规范化、常态化，我国相继出台《政府机关使用正版软件管理办法》和《关于贯彻落实〈政府机关使用正版软件管理办法〉的实施意见》。具体建立了以下制度：（1）建立软件正版化工作责任制度。做到机制有保障，工作有人做，责任能落实。各地区、各单位每年对软件正版化工作进行考核评议，通报考

---

❶ 李领臣："'流氓软件'的法律规制"，载《法治论丛》2007 年第 2 期。

核评议结果，每年年底向著作权行政管理部门报送软件正版化工作年度报告和具体负责人名单。（2）建立软件使用和管理制度。做到软件自查常态化，软件配置标准化，软件管理规范化。建立软件安装、卸载审核机制，建立软件资产台账。（3）建立审计和督促检查制度。审计机关对本级政府机关软件正版化情况进行重点检查，建立健全审计整改跟踪机制。同时，建立政府机关软件正版化年度检查机制，及时通报检查结果。（4）建立资产管理和采购制度。软件资产管理已经被纳入国有资产管理体系，政府在采购软件时从入口就把盗版产品排除在外，对软件正版化工作有很大的促进作用。由于政府机关采购正版软件，在政府进行文化消费的行为被纳入有偿使用范围，起到带头合法有偿消费的作用。

对于高校学生计算机软件的文化消费，也应该有针对性地予以引导和示范。2015 年 5 月 6 日，南京理工大学正版软件中心正式上线。该校结合自身工作需要，采购了相应的软件及服务，主要包括：Windows 系列操作系统，包括 Win7 和 Win8，中英文 2 种版本，1 年使用期限；Office 办公软件，中英文 2 种版本，1 年使用期限；其余在今后逐步推进。微软公司已授权该校全体在职教职工和在校学生的工作电脑安装和使用微软桌面正版软件，即该校师生可享受免费的微软 Windows 个人操作系统软件和 Office 软件，以及防火墙升级等售后增值服务，减少病毒、黑客攻击、数据丢失等网络和信息安全问题，保障软件系统和校园网络的安全与稳定，降低应用和管理维护成本。❶ 根据这一举措，高校师生可以免费获得相应的计算机软件产品，支持了正版化。由于学校提供的正版软件是免费且操作便捷，电脑里存储的重要资料和信息的安全隐患大大减少，维护了消费者

---

❶ "南京理工大学正版软件中心正式上线，全校师生可以免费使用正版微软软件"，载 http：//www.ciipr.com/yaowen_ detail/newsId＝548.html，2015 年 5 月 18 日访问。

的合法利益。

三、计算机软件的文化消费与著作权限制

迄今为止，著作权仍是计算机软件保护的主要依据。面对软件文化消费的新常态，著作权制度也应该作出适当的调整，使得著作权保护理念契合软件文化消费的需要，维护消费者的利益，让软件著作权保护得到更多的社会文化支撑。

（一）软件用户非营利性使用的合法性

前已述及，2002 年的《计算机软件保护条例》扩大了软件消费者的著作权责任范围，引起强烈不满。随后颁布的《最高人民法院关于审理著作权民事纠纷案件适用法律若干问题的解释》第 21 条规定：计算机软件用户未经许可或者超过许可范围商业使用计算机软件的，依据《著作权法》和《计算机软件保护条例》有关规定承担民事责任。该司法解释将非法使用软件的范围限定在商业使用的限度，被认为是软件消费者的重大胜利。[1] 尽管如此，正确理解计算机软件用户侵权及其免责的条件却依然存在分歧，并且在新技术不断涌现后显得更为含糊，如前面讨论过的"使用权"问题即为其例。

显然，司法解释是从软件用户应该承担责任的角度进行规范。反面推导观察，软件用户非营利性使用计算机软件免责的一般条件包括：首先，主体要件。在司法解释中没有采用最终用户的表述。这表明，无论是最终用户，还是其他软件产品的购买者，都可以比照该条的规定获得免责机会。消费者为个人文化消费购买计算机软件，属于最终用户。最终用户使用计算机软件一般不具有商业目的，在满足相应条件后可以不承担民事责任。其次，软件用户的使用行为

---

[1] 寿步、方兴东等主编：《我呼吁——入世后中国首次立法论战》，吉林人民出版社 2002 年版。

边界要件。用户使用的软件必须是正版，也就是得到了权利人的合法授权。在使用过程中还不得超出权利人的许可范围，也就是许可合同对于使用行为具有限定作用。如果消费者使用盗版软件，则不可以免责；相反，消费者应该对未经许可复制盗版软件的行为承担责任，此时并不能因为未营利而免责。一般来说，从软件厂商或经销商处购买的一套正版软件，除非得到特别许可，只可在一台计算机上安装和使用，否则即构成对软件版权拥有人的侵权。❶ 对于消费者而言，没有正当理由同时在两台或多台计算机上运行他人软件可能会构成侵权。再次，非营利性目的的要求。非营利性的目的指向软件的使用本身，而不是因为这种使用所可能带来的潜在利益。消费者利用软件进行创作，创作会带来新的利益，但是由于该软件本身并没有被使用、交易或者出租而获益，所以仍应将消费者的该种行为认定为非营利目的。最后，使用行为的性质要件。这种使用行为并不是一揽子授予著作权人以法律上的使用权。相反，只有在法律上所允许的使用行为才可以被著作权人所控制。

在我国，有关软件用户责任的规定引起过长时间的争论，因此有必要在修改的《著作权法》中予以明确。

（二）拆封合同与著作权合理使用

拆封合同的出现与计算机软件业的发展现状密切相关。早期的拆封合同出现在软件产品的包装或者其他有形载体上，消费者在购买之前会受到提示，在使用软件产品时也会明确地感知到这些条款的存在。随着网络技术的发展，软件产品的使用合同在表现形式上又有新的变化。通过浏览、点击等方式缔结合同成为主要方式，此即为浏览合同、点击合同。浏览合同是许多网站在网页的下方以小体

---

❶　韩立余等：《美国对外贸易中的知识产权保护》，知识产权出版社 2006 年版，第 87 页。

字，或通过链接到的页面，规定自己和用户的权利和义务关系的一种合同形式。点击合同是网站为了明确与用户之间的权利义务关系，制定的适用于网络消费的一种格式合同。用户一般在阅读协议条款后，通过选择"同意"按钮完成订立合同的过程。协议条款可以被视为要约，而点击行为可以被视为以行为构成承诺。与传统拆封合同相比，浏览合同不具有强制性，用户甚至有可能根本不知道这一合同的存在。● 由于用户在浏览合同缔结中根本不关注合同本身，或者也是一带而过，所以，相应的合同条款是否公平，会不会妨碍消费者基于合理目的而使用作品，更难以被消费者所掌控。

通过拆封合同限制软件消费者的使用行为，只要这种限定内容不违背强制性的合同效力规范，就应该认定是合法行为。但是考虑到计算机软件拆封合同订立的实际情况，基于保护消费者的目的，可以考虑明确规定以下内容：（1）关于缔结新型拆封合同时的提示义务。在网络环境下，如果事关消费者个人使用软件时的重大利益，软件提供者应该在合同协议中以红色字体或者其他方式进行提示，让消费者能够看到并理解合同条款及其可能带来的不利后果。（2）赋予消费者在缔结软件合同后的反悔权利。消费者可能在不知情或者未有切实体会之下仓促安装了某些软件，这些软件安装后才发现不适合消费者。由于消费者可能并没有能力拆卸这些软件，或者软件的卸载需要权利人的配合才能进行。这时应该允许消费者反悔。对于市场上销售的一些有偿软件，也可能附带一些违背个人消费习惯的措施，这时也应该允许消费者在3天之内拒绝使用，但是应该配合销售者回复到安装前的状态。（3）如果拆封合同限制的是著作权法上的合理使用行为，该合同是否有效，当可结合具体规定进行综合判断。由于我国《计算机软件保护条例》只规定了软件的合

● 韦景竹：《版权制度中的公共利益研究》，中山大学出版社2011年版，第142页，注释1。

法复制品所有人享有的三项权利，而没有具体列举合理使用的情形，这时不应该认为软件著作权中没有合理使用。比照《著作权法》第22条的规定，该12种合理使用情形对软件著作权人依然适用。假定拆封合同不允许使用者为个人使用目的复制三份复制件，或者按照行业惯例只允许复制一份复制件，此时虽然限定了著作权合理使用的具体要求，但是并没有否认合理使用。消费者为完成个人学习、研究或者娱乐、欣赏依然得到了复制的机会。事实上，我国法律虽然没有明确规定个人使用时的复制数量，但是这种复制行为也必须经受"三步测试法"的检验。因此，拆封合同中对于个人使用进行的限制，应该为有效。但是，如果禁止使用者备份、禁止使用者安装或者进行必要修改，则因为侵犯了使用者权，违背了法律的效力强制条款，可以判定为无效。

（三）软件终端用户的使用者权

针对软件著作权的限制，我国立法中存有关于软件的合法复制品所有权人享有相应权利的表述。这一规定出现在《计算机软件保护条例》第16条。❶按照该条的规定，软件的合法复制品所有权人享有三项基本权利：装载权、备份权和修改权。对此，有学者认为是对软件著作权合理使用的特别规定，或者也意味着在软件著作权特别保护中，只存在三种形式的合理使用。但是也有不同看法，认为这一规定在本质上是对使用者权的认可。

---

❶ 《计算机软件保护条例》第16条规定：软件的合法复制品所有人享有下列权利：（1）根据使用的需要把该软件装入计算机等具有信息处理能力的装置内。（2）为了防止复制品损坏而制作备份复制品。这些备份复制品不得通过任何方式提供给他人使用，并在所有人丧失该合法复制品的所有权时，负责将备份复制品销毁。（3）为了把该软件用于实际的计算机应用环境或者改进其功能、性能而进行必要的修改；但是，除合同另有约定外，未经该软件著作权人许可，不得向任何第三方提供修改后的软件。

　　笔者认同第二种看法。从一般状态来看，著作权的合理使用制度并不能看做是对使用者权的认可。合理使用应该是对著作权控制行为的例外之界定。形象言及公共领域、著作权和合理使用之关系为：在浩瀚的公共领域中摘录出一块领地，作为著作权人控制的范围，在著作权人控制的范围之中，又摘录出一块地域，作为著作权人控制范围的例外。这样的制度设计非常精巧，环环相扣，共同达致一种利益保护上的平衡。之所以说合理使用不是一种使用者权，还在于使用者并没有客观上的能力进入到著作权人的领地，因此它也不能因为合理使用而强行获得主观利益。换言之，使用者不能要求著作权人必须开放自己的领域，并且强行支配该作品而不顾及权利人的存在。

　　但是，这并不意味着不存在使用者权。《计算机软件保护条例》在本质上赋予消费者以使用者权。软件产品的使用者必须从这个技术产品的文化消费中获得主观利益：软件并不是纯粹的文化产品，它的技术功能必然要与其他硬件相互配合，才可以达致消费者的消费目标。如果软件不能被装载，不能备份或者不能修改，那么消费者由硬件和软件结合所带来的综合利益就无法实现，这种损失客观存在以至于已经脱离了软件作为作品的独立价值。从支配力上看，消费者为此目的有权强行要求著作权人开放自己的领域，在拒绝配合时可采取强制力完成对于软件产品的拷贝、备份或者修改，因为这是实现整个文化消费所不可或缺的一个步骤。因此可以认为，在软件著作权限制领域，实际上已经建立起了使用者权的法律机制。基于此种认知，法律上应该允许使用者基于上述三种使用者权，通过诉讼方式，在权利人阻止消费者进行安装、备份或者修改时，通过公力救济排除相应的障碍。必要时也可通过诉讼方式责令权利人辅助使用者完成软件产品的安装、备份或者修改，以切实达到文化消费的正常状态。

（四）软件的反向工程

计算机软件产品作为一项技术产品，能够产生相应的技术效果，并且能够独自或者与硬件结合达到技术目的。由于这种技术功能和效果的实现并非以美学或者显而易见的人可阅读方式展现，如果权利人对于源代码采取了保密措施进而不为公众知晓时，这种技术的非公开性就更为明显。无论是消费者、软件用户还是同业竞争者，都会出于各种原因探究该种技术中所包含的设计思想和原理，以便于实现软件的兼容、修改、维修、再开发。针对计算机软件的技术产品属性和技术非公开性特征，软件的反向工程问题受到关注。

软件反向工程通常是指对他人软件的可执行程序进行逆向的解剖、分析，从软件的目标代码入手，通过反汇编等编译方式尽量还原源代码，推导得出他人软件产品的功能、组织结构、处理流程、算法、界面等设计要素。❶ 允许反向工程的合理性体现在以下方面：（1）有助于保护消费者和使用者的利益。软件产品是一种技术产品，在很多时候消费者是以该软件为工具实现文化消费，如果不能反向工程，就会阻止对软件产品的文化消费。从其他使用者的角度看，软件的反向工程也有助于充分认知软件的技术思想和原理，最终实现购买软件进行再开发、再传播或者再利用的目的。（2）有助于限制系统软件开发企业的垄断优势。只有允许反向工程，一些拥有行业标准的软件巨头才不会滥用市场支配地位，阻止软件的兼容发展。如果微软的软件系统与中小软件不能兼容，那么具有竞争力的软件将会锐减，消费者的选择机会就会减少，同时也会加剧大型软件企业的垄断地位。在市场上缺少有竞争力的兼容产品情形下，软件产品的价格会恣意上涨。软件企业也会利用垄断优势提高定价或者联

---

❶ 曹伟：《计算机软件保护的反思与超越》，法律出版社 2010 年版，第 114~115 页。

合定价，使软件的价格偏离正常范畴。相反，如果允许反向工程，就会降低具有广泛兼容性的应用软件开发成本，促成同类应用软件售卖价格下调，并且最终有利于软件产业的良性发展。（3）有助于促进知识学习和技术创新。知识产权的垄断性是建立在有助于学习和创新的对价之上。软件产品获得多重保护的同时，必须对于其可能带来的公共利益危害进行限制。软件产品受到著作权保护的时候，没有要求其公开所有的技术思想，这是因为著作权只是保护表达而不深究背后的思想。然而实际上，软件受到保护的最根本价值是隐藏在背后的思想，但是著作权法的保护缺陷导致无法在这个方面提出技术公开的要求。所以，通过反向工程克服软件著作权保护带来的消极影响，有益于学习和研究软件的内含思想和原理，将著作权保护可能带来的影响控制在一定范围之内，以实现该技术领域的不断创新。

我国《计算机软件保护条例》第 17 条规定，为了学习和研究软件内含的设计思想和原理，通过安装、显示、传输或者存储软件等方式使用软件的，可以不经软件著作权人许可，不向其支付报酬。《欧盟关于计算机软件法律保护指令》❶ 第 6 条认为，独立创作的软件有权为了与在先开发的软件实现相互兼容而进行反向工程，但明确禁止为开发表现形式实质相似的软件而进行反向工程。可见，国际社会虽然在具体的条件上有所不同，但是对于反向工程一般还是采取了肯定的立场。

一般认为，软件反向工程通常有以下几种情况：（1）分析研究程序的功能特性；（2）诊断和排除一个程序中存在的错误；（3）开发一个程序的附属产品；（4）进一步完善该程序；（5）分析某一个程序是否侵害其他程序的版权；（6）开发一个程序的兼容产品或其

---

❶ 该指令 1991 年 5 月 14 日通过，2009 年 4 月 23 日进行修订。

他功能相似的产品，而又以开发兼容产品为最常见目的。❶

具体来说，软件反向工程的构成要件是：（1）主体方面。实施反向工程的主体是软件的合法持有人，可以是自然人，也可以是法人或者其他组织。也就是说，反向工程实施者对目标软件的使用必须是基于合法资格的使用，而不是未经授权的使用。（2）主观方面。从事反向工程的目的应该是为了获得实现一个独立创作的计算机程序与其他程序的兼容。通过反向工程获得的信息不能用于生产非兼容性程序目的；通过反向工程获得的信息不能扩散给对开发兼容性产品不必要的第三人；通过反向工程获得的信息不能用于实质相似或其他涵盖版权侵权因素的程序。（3）客体要件。通过实施反向工程获得的信息为其他途径难以取得。（4）客观方面。反向工程的结果，是获取软件中的技术思想，对该思想可以用于学习和研究的目的，也可以用于开发新的软件产品，但是不得不合理地损害权利人的正当利益或妨碍计算机程序的正常使用。开发产生的新软件只能是以已有软件作品为基础，对作品内容作出变换表达同时形成新的软件作品。

将软件反向工程的有关要件与我国现行规定进行比照可知，现行法并没有完全承认反向工程的合法性，它将这一制度限定在学习、研究的范围之内。所以，建议完善法律的规定，明确规定：为了学习和研究软件内含的设计思想和原理，或者为了实现在后软件与在先软件的兼容发展，相应信息不能通过正常渠道获取时，软件的合法持有人通过安装、显示、传输或者存储软件等方式使用软件的，可以不经软件著作权人许可，不向其支付报酬。但是，获得的信息不能扩散给对开发兼容性产品不必要的第三人，不能用于实质相似或其他版权侵权因素的程序，不得不合理地损害权利人的正当利益

---

❶ 吕彦主编：《计算机软件知识产权保护研究》，法律出版社 2005 年版，第309 页。

或妨碍计算机程序的正常使用。

　　总而言之，软件产品的出现拓展了文化产品的外延：该类产品的使用者不仅仅是进行艺术的享用和评价，而且出现了对产品质量进行评判的实际需要，并实际上已经成为技术产品的文化消费者。在探讨软件产品的著作权保护时，必须建立服务技术产品文化消费者的综合保护理念和模式，通过适当的著作权限制机制，维护该类文化消费者的合法利益。

第四章　公共文化消费与著作权安排

公共文化消费是指由政府和为居民服务的非营利机构承担费用、对社会公众提供文化消费的产品与服务的消费形态，它建基于公共文化服务系统之中，体现了国家的文化惠民本质。公共文化消费中消费者往往没有为消费活动支付版权费用，或者在消费中获得相应的政府补贴。为促进公共文化消费，我国还长期采取鼓励国家投资或资助拥有版权的文化产品无偿用于公共文化服务的措施。近年来，各类文化惠民工程不断推进，公共文化服务体系不断完善。教育、广播电视和图书馆、档案馆等传统公共文化消费途径飞速发展的同时，各类新型公共文化消费形式大量涌现，诸如"乡村书屋"，"菜单式"公共文化消费以及"高雅艺术剧场""文化消费卡""文化走亲"等创新模式，覆盖城乡普通居民和老年人、残疾人、异地务工人员等特殊群体。推进公共文化消费工程，既要保护著作权人的利益，又不能因为权利保护的需要而影响到社会公共利益。因此，有必要探讨公共文化消费中的著作权保护和限制问题，研究新情势下的著作权制度安排。

第一节　公共文化消费与著作权的制度设计

公共文化消费区别于一般的商业文化消费，它是提升社会整体文化素质、维护核心文化价值观、提升国家文化软实力、保护文化多样性和文化弱势消费群体的现实需要，同样具有重要的国家战略价值。为了保障消费者通过公共文化服务系统免费或者以较低的价格获得文化产品，政府以公共资金或者通过多种途径扶持创建公益性的图书馆、档案馆、博物馆、文化馆，建设公共广播电视机构和服务设施，倡导各级政府采取有力措施推进公共文化系统的开放和全覆盖，以各种群众喜闻乐见的方式普及、宣传主流文化成果。为配合这一进程，著作权法也进行了相应的制度设计，为图书馆等机构、盲人利用作品等创建了著作权限制机制，构建了广播权法定许可规则。随着数字文化共享工程和网络技术的不断发展，公共文化服务中的著作权规则需要随着时代的变迁作出适度调整。

一、公共文化消费的正当性

公共文化消费是与普通商业文化消费相对应的消费形态。一般来说，消费者进行文化消费必须自己购买文化产品，或者在市场上进入商业性的文化机构，例如，电影院、文化宫等购买文化服务。公共文化消费则与之不同，消费者进入图书馆、义务教育机构等接受文化服务或者获取文化产品，不需要支付相应的代价，或者只需要支付很小的代价。在"文化下乡""广播村村通""高雅艺术进校园"等系列工程的推进下，大学、农村以及偏远地区的居民还可以借助这些文化服务，免费欣赏各种高品质的文化表演和广播电视节目。政府干预文化的市场供给是公共文化消费的基本方式，公共文化服务是公共文化消费得以开展的前提。从经济发展动力上看，消费是促进经济增长的"三驾马车"之一，政府通过提供公共文化服务带动公共文化消费，当然也具有拉动经济增长的功能。但是，这种经济动因并不是最为主要的。提供公共文化服务、促进公共文化消费的正当性主要在于文化因素。

首先，促进公共文化消费有助于提升社会整体文化素质。无论是公共图书馆还是义务教育机构，都肩负着增强民族整体文化素质的历史使命。一个国家的强大和进步，说到底是这个国家、民族的文化整体水平的强大和进步。通过商业化的形式购买文化产品，提高文化水平，这是不少家庭的选择。但是从国家的角度和政府的职责上看，提供公共文化服务，让所有的居民都能够免费接受到同等高品质的文化教育，享受到多样化的文化熏陶，则是不断提升本国整体文化素养的最佳途径。一个国家在财力允许的情况下，出于对本国高水平文明层次的追求，总是会划拨出一定的资金用于建设公共文化机构，不断改善本国居民的文化消费途径。

其次，促进公共文化消费有助于维护核心文化价值观，提升本国文化软实力。文化学者意识到国家主流意识形态在公共文化服务供给中的重要作用。王列生认为国家公共文化服务体系中意识形态前置，它是社会主义价值目标引领下的公共文化服务体系。[1] 张春霞认为，公共文化服务的战略目的就在于文化认同乃至政治认同的培育，它具有整合社会意识形态、形成国家凝聚力和维系政治稳定的重要作用，坚持用社会主义核心价值体系引领和弘扬基础文化建设。[2] 事实上，通过公共文化服务促进公共文化消费的过程，既是维护一个国家核心文化价值观、提升核心文化标准和道德价值影响力的需要，也是增强本国文化软实力、抵抗各种庸俗价值观、低级文化产品的有效途径。例如，学者们普遍认为，公共文化供给对宗教信仰具有挤出效应，对于农户而言，公共文化供给能够显著降低农户的宗教选择概率和宗教参与程度。[3] 在各种文化思潮涌动、各种文化产品充斥市场、各种域外文化入侵的时代背景下，加强公共文化服务，促

[1] 王列生："论构建公共文化服务体系的意识形态前置"，载《文艺理论与批评》2007 年第 2 期。

[2] 张春霞："健全基层公共文化服务体系"，载《社会主义研究》2010 年第 4 期。

[3] 阮荣平等："公共文化供给的宗教信仰挤出效应检验——基于河南农村调查数据"，载《中国农村观察》2010 年第 6 期。

进公共文化消费，可以增强全体国民尤其是基层民众的文化自信和文化自觉，进而抵制各种不良文化的消极影响，打造活力，形成合力，兴扬起社会主义文化和中华优秀传统文化的生命力和全球影响力。

再次，促进公共文化消费有助于保护文化多样性。根据《文化多样性公约》和《非物质文化遗产保护公约》，文化应该在广义上得到理解，文化的交流与文化的创新也应该置于更广阔的语境之中。西方的或者主流的文化仅是世界整体文化的一部分，当今人的文化也只是人类文化发展的一个阶段。保护多元性的文化和频临灭绝的各种本土文化资源，正是公共文化服务和公共文化消费的重要目的。从具体样态上，大量的公共文化服务供给的是本土的文化产品。在《北美自由贸易协定》及 TRIPs 协定签订过程中，加拿大、法国等国家就曾主张以文化多样性为豁免理由，对本民族的电影、电视、音乐等文化表达形式提供特别的贸易保护，而区别于自由化程度更高的货物贸易与服务贸易。显然，美国文化产业的支柱地位不允许在国际市场上出现"多样性文化"壁垒，以好莱坞为代表的产业界也无法容忍这一境况的出现。❶ 因此，《文化多样性公约》遭到美国的抵制。❷ 依据美国的立场，文化的发展应是流动中的动态发展，贯穿其间的信仰是对自由的信仰。其潜台词是，文化的优劣和强弱是通过自由的市场选择来决定，不管结果如何，过程正当的优胜劣汰符合市场自由的需求，这也是进行制度设计的正当性准星。由政府替

---

❶ Alan Riding, A Global Culture War Pits Protectionists Against Free Traders, *NY Times Feb*, 5. 2005.

❷ U. S. Deeply Disappointed by Vote on UNESCO Diversity Convention, October 21, 2005（Ambassador Oliver explains U. S. votes against pact and UNESCO budget）载 http：//usunrome. usmission. gov/UNISSUES/sustdev/docs/a5102403. htm，2006 年 11 月 24 日访问。

市民作出阅读、欣赏和观看的选择，否定了人们可凭借自由意志和价值判断进行选择的机会。实际上，这样的观点是完全错误的。《文化多样性公约》旨在确保本土文化能够在吸收外域成分的同时保持独立发展，照应子孙后代享有的多样性文化权利。鼓励主导文化的创造和消费固然是保护个体的消费主导权，但是保护弱势文化、传统文化的创造、延续和消费，既是保护这一部分群体的人权，更是保护相关族群的生存权和发展权。

最后，促进公共文化消费有助于保护文化消费弱势群体。文化消费弱势群体主要包括两类人：一种是因为自身的身体缺陷，导致在文化消费上有着特殊的需要。这种特殊的需要很难通过个体努力改善而必须动用国家的整体干预。例如盲人、聋哑人等在文化消费上，既需要提供特殊的文化设施，也需要有适于其阅读、欣赏的文化产品。另一种是由于经济发达程度和地域分布上的不均衡，一些贫困、偏僻地方的居民往往无力购买文化产品和服务，没有通过市场途径获取实现文化消费的能力。在这种情况下，国家也应该行动起来，针对这种发展的不平衡状态采取措施，循序渐进地改变文化发展不均衡的格局，推进社会的共同进步。保护弱势群体的利益是政府干预具有正义性的理论根据。网络在促成社会信息总流量增加的同时扩张了信息分配的不均等，制造了一种新形态的贫富差距。按照罗尔斯的正义理论，自由只有为了自由的缘故而被限制：一种不够广泛的自由必须加强由所有人分享的完整自由体系；一种不够平等的自由必须可以为那些拥有较少自由的公民所接受。❶ 公共文化服务也必须实现结果的分配正义，这要求尽量将自由分配给最可能受到权利影响并沦为底层的人群，这主要包括边远、穷困地区的人们。实际上，网络技术最可能影响的正是这些处于信息贫瘠困境中的人：

---

❶ ［美］罗尔斯著，何怀宏等译：《正义论》，中国社会科学出版社1988年版，第249页。

他们可以借助信息技术接受本不可接受到的知识。然而遗憾的是，现实的消费能力有可能限制他们接受这些知识。政府干预虽然出现了不平等的自由，但是为了较少自由的公民，则正好符合"作为公平的正义原则"。

二、政府推动公共文化消费的基本途径

政府推进公共文化消费的最重要途径是通过公益性的教育机构保障所有公民接受基本教育服务，提升全民文化素质。国民教育体系主要是指主权国家通过制度或法律的形式，对本国所有享有公民权利的人所提供的一种不同层次、不同形态和不同类型的教育服务系统。《教育法》第二章规定，中国实行学前教育、初等教育、中等教育、高等教育的学校教育制度。从教育机构的属性上看，可以区分为公办教育和私营教育；公办教育又可区分为义务教育和其他国家规划教育。私营或者民办教育机构从事的教育活动，向学生收取对等的资费以支持学校教育活动的开展，本质上是商业性的文化服务和消费过程。义务教育是国家统一实施的所有适龄儿童、少年必须接受的教育，是国家必须予以保障的公益性事业，对政府、家长、学生都有强制性。义务教育是典型的公共文化服务形态，入学儿童、少年在义务制、公益性的小学、初中获得的教育服务过程自然就是一种基本的公共文化消费过程。对于高中、大学、中专以及其他职业教育等国家规划教育形式而言，政府出资的公办学校在提供文化教育服务时，虽然也会向消费者（学生）收取一定的费用，但是这种费用并不是足以维持整个教育活动，国家的补贴或者财政的支持仍是教育活动得以维持的基本要素，因此，在这些国家公办规划教育中，学生获得的文化消费仍具有公共属性。

设立公益性的图书馆、档案馆、博物馆、文化馆、纪念馆等机构，为普通公众提供公共文化服务，这是广大市民和居民获取公共

文化消费的另一种基本途径。图书馆是搜集、整理、收藏图书资料以供人阅览、参考的机构，具有保存人类文化遗产、开发信息资源、参与社会教育等职能。图书馆为社会、为读者提供最完备的学习条件，在传承知识、活跃文化、丰富群众精神生活等方面发挥着重要的作用。公益性教育机构设置的图书馆和由中央或地方政府管理、资助支持的公共图书馆，免费为接受教育的学生或者社会公众提供文化服务，是公共文化消费的重要途径。档案馆是收集、保管档案的机构。负责接收、征集、管理档案和开展档案利用等活动。根据《档案法》的规定，对馆藏形成年满 30 年的档案要分期分批向社会开放。档案馆属于党和国家的科学文化事业机构，它不仅具有收藏、累积国家档案财富，为社会提供各种丰富的档案信息，记录、保存人类历史原本面貌和记忆的功能，而且民众通过参观档案馆，体验感知各种图片、音像记录等原始文件，本身也是在接受公共文化服务，有助于提升文化意识和历史责任感、认同感。博物馆是征集、典藏、陈列和研究代表自然和人类文化遗产的实物的场所。它对公众开放，通过举办陈列展览等多种方式，传播历史和科学文化知识。文化馆是开展群众文化活动的场所和空间。我国县、市、镇普遍建立多种形式的公共文化馆、文化服务中心、文化站或者社区文化中心，免费或者义务组织开展丰富多彩、群众喜闻乐见的文化活动，指导群众业余文艺团队建设，收集、整理、研究非物质文化遗产，辅导和培训群众文艺骨干，在提升基层公共文化服务水平方面发挥着不可替代的作用。纪念馆是为纪念有卓越贡献的人或重大历史事件而建立的陈设实物、图片等的房屋或者场所。纪念馆是历史传承的重要载体，具有天然的教育功能和文化价值，它可以帮助观众在娱乐中学习并增长知识，是进行爱国主义和思想道德教育的重要场所。

随着广播电视技术的发展，政府建立公益性的广播电视机构向公众提供文化服务，成为公众进行公共文化消费的一种新形式。我国早期的广播台和电视台没有或较少进行经营性的商业活动，主要职责是开展公益性的文化服务。广播电视机构在开展文化服务中也没有向公众收取费用，维持其事业发展的经费来自于国家财政的支持。基于广播电视的多重属性，西方国家建立了公共广播电视和商业广播电视的双重体制。在"三网融合"的视野下，我国广播电视机构将面临着与电信产业和网络媒体的全面竞争和利益冲突，它所具有的公益性和经营性矛盾会更为凸显。随着经营性的广播电视理念和改革的推进，公众接受广播电视公共文化服务的方式会发生持续的变化。

改革开放以来，我国建设社会主义文化强国进程不断推进，各种新型的公共文化服务手段大量涌现，公众进行公共文化消费的渠道得以不断拓展。进入 21 世纪后，一些地方不断探索在新形势下开展公共文化服务的形式，建立"乡村书屋"，推进广播电视村村通建设，通过各种形式送课、送书、送电影、送文艺演出、送文化艺术、送文化工作者下乡等，对农村居民、学生、异地务工人员等特殊群体提供各类公共文化服务，做好老年、少儿、残疾人等文化服务工作。为切实推进公共文化消费，一些政府还不断探索改进财政补贴形式，发放"文化消费卡"，每年每卡由政府补贴一定金额，让持卡人用来买书订报、看电影、演出等。持卡居民可到指定文化消费点进行消费，看书、看报、看演出、看电影、参加艺术培训等，均有优惠。

随着数字技术和网络技术快速融入日常文化生活，公共文化消费也已经全面进入数字时代。为了应对网络技术带来的发展变化，网络教育、网络图书馆、网络广播电视等深刻改变着公共文化服务的基本体系和结构。在这个过程中，中央和地方层面都开始打造各种数字网络文化服务平台，推动传统文化服务工程的升级，互联网＋

公共文化服务成为主流。例如，全国网络文化信息资源共享工程是2002 年起由文化部、财政部共同组织实施的国家重大建设工程。该工程自启动以来，连续被写入中央一号文件。正是伴随着这些系列工程的开展，我国的公共文化消费也已经进入了信息化和网络化时代。

三、公共文化消费与著作权的规则设计

公共文化消费无论采取何种形式推进，都离不开受到著作权保护的作品。所谓的"内容为王"，就是要不断推动各种主体投身于文化艺术的创作，推出更多为群众所喜闻乐见的精品力作。公共文化消费的作品来源主要有三种途径：（1）政府供给。作品是政府及相关公益性的组织投资创作而成，形成公共作品。（2）政府采购。政府或者公益性的文化机构从社会上的众多作品中，由政府购买或者征得著作权人许可后使用作品，也可以是政府补贴商业性的文化机构或者文化消费者，减轻文化传播和消费的支出进而以低于市场价格的方式获取作品的消费。在某些情况下，政府或其他法律规定的公益性组织可以根据著作权限制规则，在利用作品时享受某些许可的豁免。（3）鼓励公共文化消费者自己创作。例如，政府鼓励农民保存、改编传统文化资源，或者编排、改造新的文化成果。上述三种情形中，如果公共文化服务机构能够采取有偿方式与每个著作权人进行谈判，获得明确的授权许可，自然不会发生纠纷。但是，公共文化消费毕竟有其特殊性，政府公共资金也不足以支持所有的授权需求。公共作品的使用、文化公益性机构著作权限制规则的认知和新兴公共文化服务形态的出现，与数字文化共享的现实举措叠加在一起，加剧了著作权利用的复杂性。例如，在浙江数字文化共享工程推进中，浙江图书馆就深切感受到这种复杂性。该图书馆在与浙江小百花越剧团商谈该团的演出剧目的信息网络传播权时，剧中有

一段音乐不是由剧团享有著作权，这就需要与该段音乐的每一个版权人去谈，授权谈判的难度非常大。在共享工程建设中，图书馆要对传统作品进行录入，或对拥有版权的一次文献编制题录、文摘、索引。数字化的过程中必然涉及著作权问题。不少公共图书馆的实务界人士就认为，如果不对数字图书馆设置法定许可制度、赋予参与共享工程的图书馆"法定许可"权利，数字图书馆则难以开展工作。

总体上看，著作权制度回应公共文化消费需求的特殊规则设计主要体现在以下方面：（1）允许公共教育机构根据合理使用和法定许可的具体情形，享受一定的使用作品特权。（2）允许图书馆、文化馆、档案馆、博物馆、纪念馆等基于一定的条件合理使用作品。同时，由于我国著作权法没有规定出借权，所以这些公益性的文化机构可以出借作品而不用支付报酬。（3）允许公共广播机构不用事先征得权利人同意，通过广播电视广播已经发表的作品、表演和录音制品（不包括电影类作品和录像制品），但是应该向权利人支付报酬。（4）允许盲文的出版和传播可以不必征得著作权人的同意，用以保护弱势群体的文化消费利益。（5）针对我国多民族文化现状和民族文化融合、理解认同的需要，允许将中国公民创作的汉语言文字文化作品翻译成少数民族语言文字在中国出版发行和网络传播。（6）基于扶助贫困的目的，允许以默示许可的方式传播用于支持农村文化发展的作品。关于教育机构、图书馆、广播电视等公益性文化机构在著作权制度设计中的特殊问题，较为复杂，后文将专题研究。除这三种普遍性的难题之外，当前公共文化消费著作权制度规则设计中，还应该考虑完善公共作品的著作权利用机制，改进基于扶助贫困的信息网络传播权规则，设立公益性的著作权基金。

（一）公共作品的著作权归属与利用

"公共作品"（public works）的概念首先出现在韩国文化体育观

光部 2010 年制定的《韩国公共作品著作权管理指南》中，后为《韩国著作权法》所采纳。《韩国公共作品著作权管理指南》第 2 条第 1 款将"公共作品"界定为"公共机构履行工作职责而创作或获得并管理的作品"。"公共机构"的范围很广，可以包括国会、法院、中央行政机构及其所属机构，地方自治团体等全部或部分性地使用了财政性资金的国家和地方组织。2014 年 7 月生效的《韩国著作权法》修正案引入了"公共作品自由利用"条款，除特殊情况外，事先许可国民自由利用公共机构创作或持有的作品，成为了韩国促进数据开放的新举措。❶ 事实上，公共作品在本质上就是"政府作品""皇室版权"（"议会版权"）或者"官方文件"，只是它比这些概念所涵盖的范围更为广泛，而且也更为准确地表达了公共机构创作作品的本质。我国《著作权法》规定，法律、法规，国家机关的决议、决定、命令和其他具有立法、行政、司法性质的文件，及其官方正式译文，不是著作权保护的客体，因此可以自由利用。但是，现有法律只考虑到公共作品中的某些具有特殊性质的文件，而不问及背后的创作主体使用资金的属性，实质上也会阻碍社会公众针对这些公共文化作品的自由消费。

公共作品是公共文化服务中政府和其他公益性机构向公众提供作品时的重要来源。公共作品采用了政府的公共财政资金，创作主体是所有的公共机构，其基本职能除了官方文件所承担的公共管理职能外，还包括大量的文化传播和公共服务职能。所以，仅仅将其中的官方文件排除出著作权保护之外，还不足以对公共作品进行限制，以实现其创作目的。公共机构运作经费通常来源于公众税收，导致其缺乏充分动力和激励去发掘作品价值，实现经济效益和社会效益的最大化。鉴于公共机构的非营利性以及公共信息对社会的特殊意

---

❶　有关公共作品自由利用的探讨，可参见王小丽："促进公共作品自由利用的版权政策初探"，未刊稿。

义，对这类公共作品的使用不应完全与私人作品一样，按照市场定价，这也是各国的普遍做法。❶ 为了促进公共文化产品的充裕供给，必须通过制度的设计将公共机构创作的作品推向市场，建立公共作品自由利用的法律框架。

（二） 基于扶助贫困的信息网络传播默示许可

为适应网络公共文化消费的现实需要，立法层面需要对网络著作权制度进行改革和创新。例如，为了扶助贫困，允许那些专为贫困区域的人们提供脱贫致富知识的网络服务提供者可以适用默示许可，虽然在一定的程度上导致自由分配的不平等，但是这正是分配正义原则的恰当体现。正是遵循这样的精神，《信息网络传播权保护条例》第 9 条规定，为扶助贫困，通过信息网络向农村地区的公众免费提供中国公民、法人或者其他组织已经发表的种植养殖、防病治病、防灾减灾等与扶助贫困有关的作品和适应基本文化需求的作品，网络服务提供者应当在提供前公告拟提供的作品及其作者、拟支付报酬的标准。自公告之日起 30 日内，著作权人不同意提供的，网络服务提供者不得提供其作品；自公告之日起满 30 日，著作权人没有异议的，网络服务提供者可以提供其作品，并按照公告的标准向著作权人支付报酬。网络服务提供者提供著作权人的作品后，著作权人不同意提供的，网络服务提供者应当立即删除著作权人的作品，并按照公告的标准向著作权人支付提供作品期间的报酬。适用此条款时，不得直接或者间接获得经济利益。从该条规定来看，它所要求的公告制度，并没有剥夺著作权人释出许可的权利，只是为了操作上的简单以公告的方式寻求著作权人的授权，并按照标准支付相应的报酬。如果著作权人在法定的 30 天内没有提出反对意见，则视

---

❶ 常永平、吴志鸿："美英信息资源公共获取模式比较研究"，载《上海高校图书情报工作研究》2014 年第 2 期。

为释出了默示的许可。❶ 在公告期满，权利人也可以提出异议，并要求网络服务提供者立即删除作品。这样的制度设计，并不完全等同于通常意义上的法定许可，有学者称为准法定许可。❷ 本质上而言，它是一种默示许可。❸ 可称为扶助贫困的信息网络传播权默示许可。

扶助贫困的信息网络传播权默示许可是在网络环境下保障公益性的文化服务机构向农村地区公众提供公共文化服务的制度形式。它要求相应的公益性网站向著作权人支付报酬，但是不需要征得权利人的明示同意。这种许可方式虽然节约了交易成本，但是也会存在一些问题。当大多数网站习惯于免费使用作品时，如何确保公益性的网站向农村地区提供公共文化服务，同时向著作权人支付报酬，的确需要在制度设计上进行更为周密的安排。因此应该完善扶助贫困的默示许可规则，明确可以提供的作品类型，公示有权进行默示许可的网站类型，同时以公益性的著作权基金保障这些网站可以有偿获得相应的作品和信息。

（三）公益性著作权基金的创立与运行

公共文化产品的供给要依靠政府、市场和社会多方力量，因此离不开著作权制度的激励和保障。政府在公共文化服务中起着主导作用，并不意味着政府大包大揽提供所有的公共文化产品。最重要的反而是制度激励，降低文化消费的各种瓶颈和障碍，通过著作权这种私权手段去激励创作更多适合老百姓欣赏观看的主流作品，提高群众文化工作者的积极性。现在，政府更多关注公共文化服务中的硬件建设，将资金主要用于推动文化设施的改扩建，或者用于资助

---

❶　李明德："信息网络传播权保护条例剖析"，载《台湾科技法律与政策论丛》2007 年第 4 卷第 2 期。

❷　王迁：《著作权法》，北京大学出版社 2007 年版，第 224 页。

❸　梅术文："信息网络传播权默示许可制度的不足与完善"，载《法学》2009 年第 6 期。

消费者和商业传播机构，却忽视了文化生产端的著作权保护，甚至采取牺牲著作权人利益推进文化建设，尤其是对著作权人的合理报酬缺乏资金支持。一些短期性的无视著作权人利益的公共文化消费模式从长期看有损良性的文化生产——消费生态。

现行著作权法为公共文化服务组织和教育机构设定了相应的著作权限制规则，用以保障公益性文化服务的合理展开，也间接保护了消费者的利益。但是法律对我国当前普遍存在的公益性文化服务呈现的扩张势头缺乏足够的制度关怀。最为集中的表现是，有关公共文化服务机构、教育机构提供公益性文化服务和扶助贫困活动的法定许可、默示许可规则，也因欠缺必要的资金支持而难以落实。因此，应该针对现实的需要，为乡村图书馆、文化下乡机构、文化扶贫组织等公共文化服务提供者设立著作权公益基金，用以支付公益文化服务产生的版税，既避免这些带有较强政策公益性的文化服务受到著作权人的追究，还可通过公权力的介入营造良好的有偿使用作品的文化氛围。

由此可见，无论是政府采购作品、创作作品还是鼓励公共文化消费者自己创作作品，都必须以尊重著作权为前提，以付费有偿使用为基本模式。在这个过程中，政府必须从各类支持文化服务和消费的财政基金中拿出一部分，作为支付著作权人的报酬。事实上，著作权公益基金的来源也可实现多渠道筹集。除了国家和各级政府应该有意识地从公共文化事业经费中划拨一部分作为著作权公益基金，支持公共文化服务机构支付著作权报酬外，还应该有其他的一些形式。例如，建立著作权提存制度，对于在5年内没有出现著作权人认领、保存在著作权集体管理机构的孤儿作品使用费，进入著作权公益基金。对于公共作品有偿利用形成的经费，也应成为著作权公益基金的一部分。这样就可以实现著作权基金的良性增长，为公共文化消费提供有力的财政保障。

第二节　教育文化消费中的著作权限制

　　教育是公共文化消费的主要途径，也是提高公民文化素质的基本方式。随着我国居民物质生活水平的改善，越来越多的民众更加重视子女教育和自我知识的更新，以应对知识经济和学习型社会的降临。在居民消费结构中，用于文化教育消费的部分越来越大，增长速度越来越快。我国恩格尔系数逐年下降，居民消费结构中教育文化娱乐服务方面的支出和所占比例在不断增加。相当一部分居民群体的消费中心开始向教育、科技、旅游及精神产品消费等领域转移，在文化娱乐、广播影视、图书出版、体育康复、旅游休闲等精神生活方面提出了更多更高的要求。❶现实的需求和技术的变革也正在深刻改变着教育的形式和性质。义务教育和规划教育之外的商业教育机构如雨后春笋般涌现，远程教育、慕课等新兴教育方式和手段层出不穷。在此背景下，有必要讨论教育文化消费中的著作权限制规则，不断推进相关规则的完善。

一、问题的提出

　　我国现行《著作权法》及有关的行政法规针对教育机构文化服务和民众教育文化消费进行相应的制度设计，相关的法律规定主要包括：（1）明确学校可以基于课堂教学或者教学研究，翻译或者少量复制已经发表的作品，供教学或者科学研究人员使用，但不得出版发行。❷（2）为实施九年制义务教育和国家教育规划而编写出版教科书，除作者事先声明不许使用的外，可以不经著作权人许可，在

---

❶　中共山东省委宣传部编：《文化产业知识读本》，山东人民出版社 2007 年版，第 44 页。

❷　《著作权法》第 22 条第 1 款第 6 项。

教科书中汇编已经发表的作品片段或者短小的文字作品、音乐作品或者单幅的美术作品、摄影作品，但应当按照规定支付报酬，指明作者姓名、作品名称，并且不得侵犯著作权人依照本法享有的其他权利。❶（3）为学校课堂教学或者科学研究，通过信息网络向少数教学、科研人员提供少量已经发表的作品属于合理使用。❷ 也就是说，一般的教育机构为课堂教学或科学研究目的通过互联网向教学、科研人员提供少量已经发表的作品属于合理使用。（4）为通过信息网络实施九年制义务教育或者国家教育规划，可以不经著作权人许可，使用其已经发表作品的片断或者短小的文字作品、音乐作品或者单幅的美术作品、摄影作品制作课件，由制作课件或者依法取得课件的远程教育机构通过信息网络向注册学生提供，但应当向著作权人支付报酬。❸ 上述规定中，（1）、（3）项属于著作权的合理使用，（2）、（4）则构成著作权的法定许可。从限制权利的类型和法律规定的性质来看，（1）、（2）项出现在《著作权法》中，表面看来针对的是一般的著作权类型，但是实质上仍只是指向复制权、翻译权、改编权；（3）、（4）项出现在《信息网络传播权保护条例》（以下简称《条例》）中，顾名思义是针对信息网络传播权进行的限制，显见是针对网络数字教育进行的特殊制度安排，但是否可以拓展到广播权、表演权等领域，则颇多疑问。上述规定，没有通盘考虑数字化复制、复制件及录音制品发行等与传播权有关联行为的性质，使得立法对于教育机构合理使用和法定许可的范围及其要件在立法上规定得过于分散，影响到立法的体系化构建。具体来说，现行法律规定的问题主要包括以下方面。

首先，我国教育机构基于教学和科研目的使用作品进行文化消费

---

❶ 《著作权法》第 23 条。

❷ 《信息网络传播权保护条例》第 6 条。

❸ 《信息网络传播权保护条例》第 8 条。

时，能够构成合理使用的情形较为狭窄，影响到学生、教师等消费者正当受教育权的实现。在实践的裁判中，针对教育机构为教学目的、在可控的教室及教学场所进行的广播、放映等行为，扩大解释适用合理使用规则，但是却缺乏明确的法律依据，因而引起学者的讨论和思考。例如，在北京北影录音录像公司诉北京电影学院❶一案中，法院认为，原告根据作者的授权拥有小说《受戒》的电影、电视剧改编权、拍摄权，吴某为完成改编课程作业将小说《受戒》改编成电影剧本，其改编行为虽未经原作品著作权人同意，但其改编目的是为个人学习之用，构成对他人已发表作品的合理使用。被告北京电影学院为教学之需将该剧本拍摄成电影，在校园内为教学观摩放映，也属于学校课堂教学中的使用，应该属于合理使用。但是后来将该片送到国外参展并使之进入公有领域的行为，超出了合理使用的范围，侵犯了原作品的著作权，应承担相应的法律责任。可见上述司法判决认为教学机构的放映行为也可以构成合理使用，这虽然符合立法的基本意旨，但是却并不符合成文法的明确规定。因为正如前述，我国《著作权法》对课堂教学中的合理使用，只是针对复制权和翻译权进行了限制，并不包括表演权、放映权等权利。

其次，教育机构在进行复制和翻译时出现了许多新的特征，能否适用合理使用，需要详细分析说明。教育机构的合理使用是否适用于数字化复制，现有的法律规定语焉不详。在法定许可方面，立法也只是进行抽象原则规定，如何操作有待具体的规范。《教科书法定许可使用作品支付报酬办法》于2013年10月22日公布，2013年12月1日起施行。其中对于何谓国家教育规划、教科书的性质和具体的付费方式等进行规定，但是在具体操作中仍有如何衔接、如何保障报酬支付等问题。

---

❶　北京市第一中级人民法院［1995］一中知终字第19号。

最后，我国的法律在规范教育机构的信息网络传播权合理使用方面较为简略。远程教学虽然是教学，但已超出了"课堂"的范围，而且对作品的复制不是少量的，并且涉及网络传输问题。因此，现有著作权法关于合理使用的规定并不能自动适用于远程教学，对于远程教学必须设置新的权利限制。❶针对新近出现的 MOOC（慕课）等新兴的网络远程教育方式，究竟可否适用合理使用，还是应该接受法定许可的调整存在争议。另外，在网络远程教育的合理使用规则中，《信息网络传播权保护条例》没有明确教育机构的主体范围、传播的客体以及传播的要求，更没有设定技术门槛，以保证该传播不会对权利人的利益造成不合理的影响。相反，对于远程教育机构的法定许可，则设置了比较严苛的条件，它不仅排除了专门利用网络开展在线教育的营利性机构对作品未经授权的利用，而且也否定了义务教育机构和执行教育规划的教育机构未经许可通过远程教育直接向注册学员提供作品。

二、教育文化消费与复制权、演绎权的合理使用

教育机构的主体是学生、教学人员、科研人员和管理人员，他们都会使用作品从事教学活动或者教育管理活动。各级、各类教学机构的教师、学生和研究人员，为了开展正常教学活动，可以自由使用他人已经发表的作品。这种使用方式可以是教师自己在图书馆等场所复印教学资料，也包括老师与学生在教学过程中复制少量的资料，例如，教师将一页复印资料发给学生用作课堂讨论。当然，这并不是说教学和研究人员复制已经发表作品的行为就构成合理使用。只有在这些主体为了课堂教学或科学研究目的的使用，才会享有合理使用的豁免。例如，学生完成作业及锻炼实践能力，复制已经发

---

❶ 李扬:《网络知识产权法》，湖南大学出版社2002年版，第118页。

表的作品，构成课堂教学必要的组成部分，该使用目的就符合课堂教学目的之要求。同时，这样的复制针对少量已经发表的作品，且不得出版发行。所谓的少量复制，实际上是与"三步测试法"的检验结合在一起。如果教学和科研人员复印整本书提供给学生，并且收取复印成本费，那么将跟作品的正常使用相冲突，同时不合理损害著作权人的合法利益，因此不能构成合理使用。

随着我国教育事业的发展，尤其是教育机构的多元化带来的影响，教学活动中的合理使用主体是否仅限于公益性的教学机构或者从事公共文化消费的学生、教师呢？或者说，诸如新东方、贵族学校等商业性的教育机构，是否也可以无需任何许可地免费复制、翻译各种作品呢？考虑到商业性的教育机构可以通过教学活动中的复制、翻译而收取高额的费用，并借此营利，已经超出合理使用的范畴。因此，商业性的教育机构在开展教学活动中的复制、翻译行为一般具有营利目的，或者已经构成商业化链条中的一个组成部分，虽然可以不需要征得著作人的许可，但是应该支付相当于通常使用费数额的补偿金。

至于在公共教育机构从事的教学活动，并不限于课堂教学或者科学研究，其实还包括辅导员、学校行政管理部门为推进教学活动而进行的必要复制或者翻译作品行为，对此也应该适用合理使用的规定。所以，在公共教育机构中担任教育工作的人，为教学目的使用时，均可在认定的许可范围内复制已发表的作品。但是，按照该作品的种类、用途以及复制的数量和状况，对著作人的利益有不当的损害时，则不在此限。实践中大量复制作品、影印教材、参考资料的情况较为普遍，这些行为已经严重损害到著作权人的合法利益。《英国著作权法》规定，教学活动中的影印复制的篇幅每季度不得超过该作品的1/10。新加坡允许为课堂授课需要，教育机构得复制一本书或电子文件5%。美国印刷业者代表、作者协会及教育界人士等于 1976 年共同提出"非营利性教育组织复制书籍及期刊的标准协议"（Agreement on Guideline for Classroom Copying in Not – For – Profit Educational Institutions with Respect to Books and Periodicals）。依照此份协议，教师、学生或研究学者为了学术或课堂中教育的用途，合法复制书籍中一个章节、期刊中一篇文章、短文、故事、诗、图表、图形，等等，如果须复制多份著作物，则会有较严格的规定。此份协议至今日为止，仍为美国众多学校及学术单位所引用来提醒师生及研究者相关之著作权规定。❶ 这些国外立法的实践表明，不论是个人目的复制还是教学活动中的复制，都应该控制在合理的份数之内，或者对复制的比例进行限定。

在某些情况下，考试活动所针对的服务对象虽不是在校的学生，但是却是遴选学生、选拔人才时所必不可少的环节，这时也可按照合理使用的规则对待。《日本著作权法》规定，为了入学考试或审定考核他人的学识、技能，在认定的限度内，可作为考核或考试的题目复制已发表的著作物。因此可参考这一规定，允许我国教育机构、政府机关在选拔人才时，在考试试题中使用已经发表的作品。

伴随网络数字技术的发展，各类数字化复制形式普遍见之于课堂教学之中。现行法律规定，在现场课堂教学中的少量复制行为，不论数字化复制还是模拟复制，均可适用合理使用规则。也就是说，为学校课堂教学或者科学研究，对已经发表的作品少量进行数字化复制，供教学或者科学研究人员使用，只要不出版发行，构成合理使用。实践中，教育机构数字化复制已经发表的作品，主要出现在远程教育中。远程教育一般是指利用数字技术，通过互联网开展的教学活动，它是一种学生在时间和空间上与教师分离的教学模式。远程教学的形式多样，目前，远程教学一般采用电子邮件、新闻组、

---

❶ 徐小波主持：《暂时性重制》，中国台湾智慧财产局 2004 年 5 月研究报告。

聊天室、电子布告板系统、可下载的录音、录像文件、课程管理结构程序、网站之间的超文本链接以及交互式 CD – ROM 和 DVD – ROM 等方式进行教学。远程教育随着网络技术的出现迅速发展，其中必然伴随着大量的数字化复制行为，对该行为必须严格加以限制：远程教育机构必须出于非营利性目的；远程教育机构经过数字化转化的作品必须不是商业性作品，并且其数字化样态在市场上无法购买，被转化为数字化形态的内容占一本书或电子文件 5% 以下；远程教育机构必须采取有效的技术措施防止复制件向非注册学员传播，以保证作品的使用不会不合理地损害版权人的合法利益。

我国的法律在规定教育文化服务中的复制权合理使用规则同时，还针对翻译权进行了同样的规定。这种翻译并非指向教学人员个人进行的翻译活动。个人翻译而不向公众提供的行为，没有给权利人带来任何不利影响，不在权利控制范围之内。所谓教学活动中的翻译，是翻译后向教师、学生或者科研人员提供的行为。不仅如此，教学活动中的其他演绎行为，如摄制、汇编等，也应该与翻译行为具有相同的性质，只要是基于教学目的向教学人员非营利性的提供，同样可以构成合理使用。

三、教育文化消费与传播权的合理使用

传播权包括表演权、广播权、放映权和信息网络传播权等权利形态。著作权法上的传播权只能控制公开传播行为。公开传播包括向不特定多数人的传播和特定多数人的传播两种。传统的教育是在封闭的学校进行，学员是经过考试、选拔或者满足一定条件后录取进入。学校传播行为的公开性不是体现在某一次课堂教学的封闭场合，而是满足一定条件的公众均可成为公共文化消费的对象，学校并无权阻止。同时学校的传播行为也会针对特定的多数人——全校的师生或者一定范围的广大师生。所以，学校的传播行为具有公开性，应

该受到著作权人的控制。在 1967 年斯德哥尔摩修订会议，法国代表团提交了一项对教育广播加以限制的提案。该提案的内容如下："最好明确规定，广播仅限于在教学机构或学校中播放的教育广播，以确保某些国家不能假借教育广播的名义向其大部分人口播出整个作品。"但这一提案却被否决。最终，会议决定：有关自由使用的规定"应该不加限制地扩大为涵盖广播"。❶《美国版权法》第 110 条第（2）项针对教学活动中的表演设定的限制条款，它为通过闭路电视播放非戏剧文学作品或音乐作品提供豁免。具言之，政府实体或非营利性教育机构在教学活动中，直接播放教学内容或与之实质相关材料，被教室或类似用作教学活动场所的学员、政府雇员或者那些无法进入教室的残障人士所接收，可以享受表演权的豁免。这说明，教育机构完全有权利为教学目的向学生、教师公开广播作品。根据利益衡量的规则，教育机构在教学活动中进行的放映、表演也应该被认为是合理使用。我国法院在案件裁判中也采取扩张解释的方法，将《著作权法》少量复制的规则延伸及于放映行为。为了避免案件适用中存在的不同理解，建议增加教育机构为教学目的、非营利性地进行广播、表演、放映的，构成合理使用。

上述传播行为中，网络传播最为特殊，也需要专门进行规范。教育机构的信息网络传播发生于两种场合：一种是针对在校学生进行的网络传播，一种是针对远程教育中的注册学员进行的传播。《条例》允许为学校课堂教学或者科学研究，通过信息网络向少数教学、科研人员提供少量已经发表的作品。这样的规定过于简略，在实践中会带来很多问题。它不利于保护公共文化消费者，因为不仅"少数""少量"的表述缺乏准确的标准，而且即便是提供完整的作品，只要满足一定的条件，也应该可以构成合理使用。它也不利于保护

---

❶ ［匈］米哈依·菲彻尔著，郭寿康、万勇、相靖译：《版权法与因特网》，中国大百科全书出版社 2009 年版，第 388 页。

著作权人，因为即便是少量的作品，在网络环境下如果不受控制的传播，也会给权利人带来灾难性的后果。因此，有必要进行完善。

美国在此领域有更详细的规范。2002 年 11 月 2 日，美国"21 世纪司法部预算授权法案（The 21st Century Department of Justice Appropriations Authorization，H. R. 2215）"中包括了"科技、教育与著作权协调法案（The Technology，Education，and Copyright Harmonization（Teach Act）"，❶ 修正了美国版权法第 110 条第（2）项，使得官方所认许的非营利教育机构，得以透过网络，对注册参与远距教学课程的学生，提供受版权保护的信息。在这项法案中，有以下内容：（1）得利用之行为人：政府或官方所认许的非营利教育机构中之教师或受其指示、控制之人。（2）可作之行为：进行网络传输或展示，亦得为进行法案所允许之网络传输或展示之目的而重制。可供传播的作品不包括专供网络教学使用而制造或营销之作品复制件；以及在传输或展示时，明知或有理由知悉系非法制造或取得之作品复制件。网络传播必须是作为一般课堂上教师教学使用之一部分，且属于教学者未超过一门课的一个班级上课情形之利用，而不适用于国民基本或初等教育中，学生原本应以购买方式取得教科书、学生课堂上使用数据或阅读数据等，以作独立学习或持有之情形。（3）利用目的：与通过网络所要教授的内容有直接关联及有实质帮助者。（4）对象：专供正式注册参与远距教学课程的学生，或者基于职务必须接收的政府部门职员。（5）附带义务：传输之人必须作以下行为：（a）清楚地对教职员、学生及相关工作人员提示版权法及相关法规之规定与应遵守之规定，同时要告知学生，所有课堂中的数据都可受著作权法保护。（b）要以技术措施防止以下情形的出现：在该课程学期结束后，让接收者继续接触该等内容；未经授权让接收

---

❶ H. R. Rep. No. 107 ~ 687，107th Cong.，2d Sess. 13（Sept. 25，2002）.

者将该等内容转给他人；该等作品复制件仅能由进行该复制行为的政府或官方所认许的非营利教育机构保存与使用。

在我国司法实践中，学校的官方网站转载他人享有著作权的文章，能否构成合理使用，存在不同的认识。例如，毕淑敏诉淮北市实验高级中学❶案。2008 年 4 月，因畅销小说《红处方》被淮北市实验高级中学网站刊载，作家毕淑敏认为其作品著作权受到侵害，遂将该校告上了法庭，要求学校停止侵权，向其赔礼道歉并赔偿经济损失。2008 年 11 月 18 日，淮北市中级人民法院对此案作出了一审判决，法院依据《信息网络传播权保护条例》规定："如果为学校课堂教学或者科学研究，向少数教学、科研人员通过信息网络提供他人少量已经发表的作品，可以不经著作权人许可，不向其支付报酬"，驳回了原告毕淑敏的全部诉讼请求，认为像学校这样的非营利性机构使用，不构成侵权。

毕淑敏不服一审判决，向安徽省高级人民法院提出上诉。2009 年 9 月底，二审安徽省高级人民法院在终审判决中认定，学校将毕淑敏的作品《红处方》登载在网络上，不构成用于课堂教学的合理使用行为，不属于法定许可的合理范畴。学校未经毕淑敏许可，在网络上登载她的涉案作品，而且未署名，并通过网络向不确定的网络用户提供涉案作品的浏览或下载服务，其行为已对毕淑敏所享受的著作权中的署名权造成了侵害，侵害了毕淑敏著作中的人身权利，应承担赔礼道歉的民事责任，并应赔偿 2.6 万元。

上述案件中，由于学校在提供毕淑敏的小说时，普通公众均可以通过网络浏览到该作品，所以已经超出了"教学科研人员"的范围，因此不能看做是合理使用。但是，如果学校采取了措施，为教学目的提供该作品，该作品的复制过程满足合法性的要求，且采取技术

---

❶ 安徽省高级人民法院民事判决书［2009］皖民三终字第 0014 号。

措施确保只有教研人员才可以利用作品，可以构成合理使用。

鉴于我国当前教育机构性质日益多元化，能够适用合理使用的只能是非营利性的教育机构，且属于教育机构中的教学、科研人员在教学活动中进行提供。能够从网络上获得作品等信息的只能是学生或者注册学员。因此，远程教育机构的合理使用有两种情形：其一，教育机构向在职员工和校内学生通过网络提供作品时的合理使用。也就是说，为学校课堂教学或者科学研究，通过信息网络向少数教学、科研人员提供少量已经发表的作品属于合理使用。其二，在特定情形下，非营利性教育机构及其控制的非营利性网站，可以向注册学员提供数字化复制品供教学、科研使用。上述合理使用的基本条件包括：（1）主体要件。进行网络传播的必须是非营利性教育机构，或者该教育机构控制的非营利性网站。（2）客体要件。所提供的必须是合法购买的数字化作品，不能是非法作品。教育机构将作品数字化复制后传播的，必须遵循复制权限制的要求。（3）目的要件。教育机构必须是为了课堂教学或者科学研究的目的，必须采取技术措施以合理方式阻止受众将版权材料保存到教学时间之外，或者合理阻止未经授权将其传播到学员之外的公众。

四、编写教科书或制作、提供网络课件的法定许可

编写教科书或者在网络远程教育中编写课件，编写者或者制作者一般是教育工作者，阅读者或者接收者一般是接受教育的学生或者学员，所以在本质上仍然是为了教育消费而进行的作品创作和传播。由于编写教科书或者制作课件向公众提供的行为已经超出了学校教学活动本身的范围，汇编或者制作过程中使用他人的作品，理应获得权利人的授权。然而考虑到我国九年制义务教育和国家教育规划作为公共文化服务的特殊属性，立法上专门采取了法定许可的制度安排。这表明，为实施九年制义务教育和国家教育规划而编写出版

教科书，在教科书中汇编已经发表的作品片段或者短小的文字作品、音乐作品或者单幅的美术作品、摄影作品，或者上述教育机构制作课件时使用少量作品向注册学生提供作品，适用法定许可。

长期以来，我国的一些出版社和著作权人不重视按照法定许可的要求向权利人支付报酬，使得本应执行的法律规则异化成为免费使用制度。《教科书法定许可使用作品支付报酬办法》（以下简称《办法》）力图改变这种状况，对法定许可的构成要件、支付报酬的方法、具体的付酬标准以及不支付报酬应该承担的责任等作出相应的规定，在一定程度上具有重要的制度引领价值。但是这一行政规章仍有其局限性，并不能完全解决上述问题。

第一，《办法》最大的不足，是停留在模拟环境时代，对于《条例》中有关制作课件法定许可的内容视而不见，这会让在网络远程教育中实际上已经普遍存在的未授权使用情形缺乏支付报酬的依据。远程教育过程中，授课内容主要以课件的形式提供，相对于传统课堂教学的教科书，远程教育使用的课件在内容上除了课本内容，还包括了大量参考资料，在形式上更多地采用了多媒体和互动式技术。[1] 课件的制作方或者是合法受让方在编写、提供远程教育课件中，如何按照法律规定的要求向著作权人提供报酬，相应的法律规定仍付之阙如。

第二，《办法》所限定的教科书范围过窄，不符合实际的情况，增加了法律执行难度。按照《办法》的规定，教科书不包括教学参考书和教学辅导材料。教辅与教材具有不同的性质，但义务教育与规划教育中的配套教辅与教材具有同等性质。《办法》将教学参考书和教学辅导材料全部排除在法定许可之外，要求这些书籍在出版时都要征得授权许可，但实际的情况是，出版社采取的做法仍是不告

---

[1] 张建华主编：《信息网络传播权保护条例释义》，中国法制出版社2006年版，第37页。

不理，谁找上门付谁钱，这种现象使得业内人士和著作权人反而希望采取法定许可的方式付酬，以避免各种谈判成本或者诉讼成本带来的不利。

第三，付费机制上法定许可与尊重当事人约定之间缺乏衔接机制。对于法定许可的报酬标准，《办法》明确由国务院著作权行政管理部门会同国务院价格主管部门制定、公布。在整个报酬的拟定过程中，事实上缺乏著作权人、出版社、教育机构之间的协商途径，利益相关人对于法定许可报酬只有被动遵循，没有主动的参与。当存在不同意见或者合理异议时，缺乏适当的争端解决程序，这使得每次公布的报酬标准不能得到利害关系人发自内心的确信和认同。加之，法定许可中没有例外协商付酬制度，❶ 当出现特殊情况导致统一付酬标准支付报酬显失公平时，当事人也不能通过法定的机制进行公平协商，并且在有关主管部门的监督下形成双方均可接受的付酬标准。

第四，编写教科书或者制作课件中涉及邻接权时，如何向邻接权人支付报酬，《办法》缺乏明确的规定。编写教科书或者制作网络课件的法定许可规则，同样适用于对出版者、表演者、录音录像制作者、广播电台、电视台的权利的限制，因此为编写教科书涉及专有出版权享有者以及版式设计权、表演者权、音像制作者权或广播组织权的享有者，也就是在利用录音制品、表演或者广播电视节目，也可以适用法定许可规则。《办法》第10条规定，教科书汇编者向录音制作者支付报酬的情况，但是在网络课件制作中，还会涉及表演者和录像制作者，因此，教科书汇编者、课件的制作者在利用作品过程同时涉及表演者和录像者的，也必须同时向这些邻接权人支付报酬。

---

❶ 于定明、杨静："论著作权法定许可使用制度的保障措施"，载《云南大学学报（法学版）》2007年第5期。

第五，《办法》对于法定许可使用报酬未支付时的责任力度仍偏轻微，缺乏足够的震慑功能。现实中，法定许可使用付酬状况不容乐观，大量作品使用人不按规定向著作权人支付报酬，而著作权人甚至无从知晓其作品被他人使用的现状。❶ 虽然《办法》第 9 条规定教科书汇编者没有按照规定支付报酬时的民事责任，但没有要求使用者对其不支付报酬行为承担惩罚性的报酬支付义务。《办法》也没有规定出版社、课件制作者必须承担将报酬支付信息公开披露的义务。

有鉴于此，建议从以下方面完善《办法》和制作、提供网络课件法定许可制度：（1）专门制定《制作、提供网络课件法定许可使用作品支付报酬办法》。在该办法中，明确法定许可付酬的主体范围、付酬标准和付酬途径，以及不付酬时应该承担的责任。在具体的内容上，可以参照《教科书法定许可使用作品支付报酬办法》的要求进行。（2）将法定许可的对象，拓展至与教课书配套的教学参考书和教学辅导资料。在进行公共文化消费和所要达到的目的上看，凡是为义务教育和国家教育规划所编写的一些教辅资料，也是开展课堂教学或者老师进行有效辅导的不可缺少一部分，应该与教材具有同等法律地位。（3）建立法定许可报酬协商和例外协商付酬制度。法定许可的标准必须经过听证会确立，利害关系人可以到国务院法制主管部门提请行政复议。在具体实施中，由于特殊情况需要调整付酬标准的，当事人可以提请国家版权主管部门调整，双方当事人就版权使用费达成一致的，应该尊重当事人的意思表示。（4）将法定许可的权利人范围拓展到表演者和录像制作者。教科书汇编者、课件制作者、合法授权者在汇编作品或者向公众提供作品过程中向表演者、录音录像制作者支付报酬的，适用前述两个办法的规定。

---

❶ 杨福军、胡马力："著作权法定许可使用费制度的完善"，载《辽宁工程技术大学学报（社会科学版）》2011 年第 1 期。

（5）建立公开披露信息制度。教科书编写、出版单位、课件制作者单位、合法取得课件的远程教育机构每年年初第一季度，应当向管理文字、摄影、音乐、录音等的著作权集体管理组织备案入选作品篇目、目录（标题、作者等）；集体管理组织应当及时公告。集体管理组织按照要求向权利人提供支付报酬和样书的信息，应该同时在集体管理组织和使用者的网站或其他类似平台上公告。（6）建立未及时提供法定许可报酬的惩罚性赔偿制度。教科书编写、出版单位、课件制作者单位、合法取得课件的远程教育机构未及时披露信息，或者披露虚假信息，或者未按照法定标准支付报酬，或者未提供样书的，应该支付法定报酬标准 3～5 倍的赔偿金。

第三节　数字图书馆建设中的著作权限制

数字图书馆是人类知识运用中的重大突破，也是图书馆职能在数字环境下的发展和延伸。数字图书馆文化消费的基本特征在于，可以接受到文化消费的对象不再局限于进入实体图书馆的读者，而是可以借助网络拓展到任何一个获准登陆的网民。传统图书馆在借阅和其他服务中，针对的读者数量可控，书籍借阅人数受到物质载体的限制，大学图书馆和其他公共图书馆的公共属性较为明显，其提供公共文化服务的职能突出。但是在数字图书馆建设中，图书馆在提供服务时可以超越时间和空间的羁绊，各种数字化复制、传播行为与著作权人的利益产生冲突。因此，有必要对数字图书馆建设中的著作权规则进行思考，有效应对可能带来的利益失衡问题。

一、问题的提出

我国已于 20 世纪 90 年代启动图书馆数字化建设工程。2000 年 4 月 18 日，由国家图书馆及其所属公司共同控股的中国数字图书馆有限责任公司成立，这是我国数字图书馆建设的基本标志。数字图书馆较之传统图书馆具有资源丰富、资料更新及时、传输速度快、储存方便、建设成本低等诸多优势，已经成为城乡公众接受最新文化观念和改善知识结构的最重要途径。从法律规定以及数字图书馆发展的现状看，现行法律框架显然对数字图书馆的发展仍然不利，可以说，数字图书馆正处于一个进退维谷的尴尬境地。❶ 我国许多大学的数字图书馆也基本上处于提供检索服务阶段，提供内容服务的较少，原因就是还不能容易的取得作者的授权，这并不是由于多数作者不愿授权，而是没有一个畅通的授权渠道。❷ 图书馆数字化建设中还可采用设置口令、客户认证等加密措施，它们的实施使读者不再可能出于学习、研究目的而进行作品的复制，传统的合理使用制度所确立的创作者、传播者与使用者之间的利益平衡机制因互联网上的付费观看系统而被打破了。❸ 相对宽松的制度环境，包括尽量为其提供合理使用作品的渠道，不仅能够在某种意义上减轻数字图书馆的经营压力，而且本身也有助于培育全社会重视文化建设、注重文化底蕴的时代精神。但是，由于数字图书馆里的图书是虚拟的，"图书内容一旦在互联网上传播，它将摆脱任何束缚，任何人都可以很容易的获得"，❹ 所以，数字图书馆建设中，又必须承担更多的义务保护著作权。

从国际上看，各种数字图书馆的建设方案不断推出，尤其是商业

---

❶ 蒋志培主编：《著作权新型疑难案件审判实务》，法律出版社 2007 年版，第 39 页。

❷ 张平："数字图书馆建设中的问题及对策研究：兼论著作权制度的改革"，载《著作权》2001 年第 5 期。

❸ 胡开忠："入世后中国版权国际化的战略调整"，载《法商研究》2004 年第 4 期。

❹ 宋慧献："超星：执着与求索"，载《中国版权》2004 年第 4 期。

化的公司在网络环境下敏锐捕捉到图书数字化的商机，从而不断创新各种图书数字化收藏和借阅模式。2003 年 10 月 23 日，亚马逊书店提出"Search Inside the Book"全文检索服务，读者可以从 12 万册书籍总计约 3 300 万页的数位化资料库中，透过收集系统键入关键词汇，查到特定书籍中该关键词汇出现的某一特定页及前后各二页，每人每次阅读不能超过 20 页。2004 年，谷歌公司对外宣布"Google Books"计划，计划扫描多个图书馆图书，建立世界上最大的数字图书馆，使全世界的图书都可在网络中搜索，利用"谷歌图书搜索"功能在线浏览图书或获取图书相关信息，达到人类共享知识宝藏的目的。这一计划推进过程中受到来自世界各地著作权人的坚决抵制，随后达成的和解协议也引起广泛争论。

数字图书馆毕竟是正处于发展阶段的新生事物，对于这样一个很可能改变将来国家文化教育模式和人们获取信息方式的极具潜力的事物，如果仅仅囿于现行著作权法律框架对其采取限制甚至打压的态度，显然是不明智的。❶ 但是，究竟在什么情况下，数字图书馆的建设者可以未经许可利用作品而无需征得权利人的同意，却必须有着明确的法律依据。一般来说，数字图书馆的建设要经过三个步骤：第一，把传统作品通过扫描等方式储存在计算机里，即将作品数字化；如果数字图书馆所获得的馆藏资源直接以数字化形式表现，则不需要经过此一阶段。第二，把已数字化的作品或数字作品制成电子数据库，存放在网络服务器的硬盘里。第三，公众根据需要访问服务器节点并由服务器把信息发送到自己主机的内存或缓冲区里，然后经由计算机的处理由显示器或音箱等输出设备把信息传递给公

---

❶ 蒋志培主编：《著作权新型疑难案件审判实务》，法律出版社 2007 年版，第 40 页。

众。❶ 上述过程中，数字图书馆面临着两个问题：其一，它能不能进行数字化扫描；其二，它能不能上传数字化作品至网络，包括馆内网络、馆外网络或者万维网等，或者将数字化作品在公众范围进行播放。不言而喻，对于著作权保护期内的作品而言，应该遵循"先授权、后使用"的基本原则。但是，法律也会考虑到图书馆的特殊文化地位，径行规定权利人可不经授权而使用作品。其中，不需要支付报酬的数字化扫描称为复制权的限制，不需要支付报酬的网络传播称为信息网络传播权的限制。

二、数字图书馆的性质与权利限制的必要性

从图书馆学的角度而言，数字图书馆是一个数字信息对象收藏，包括支持用户进行定位、检索和获取这些信息的对象的服务，组织和表现这些对象的方法以及将这些对象提供给用户的相关信息技术。❷ 按照这样的理解，数字图书馆具有以下基本特征：首先，数字图书馆是数字技术支持下的图书馆。它是一种数字化的、超大规模的、可以跨库检索的多媒体数据库，具有在统一标准下分布建构，在同一网络平台进行和可以不断扩展。❸ 其次，数字图书馆是形成数字资源系统化的图书馆。从运行上看，数字图书馆实现了"收藏数字化、操作电脑化、传递网络化、信息存储自由化、资源共享化和结构连接化。"❹ 再次，数字图书馆是实现功能智能化的图书馆。它

---

❶ 曹海荣："数字图书馆建设中的法律问题"，载《法律适用》2003 年第 10 期。

❷ 聂华："数字图书馆——理想与现实"，载《大学图书馆学报》2004 年第 1 期。

❸ 蒋志培主编：《著作权新型疑难案件审判实务》，法律出版社 2007 年版，第 36 页。

❹ 徐文伯："建设中国数字图书馆意义重大"，载《光明日报》2000 年 3 月 8 日。

以用户为中心，可以对文献内容进行自动检索，并且可以应用户的要求提供互动式服务。据报道，上海市图书馆讲座实现了网上"你点我播"，可以在线点播的讲座约 250 个。❶ 最后，数字图书馆是支持全球化服务的图书馆。数字图书馆彻底打破了时空的限制，不仅能够在有限的空间保存海量的信息，而且可以为全球读者提供信息化服务。

从著作权法的角度观察，数字图书馆是利用网络向用户提供数字化资源的内容服务提供者。❷ 它是作品、表演、录音录像制品和电视节目等信息的使用者。与普通内容服务商不同的是：首先，数字图书馆所收集的信息具有"海量性"，一般的内容服务商不可与之媲美。数字图书馆的建设会涉及更多的著作权人，也会需要更多的资金。其次，数字图书馆担负着特殊的文化使命。特别是对于国家图书馆、学校图书馆的数字化建设而言，它还是发展公益文化事业及保障人民基本文化权益的重要途径。

实践中，数字图书馆主要包括两种：（1）传统的图书馆在继续经营、传播模拟作品样态的同时，以内部网络或在线系统的形式在一定范围传播数字化作品形成的数字图书馆。在模拟环境下，我国的图书馆基本上是通过政府的财政支持而建立起来的，公益色彩浓厚，性质上更多的是公益事业单位而不是营利机构。特别是基于政府公共财政扶持力度的增加和公共文化服务体系构建的要求，不少传统的图书馆免费开放已经成为趋势。非营利性的图书馆如果承担了较大的责任风险和经济压力，不仅不利于自身的发展，而且还会损害广大读者的利益，制约新兴的网络服务产业的发展。（2）专门在网络上从事经营活动的数字图书馆，或者将模拟状态的作品通过

---

❶　"神州涌动八大文化热潮"，载《半月谈》2007 年第 22 期。

❷　蒋志培主编：《著作权新型疑难案件审判实务》，法律出版社 2007 年版，第 81 页。

数字化形式转化为数字作品并向用户有偿提供。这种类型的经济实体已经开始进入市场运行中，成为营利性的机构。营利性的数字图书馆在文化建设中也发挥着不可替代的作用，而且有些营利性的图书馆本身并不直接或间接获得经济利益，它们的营利来自社会的捐赠或其他事业。但是，发展营利性的数字图书馆最好的办法还是通过市场竞争来促其强大和进步，所以，运用市场机制解决其发展中的困难更为可行，数字图书馆和传统图书馆、自动化图书馆在适行上的差别可见表4-1所示：

表4-1　数字图书馆和传统图书馆、自动化图书馆运行上的差别

	数字图书馆	传统图书馆	自动化图书馆
工作中心	用户	馆藏	馆藏
馆藏形式	数字信息资源	印刷型	印刷型及少量电子出版物
工作方式	对文献内容进行自动化加工	手工作业	对书目数据及专题数据库进行自动化加工
检索手段	对文献内容进行自动检索	手工检索卡片	对书目数据及专题数据库进行自动化检索
服务对象	面向全球读者提供网上服务	为到馆读者服务	以到馆读者服务为主，在一定范围内提供文献传递服务
馆藏加工	加工，并使馆藏具有增值效应	不加工	基本不加工

（资料来源：刘炜、刘年娣："国内数字图书馆研究评述"，转引自田捷：《数字图书馆技术与应用》，科学出版社2002年版，第2页。）

针对此种境况，学者们提出要区分不同类型的数字图书馆，作为拟定具体法律规则的基准。但是在如何界分上述两种不同类型的图书馆问题上，存在着学术上的分歧：一种观点认为，应以公共性和非公共性划定数字图书馆。例如，国家版权局版权司对公共图书馆做出如下的解释：由政府部门出资成立，非营利性的传统图书馆均

应该属于公共图书馆；而私营企业建设的盈利性数字图书馆均不属于公共图书馆。国家图书馆、各级政府图书馆、高校图书馆、科研机构图书馆等均属于公共图书馆的范畴。❶ 第二种观点认为，应以营利性和非营利性作为划分数字图书馆的基准。图书馆之所以得到合理使用豁免，根本原因在于它的公益性，在于公益性的图书馆服务体现了一种社会公共利益，体现了著作权保护促进知识和信息普及，促进科学文化繁荣的精神。❷ 对于第一种观点，中国的图书馆界并不认可。他们认为，按照国际上通行的图书馆划分办法，公共图书馆是指由政府投入经费、面向所有社会公众免费开放的图书馆。国家图书馆并不是纯粹意义上的公共图书馆，因为"国家图书馆的服务内容包括三个方面：一是为国家政府立法决策提供大量资料；二是为重点教学、科研生产服务；三是向社会公众提供服务。"❸ 同样地，高校图书馆也会因为在职能上只为本校师生服务，并不向社会公众开放，也不属于公共图书馆。事实上，立法者所要述及的公共图书馆，与图书馆学界的理解出现了歧义。而推敲背后的本质，立法所要表达的公共图书馆，其要旨还是在于该类图书馆的运营经费不是来自企业，而是来自国家；其所承担的职能，不在于通过经营活动获得市场利益，而是为了公共文化生活。就此而言，依照营利性和非营利性划分数字图书馆，似乎更为准确。

正是由于数字图书馆发生的重要变化，区分营利性和非营利性是

---

❶　参见国家版权局公布的《信息网络传播权保护条例》（征求意见稿）。

❷　黄欣："《信息网络传播权保护条例（草案）》中的版权限制之争"，载《信息产业与信息服务业》2007 年第 1 期。

❸　何为："未授权就传播出版界说 NO"，载 http://www.cbbr.com.cn/info_3524.htm，2008 年 11 月 5 日访问。

规制数字图书馆的必由之路。❶ 美国 DMCA 第 1203 条和第 1204 条为非营利性的图书馆提供侵权行为免责条件。欧盟《信息社会版权指令》第 5 条第（2）款（c）项的权利限制和例外，也只是针对不以直接或间接的经济或商业利益为目的且对公众开放的图书馆进行的特殊复制。我国《信息网络传播权保护条例》第 7 条规定信息网络传播权合理使用时，要求图书馆不得直接或间接获得经济利益，体现了区分营利性与非营利性的精神。笔者认为，数字图书馆在国家文化发展中起着非常重要的作用，它是广大社会公众廉价获取知识的最佳途径。对于数字图书馆的限制机制，应该着重从图书馆的特殊性和类型多元化角度来为其设计制度规则，促进图书馆等在网络环境下分享作品利益，实现公共利益的增长。

三、数字图书馆建设与复制权的限制

我国《著作权法》第 22 条规定，图书馆、档案馆、纪念馆、博物馆、美术馆等（以下简称图书馆等）为陈列或者保存版本的需要，复制本馆收藏的作品属于合理使用。《信息网络传播权保护条例》第 7 条也规定，图书馆可以依法为陈列或保存版本需要以数字化形式复制作品。所谓为陈列或者保存版本需要以数字化形式复制的作品，应当是已经损毁或者濒临损毁、丢失或者失窃，或者其存储格式已经过时，并且在市场上无法购买或者只能以明显高于标定的价格购买的作品。

在境外，图书馆等公益性机构也享有复制权的例外特权。《日本著作权法》第 31 条规定，向公众以提供使用为目的的图书馆和政令规定的其他设施（以下在本条中称为"图书馆等"），在下列场合，作为非赢利性事业可从图书馆等的图书、记录或其他资料（以下在

---

❶ 为区分营利性或非营利性，可以在文化管理规定中明确图书馆非营利性的具体条件和备案程序。

本条中称为"图书馆资料")复制著作物。(1)应图书馆等的使用者的请求,为供其调查研究用,可提供已发表著作物的部分(发行后经过相当时间,在定期刊物上登载的每篇著作物,则为全部)复制品,并限于一人一份。(2)为保存图书馆资料的需要。(3)应其他图书馆等的请求,提供因绝版或与此同类理由,而一般难于到手的图书馆资料的复制品。英国认为,在图书馆为个人学习、研究使用代为复印时,复制限于杂志中的一篇文章,或出版物的一部分。

　　有关图书馆等机构数字化复制的合理使用,美国有详细的规范。美国1995年发布的《知识产权和国家信息基础设施白皮书》允许图书馆对作品制作三个数字化形式的复制品。❶ 该建议得到了1998年《美国数字千年版权法案》的认可。应该指出的是,美国的立法在数字化复制方面着力很多,内容规定得非常详细。❷ 关于图书馆等机构在网络中下载、复制作品行为的性质,1997年年底生效的《美国网络反盗版法案》中规定:从网络上下载、拷贝未经版权人授权的文字、音乐和软件等数字文件的行为为非法。因此图书馆未经版权人许可,不得擅自对有关作品破解后进行下载和拷贝。但是,《美国数字千年版权法案》第1203条和第1204条规定:非营利性的图书馆、档案馆、教育或公共广播机构在符合一定的条件下可以就其侵权行为免责,条件是:(1)图书馆等机构的侵权行为须具有非营利性。(2)经法院认定图书馆等机构是"无知违法",即图书馆要证明自己未意识到其侵权行为构成违法,且没有理由认为自己的行为构成违法。这一规定为图书馆利用网络上的作品向读者提供检索服务提供了便利,也为图书馆职员借助内部网络交换作品提供了豁免,有助于图书馆利用存在于网络空间的资讯为读者提供服务,减少了图书

---

　　❶ Information Infrastructure Task Force, the Report of the Working Group on Intellectual Property and the National Information Infrastructure, Sept, 1995.

　　❷ 可参考《美国版权法》第108条,共计规定了9个方面的内容。

馆数字化复制或传播的风险，应该是可以借鉴的立法规定。

在数字网络环境下，图书馆的数字化复制能力得到大幅度的提升，其具有的好处是，可以将所有类型的作品转化为数字化格式，节约了图书储存的空间资源，也便于图书的收藏和保管。其存在的缺陷，如果不通过适当的途径规制图书馆的数字化复制行为，将可能出现图书的替代市场，严重损害权利人的利益。从这个意义上讲，现行法律对于图书馆进行数字化复制的调整仍是不全面的，需要探讨的内容依然很多。一般说来，图书馆进行数字化复制与复制权合理使用的关系，可以从以下方面进行分析：

（1）应读者的请求进行数字化复制。如果图书馆应读者的要求，借助数字复印设备，复制纸质的文本，只是收取必要的成本费用，这种情形应该属于合理使用。但是考虑到这种合理使用也应该与私人复制相互协调，所以存有数量上的限定。如果图书馆应读者请求，提供的是数字化格式的作品，此时则应该分别情况来进行讨论。当图书馆提供的是未曾出现数字化格式的作品，例如，将馆藏作品数字化扫描后出借，这应该不被允许。但是如果是已经合法出版且本馆收藏的数字作品，则可以应读者的请求对该数字作品进行数字化复制，但是复制的数量受到限制，且复制的客体不能是视听作品、计算机软件等作品。需要说明的是，如果图书馆在应读者请求进行数字化复制后除收取必要成本外获取了报酬，则显然会与图书的著作权人形成市场竞争关系，损害了权利人的利益，不应允许。

（2）应其他图书馆的要求，为其进行数字化复制。通常情况下，这种数字化复制不应被认定为合理使用，因为这会成为其他图书馆绕开权利人的合法市场获取作品的有效途径，损害权利人的利益。但是，如果绝版或者濒临毁损的作品，在馆藏图书馆愿意的情形下进行的数字化复制，并且无偿提供给请求方的行为，应该属于合理使用。

（3）数字化复制本馆收藏的作品。对此，我国法律已经有明确规定，只能是为陈列或者保存版本需要，数字化复制已经毁损或者濒临毁损、丢失或者失窃，或者其存储格式已经过时并且在市场上无法购买或者只能以明显高于标定价格购买的作品。

（4）对于非营利性图书馆等机构利用本馆收藏的作品制作数字化复制件的规定。非营利性图书馆等机构为了保存版本或者是馆际交流等目的，有时也需要对有关作品进行数字化复制，而这些行为都是非营利性的，不会影响作者的经济利益和其他权益，所以应当纳入合理使用的范围。但是为保护著作权人的利益，必须增加限定条件，包括：①作品数字化的不可避免性，也就是说，如果市场上存在相应的数字化作品，则图书馆等机构不得进行数字化复制。②目的限制，应该为保存版本或馆际交流目的。③主体限制，仅限于非营利性图书馆。④数量限制，这样的数字化复制件应该在 3 份以内为妥。

（5）非营利性图书馆等机构利用网络上已经传播的、可自由下载的作品提供豁免条件。非营利性图书馆等机构在网络上下载、复制未经版权人授权的文字、音乐和软件等数字化作品时，如果并非直接故意导致侵权行为的发生，则不应承担赔偿损失的责任。该规定的要件包括：其一，必须是非营利性图书馆等机构的下载和复制行为，因为对于非营利性图书馆而言，其下载和复制的主要目的在于保存相应文档并提供检索服务，非营利性决定这种下载复制行为类似于"基于教学研究目的的复制"；其二，该种豁免只适用于网络上已经传播并且可以自由下载的数字化作品，它排除了图书馆等机构直接将馆藏的作品数字化的行为；其三，图书馆等机构必须是非直接故意，如果有意将下载后的作品在其他网络提供或者将复制品有偿提供其他用户，则构成侵权；其四，如果权利人发现图书馆等机构的下载、复制行为后认为这会损害自己的利益，可以要求图书馆等机构停止下载、复制行为，但不得要求赔偿损失。

四、数字图书馆建设与信息网络传播权的合理使用

图书馆能否以及在何种条件下适用信息网络传播权的合理使用，在《条例》制定前就存在广泛争议。一种观点认为，图书馆是以公益事业为目的的单位，将图书上传到网络上向公众传输也是非营利的，因此图书馆等应属于合理使用作品的范畴。另一种观点认为，图书馆等机构一旦将作品上传到网络上，就会有很多人浏览该作品，这对作品的销售会产生影响，会影响著作权人的合法权利。❶ 如果一部作品一经出版，图书馆就可以马上通过信息网络向馆外读者提供，无疑会打击出版社出版新书的积极性。此后，立法机关曾经考虑在新书出版一定时间后图书馆可以通过信息网络向馆外读者提供，但这样对出版社出版畅销书不利；又考虑规定图书馆通过信息网络可以向馆外读者提供脱销作品，但实践中证明图书脱销比取得权利人许可还困难。因此也不足采。最后，《条例》参考国外法例，规定在一定条件下，图书馆向馆舍内读者通过信息网络提供作品可以不经权利人许可也不向其支付报酬的合理使用制度。❷ 也就是说，图书馆可以不经著作权人许可，通过信息网络向本馆馆舍内服务对象提供本馆收藏的合法出版的数字作品和依法为陈列或者保存版本的需要以数字化形式复制的作品，不向其支付报酬，但不得直接或者间接获得经济利益。当事人另有约定的除外。❸ 由此可见，《条例》规定图书馆等在网络空间传播作品适用合理使用的条件是：（1）仅限于

---

❶ 屈茂辉、凌立志：《网络侵权行为法》，湖南大学出版社 2002 年版，第 152 页。

❷ 张建华主编：《信息网络传播权保护条例释义》，中国法制出版社 2006 年版，第 33～34 页。

❸ 《信息网络传播权保护条例》第 7 条规定。

向本馆馆舍内服务对象提供作品。为了表明自己是向本馆馆舍服务对象提供，图书馆应采取合理的技术措施和防范措施保证非本馆馆舍服务对象获得该作品，并防止服务对象的复制行为对著作权人利益造成实质性损害。（2）限于提供本馆收藏的合法出版的数字作品和依法为陈列或者保存版本的需要以数字化形式复制的作品。根据解释，所谓为陈列或者保存版本需要以数字化形式复制的作品，应当是已经损毁或者濒临损毁、丢失或者失窃，或者其存储格式已经过时，并且在市场上无法购买或者只能以明显高于标定的价格购买的作品。至于"本馆收藏的合法出版的数字作品"，则是指图书馆等通过购买、接收赠予等方式合法获得的用于馆藏的电子图书资料等。（3）图书馆不得直接或者间接获得经济利益。这将营利性图书馆排除在外。（4）权利人可以通过约定形式排除合理使用的适用。

在陈兴良教授诉中国数字图书馆有限责任公司案❶中，北京市海淀区人民法院认为，图书馆是搜集、整理、收藏图书资料供人阅览参考的机构，其功能在于保存作品并向社会公众提供接触作品的机会。图书馆向社会公众提供作品，对传播知识和促进社会文明进步，具有非常重要的意义。只有特定的社会公众（有阅览资格的读者），在特定的时间以特定的方式（借阅），才能接触到图书馆向社会公众提供的作品。因此，这种接触对作者行使著作权的影响是有限的，不构成侵权。被告数字图书馆作为企业法人，将原告陈兴良的作品上传到国际互联网上。对作品使用的这种方式，扩大了作品传播的时间和空间，扩大了接触作品的人数，超出了作者允许社会公众接触其作品的范围。数字图书馆未经许可在网上使用陈兴良的作品，并且没有采取有效的手段保证陈兴良获得合理的报酬。这种行为妨碍了陈兴良依法对自己的作品行使著作权，是侵权行为。数字图书

---

❶ "陈兴良诉数字图书馆著作权侵权纠纷案"，载《中华人民共和国最高人民法院公报》2003 年第 2 期。

馆否认侵权的辩解理由，不能成立。

在上述案件中，被告一直辩称该公司基本上属于公益性事业，建立数字图书馆的目的是为适应信息时代广大公众的要求。但实际上，以公益性图书馆名义进行的数字图书馆建设，实质上并不具有公益性。该案的启示正在于：规制图书馆等机构对信息网络传播权的合理使用，必须区分它们的实际性质，而图书馆等机构性质判定的关键，在于其是否为真正意义上的非营利性机构。对于那些徒有其名的"数字图书馆"，应适用授权许可的规则；只有那些以"公益性"与"非营利性"为取向的图书馆等机构，才可以适用合理使用豁免。而即便是适用合理使用免责，也不是没有限度的。换言之，所谓的非营利性图书馆等机构不仅不应从数字化传播中获取利润，而且也必须采取相应的措施保证接触作品的时间、空间和人数被控制在一定的范围，并且不得提供作品的下载和复制功能。

这就是说，图书馆等机构在数字环境下的技术潜力有别于传统情势，它既为实现图书馆的"借阅""传播"功能提供了便利，也为合理使用的有效控制提供了技术条件。图书馆数字化建设中可采用设置口令、客户认证等加密措施，它们的实施使读者不再可能出于学习、研究目的而进行作品的复制。❶ 数字化技术完全可以做到将阅读者的范围控制在特定的时间和空间，并保障著作权人的其他权益不受到实质性的损害。在图书馆等机构的数字化建设中，必须以相应的技术措施保证它们的服务不溢出公益范围。

各国关于图书馆等机构在网络传播中能否适用合理使用的规定，有两类立法例：第一类立法例是从维护权利人利益的角度出发，对合理使用进行严格的限制，仅仅规定图书馆为保存版本的需要制作数字复制本的合理使用，基本没有规定网络传播的合理使用。如美

---

❶ 胡开忠："入世后中国版权国际化的战略调整"，载《法商研究》2004 年第 4 期。

国、日本。第二类立法例既规定了图书馆为了保存版本的需要制作数字复制本的合理使用，又规定了一定情形下网络传播的合理使用，如欧盟、澳大利亚和加拿大。鉴于图书馆的特定文化功能和我国的实际情况，根据前述立法调整思路，详细规划我国图书馆在网络传播中的合理使用，应该是可行的选择。

在我国台湾地区的"著作权法"中，还允许图书馆得复制硕博士论文摘要、期刊学术论文摘要、研讨会论文或研究报告摘要，以供图书馆制作书目、摘要检索系统。该制度的施用对于优化学术研究环境产生非常正面的影响。有学者建议将其拓展到网络传播过程，认为这"对于利用人而言，增加搜寻文献的便利性与完整性。对于著作权人而言，则增加著作被利用的机会"。❶ 因此其是图书馆、利用人和著作权人三方都获益的制度设计。这样的建议具有启发意义。当下，我国一些非营利性图书馆尤其是大学的图书馆通过网络随意提供硕博士论文全文，一些营利性图书馆在网络上提供论文摘要的同时，以付费系统收取利用者使用费后未经授权即提供论文全文。它们以公告形式要求著作权人与其联系订立授权合同，并错误地将权利人的无异议行为认定为默示许可，严重侵害了著作权人的权益。以上种种违法行为需要法律规制。

基于以上分析，《条例》对图书馆的信息网络传播权合理使用的规定，依然存在四个主要问题：其一，仅仅限于规范本馆收藏的数字化作品，将营利性和非营利性图书馆在互联网上提供其他数字作品一律认定为需要借助授权许可，而这可能影响公益性图书馆的公共文化服务功能的实现。其二，没有规定非营利性图书馆通过本馆的网络阅览系统供馆外注册读者阅览本馆收藏的数字作品的合理使用，而这恰恰是未来利用网络发展公共文化建设、缩小城乡"数字

---

❶ 赖文智：《图书馆与著作权法》，益思科技法律事务所 2002 年版，第198 页。

鸿沟"的制度依据。2005年国家版权局公布的《条例》（草案）第6条规定，除著作权人事先声明不许使用的外，公共图书馆符合下列条件时可以适用法定许可：（1）提供网络阅览的图书已经合法出版3年以上。（2）阅览系统不提供复制功能。（3）阅览系统能够准确记录作品的阅览次数，并且能够有效防止提供网络阅览的作品通过信息网络进一步传播。这一妥协性的法定许可而不是合理使用的限制虽然还是由于著作权人和出版业界的反对没有最终确定下来，但是其关注图书馆向馆外读者提供作品的初衷值得肯定。事实上，只要为该种馆外传播的形式和内容增加适当的限制条件，并辅之以制度的创新和政策的平衡，著作权人和出版者的利益均可得到保障。其三，没有区分公益图书馆与当前日益增多的私人图书馆，从而在立法上一视同仁，并进而将某些本应强调的合理使用情况忽略掉，制约了公益文化事业的发展。其四，没有规定图书馆传播特定类型作品，例如，学位论文、学术论文摘要等的合理使用情形，既导致当前日益增多的侵权行为没有据以制裁的法律依据，也影响图书馆适度传播特定类型作品的积极性。为了更好地发挥数字技术在图书馆建设中的功能，保障广大读者进行文化学习和接受教育的权利，建议修改《条例》第7条，在图书馆的合理使用规则方面做出以下的法律应对。

（1）各种性质的图书馆一概适用的信息网络传播权合理使用情形。图书馆通过本馆的网络阅览系统供馆内读者阅览本馆收藏的合法出版的数字作品和依法为陈列或者保存版本的需要以数字化形式复制的作品，满足以下条件的，可以不经权利人同意，也无须支付报酬：其一，主体要件：该图书馆不管是私人经营还是公共性质，只要它不以直接获取经济利益为目的即可；其二，技术要求。图书馆采取了相应的技术措施，例如，阅读系统不得提供复制功能，并能有效防止该作品通过信息网络进一步传播等。其三，作品要件，即本馆收藏的合法出版的数字作品和依法为陈列或者保存版本的需要以数字化形式复制的作品；其四，利益分享限度，即不得实质性地损害著作权人权益，必须是出于公共文化事业目的。

（2）非营利性图书馆向馆外读者提供数字化作品的合理使用。除著作权人事先声明不许使用的外，非营利性图书馆在符合条件的情况下，可以不经其许可，通过本馆的网络阅览系统供馆外注册读者，提供本馆收藏的合法出版的数字作品和依法为陈列或者保存版本的需要以数字化形式复制的作品。该规则的基本要求是：其一，提供网络阅览的数字化作品已经合法出版3年以上；其二，阅览系统不提供复制功能；其三，阅览系统能够准确记录作品的阅览次数，并且能够有效防止该作品通过信息网络进一步传播，同时防止终端用户的下载或复制。其四，向馆外读者提供的数字化作品在类型上受到限制，一般不适用于音乐作品、图形作品和电影类作品。

（3）图书馆向读者提供学位论文摘要、期刊学术论文摘要、研讨会论文或研究报告摘要，以供图书馆制作书目、摘要检索系统，可以不经权利人许可，不向其支付报酬。该规则的基本要求是：其一，主体方面，公益性或营利性图书馆均可通过信息网络提供特定类型作品的摘要，用以建置全文检索资料库。其二，客体方面，仅限于学位论文摘要、期刊学术论文摘要、研讨会论文或研究报告摘要。其三，合理使用的限度方面，只能是提供论文摘要，而且应该采取措施避免利用者接触到论文全文。质言之，任何图书馆要想在网络上提供学术论文的全文，都必须通过集体管理组织或者是主动与著作权人联系，取得合法授权。那种以公告形式单方面要求著作权人与其联系订立授权契约的经营模式，将被认定为非法。

第四节　"三网融合"视野下的广播权及其限制

广播电台、电视台是进行公共文化消费的主要渠道之一。传统法律框架下，广播电台、电视台广播作品享有一定的"特权"：允许对著作权人的广播权进行必要的限制。广播权所控制的传播行为本质上属于公众中的成员在自己选择的地点、根据既有的时间表接受节目信息，具有"异地同时"传播的性质。它能够控制初始广播、附随性公开接收和同步转播等行为。虽然国际公约允许各国就广播权的限制进行规范，但是结合"三网合一"下互联网、广播电视网和电信网走向"一体化"的趋势，为广播组织利用广播权设定宽泛的法定许可规则不具有正义性和效益性。利用家庭装置进行的附随性公开接收行为是一种特殊的"二次传播"，应该属于合理使用。此外，有线、卫星、网络、数字广播电视组织等机构在不改变节目信号内容的情况下的同步转播，可以适用法定许可规则，在征得初始广播机构同意的前提下，不再需要征得著作权人的同意，但应该向权利人支付报酬。

一、问题的提出

按照《伯尔尼公约》❶ 的规定，广播权是以无线方式公开广播或者传播作品，以有线或者转播的方式向公众传播广播的作品，以及通过扩音器或者其他传送符号、声音、图像的类似工具向公众传播广播的作品的权利。毫无疑问，广播权控制广播行为。但何谓广播，却有一个技术发展的过程。随着传统技术和数字技术、传统产业和数字内容产业的交融，数字传播技术被运用到更广阔的空间和领域，深刻影响着广播权的控制范围和限制途径。以"三网合一"为标志的"网络一体化"（convergence）背景下，互联网、广播电视网和电信网所提供的服务方式和服务内容日趋一致，带来了一系列的法律问题。

---

❶ 《伯尔尼公约》第 11 条之二第 2 款。

"三网合一"推动了传统通信工具向信息传播终端的转变。其代表性的技术体现是第三代通信技术（即 3G，全称为 3rd Generation）下的手机网络的传播。传统意义上，手机是一种通信工具。在手机可以上网的技术背景下，手机的功能就溢出了通信工具的范围，而与电视、广播和网络服务提供者联系起来，能够接收由数字媒介提供的广播信号。这些手机数字媒体自己播放各类作品，或者通过同步直播的方式转播传统广播电台播放的节目，个人可以借助手机终端予以接收，这种以电信方式而非信号、光缆进行的传播，从技术特征上看，能否归入广播权控制范畴，绝非不言而喻。

随着"三网合一"的运用，广播电台、电视台的业务经营领域也不断拓展。通过数字电视线路交互式、多流量、按需要播放节目成为可能。一些城市还架设了 IPTV 有线电视服务，用户可以借助固定装置在自己选定的时间回放"节目"。广播电视组织的性质发生很大改变。传统的公益性定位不完全符合其实际运营情况。数字电视的收费不仅已经相当普遍，而且在价格上远远高于卫星有线电视。同时，数字技术的发展也为广播电视组织的营利提供了可能。作为公共价值观普及和社会舆论导向的工具，广播电视组织的公共属性依然不能否认，但是其性质的变化却毋庸置疑。2009 年 11 月 17 日，国务院公布《广播电台电视台播放录音制品支付报酬暂行办法》（以下简称《付酬办法》）。根据该规定，自 2010 年 1 月 1 日起，广播电台、电视台未经著作权人许可播放已经出版的录音制品的，需向著作权人支付报酬。这是我国广播权法定许可制度建设中具有重要意义的事件。❶ 但在"三网合一"技术下，允许广播电台、电视台就其所有的首播、重播和转播行为适用法定许可，是否符合利益衡量的要求？其他网络电视台、数字媒体在进行转播时能否享有法定许可的豁免？对这些问题的回答，需要反思广播电视组织广播权法定许可的合理性，检讨相关的法律规则。

"三网合一"还改变了传统的网络。不少网站开始直播、转播广播电视节目，网络广播电视应时而生。目前，传播学学者所倡导的Web3.0技术，则更是要让交互式传播和网络广播共存于同一媒介，实现综合传播平台打造，用以自如便捷地浏览信息、观看电视和收听广播。在"成功多媒体通信有限公司诉北京时越网络技术有限公司信息网络传播权纠纷案"❷ 中，被告在互联网上"定时播放"原告享有信息网络传播权独家许可权的电视连续剧《奋斗》，这一行为应该属于广播权还是信息网络传播权控制，网络广播电视组织能否适用广播权法定许可规则，引起诸多争议。

总之，我国现行著作权法对于广播权的规定较为薄弱，既有的条款存在一些无法跟进新技术发展需求的弊端。具体表现在：其一，没有对广播权能够控制的行为进行合理的界定。因循传播媒介无线或有线作为标准，而不是根据传播行为的本质特征来划定广播权与其他传播权的界限。其二，对于广播权的合理使用规定得不详尽。《著作权法》第 22 条是建立在"复制权基础主义"的前提下，对包

---

❶ 谷建芬老师在接受采访时曾表示，"我在全国人大 15 年常委的重点工作就是解决广播权的问题，但是直到我退休，这个问题还是没有完全解决。"应该看到，随着《付酬标准》的出台，谷老师的心愿已经在一定程度得到实现。参见周奕："谷建芬：退休了，我还会继续维权"，http://ip.people.com.cn/GB/139288/8829905.html，2009 年 12 月 31 日访问。

❷ 参见北京市海淀区人民法院 [2008] 海民初字第 4015 号民事判决书、北京市第一中级人民法院 [2008] 一中民终字第 5314 号民事判决书。

括广播权在内的传播权合理使用重视不够，没有规定附随性公开接收的合理使用条件。其三，需要根据技术的发展进一步反思广播权的法定许可规则。是以主体为标准还是以传播行为特征为标准来划定法定许可的范围，颇值得研究。

二、广播权控制的行为范围

著作权旨在通过控制一定的行为以帮助权利人实现相应的物质和精神利益。广播权控制何种行为，直接决定了权利人利益的实现，也是判断何种行为直接构成对广播权侵害的标准。由于广播的媒介随着技术发展而不断拓展，以此为标准判断广播权所能控制的行为会带来法律调整的严重滞后性，因此必须检视广播权控制行为的本质，将广播权控制行为的范围进行类型化。

（一）国际公约中的"广播"和"广播权"

从技术的发展历程上看，广播的原本含义就是通过任何一种无线系统（包括激光、电磁波、伽玛射线等）传播声音或图像，由公众接收。无线广播包括调幅广播、调频广播和电视广播等。正是为了遵循技术上的这一要求，《罗马公约》规定，"广播"是指通过无线方式将声音或者声音与图像的组合传输供公众接收。《世界知识产权组织表演和录音制品公约》（WPPT）第 2 条（f）项规定，"广播"是指以无线方式的播送，使公众能接受声音或图像和声音或图像和声音表现物；通过卫星进行的此种播送亦属于"广播"；播送密码信号、如果广播组织或经其同意向公众提供了解码的手段，则是广播。

但是，广播媒介技术的不断发展，广播权所能够控制的行为，却并非仅局限于无线广播。由此产生了法律上控制的广播行为和技术上控制的广播行为之间的差异。随着传播技术的发展，有线广播成为常态下的传播方式。"三网合一"的技术环境更是打破了有线广播和无线广播在不同终端之间设置的技术壁垒。如何将有线广播或者其他广播纳入广播权控制的范围，成为国际公约努力解决的法律问题。

在《伯尔尼公约》体系下，广播权包括以下三个方面的内容：（1）以无线方式广播作品的权利。（2）以有线传播或者转播的方式向公众传播广播的作品的权利。（3）通过扩音器或者其他传送信号、声音、图像的类似工具向公众传播广播的作品的权利。可见，该公约中广播权所能控制的行为，并不限于无线广播，还包括有线广播和其他形式的广播。不过值得注意的是，限于缔约时的技术环境，《伯尔尼公约》规定的有线广播是非常狭窄的，它只包括以有线传播或转播广播作品的情况，直接进行的有线广播并不在此限。

与《伯尔尼公约》规制路径不同，《罗马公约》和 WPPT 坚持通过广播权控制无线广播行为，进而另行构建了"向公众传播"的范畴以涵盖有线播放和其他形式的广播。❶《罗马公约指南》中指出，"向公众传播"是指通过扩音器或以有线方式将表演（比如在音乐厅里的表演）传播给不在现场的另一公众群体。❷ WPPT 首次明确"向公众传播"是表演或录音制品通过除广播以外的任何向媒体公众播放表演的声音或以录音制品录制的声音或声音的表现物。可见，向公众传播是在将广播定位为无线广播的前提下，为涵盖有线传播所创设的术语，主要包括饭店、体育场馆、公众娱乐场所安装的有线

❶ 《罗马公约》第 7 条第（1）款规定，本公约为表演者提供的保护应当包括防止可能发生的下列情况：……未经他们同意，广播和向公众传播他们的表演…在该条约的第 12 条，同样使用"广播或任何向公众传播"的语汇表达录音制品上表演者和制作者所享有的权利。WPPT 的第 6 条和第 15 条作出了与《罗马公约》相同的规定。

❷ ［法］克洛德·马苏耶著，刘波林译：《罗马公约和录音制品公约指南》，人民大学出版社 2002 年版，第 27 页。

广播系统，以及通过同轴电缆分送电视信号的电缆电视进行的传送。❶"向公众传播"和广播的主要区别在于传播的手段不同，前者是依靠有线的方式传播而后者是通过无线的方式传播。

《世界知识产权组织版权条约》（WCT）没有单独的广播权条款。但是在第 8 条明确将所有的"有线和无线传播行为"纳入公共传输权的范畴。由于公共传输权包括广播权和信息网络传播权，因此有足够的理由认为，WCT 上的广播权所能控制的广播行为，包括有线广播和无线广播，从而克服了《伯尔尼公约》没有规范直接有线广播的欠缺。

从以上代表性国际公约的规定来看，"广播"和"向公众传播""向公众播送"这样的词语被交错使用，其根本的顾虑是在于广播权所控制广播行为在技术和法律界定的差异。限于技术的背景，广播一词被先天用来界定无线广播。然而随着科学技术的发展，有线广播和其他形式的播送逐渐增多。从法律上看，这些行为应该被纳入到广播权控制的范围，但是法律却又纠结于广播的技术含义而无法进行有效覆盖。在这样的背景下，国际公约不得不采取多种措施进行调整，然而却造成了过于混乱的局面。

有学者据此建议用"播送权"代替"广播权"而使得该权利能够控制更多的播送行为。❷ 但是，采用何种术语并不是问题的关键所在。即使采取"播送权"，播送的外延也是不容易由其语词本身的内涵加以划定。例如，播送可能还包括机械表演。在国际公约中，也出现了这样的情况。例如，《伯尔尼公约》第 11 条第（1）项规定："戏剧作品、音乐戏剧作品和音乐作品的作者享有下列专有权

---

❶ 刘春田主编：《知识产权法学》，高等教育出版社、北京大学出版社 2003 年版，第 72 页。

❷ 吴汉东：《著作权合理使用制度研究》，中国政法大学出版社 2005 年版，第 183～184 页。

利：……（ⅱ）授权用各种手段公开播送其作品的表演和演奏。"第 11 条之三，也在授予作者朗诵权的同时，规定了"播送行为"。因此，"播送权"的表述也并非无懈可击。还有学者建议用"向公众传播权"代替"广播权"，这种观点也有欠妥当的地方。因为"向公众传播权"表述会导致与作为表演权、信息网络传播权和广播权之集合体的传播权或"公开传播权"的混淆。

鉴于此，笔者认为，问题的症结不是用何种术语来表述控制有线、无线或其他形式传播的行为。相反，如何看待广播权的实质进而以立法的形式类型化广播权控制行为的范围，实现对技术上广播含义的超越，才是立法中更为重要的问题。

（二）广播权的实质含义和类型化标准

依据前述，国际公约在规范广播权控制的行为时，一直纠结于无线广播、有线广播或者其他形式广播等传播媒体的特征。如果说在人类认识广播行为初期，这样关注思路尚情有可原的话，进入"三网合一"时代，这样的认知思路只会导致立法长期尾追技术的步伐而不知所措。因为在新的技术环境下，传播媒介之间的差异不再，有线传播和无线传播可以在技术支持下进行自由转化。原本的无线传播完全可以通过有线进行，原先的电信传播，现在也可以用来进行网络广播。据此看来，广播权应该可以控制所有形式的有线、无线或其他形式传播，人为划分广播媒介的技术特征已经没有任何法律意义。为此必须另辟途径，寻找隐藏在广播权背后的行为性质。

通过将广播权、信息网络传播权和表演权进行比较可以发现，广播权所控制的传播行为本质上属于公众中的成员在自己选择的地点、根据既有的时间表接受广播节目，是"异地同时"的传播行为。"广播"的真实含义是指"供公众（中的成员）接收的……传播。"❶ 也就是说，只要满足"异地同时"的要求，都应该理解为是广播权控制的行为。首先，广播权所控制的广播行为，能够实现不在现场的公众或者公众中的成员获取作品。《伯尔尼公约》的起草者似乎希望将在公众中表演作品的行为与将作品（或者作品的表演或朗诵）向不在传输发生地的公众进行传播的行为加以区分。❷ 至于不同地点的观众或者听众是借助何种媒介获得作品的，则在所不问。其次，广播的基本技术要求是实现非现场终端的传送。为此，从事播放活动的使用者往往要将节目内容转化成人耳或者眼睛不能直接接收的数字或者模拟信号，并由相应的接收终端经过再次转化后，以供公众收听或者观看。再次，广播行为不能达到交互性的传播效果。传播的内容和时间是由传播者事先确定的，观众和听众只能被动接收相应的节目内容。最后，广播行为实施后，必然存在着不同的终端均具有接收到所传播内容的可能性。换言之，只要满足接收传播的要求，具备接收传播的装置，就可以在不同的终端上收看、收听广播的内容。切断一个终端的服务，并不会影响到其他终端场所进行接收。从这个意义上看，表演权和信息网络传播权控制行为的市场是整体性的，传播者与权利人之间存在明显的竞争关系；广播权控制行为的市场是分散的，权利人的市场利益取决于接收终端的多寡。从市场运作上看，接收终端越多，权利人获得的利益就越多，因此权利人并不会完全反对转播者的转播行为。这也是依据"同时同地""同时异地"或者"异地异时"划分传播权的经济原因。

基于以上分析，广播权控制的行为可以根据其实质特征划分为三种情况：（1）初始广播。利用有线、无线或者任何方式直播、重播

---

❶ ［匈］米哈依·菲彻尔著，郭寿康、万勇、相靖译：《版权法与因特网（上）》，中国大百科全书出版社 2009 年版，第 220 ~ 221 页。

❷ 同上书，第 216 页。

广播电视节目，公众可以在不同地点根据其播放的时间表、在符合指定条件和安装有相应装置的情况下接收该节目内容的，是典型的广播权控制的行为。（2）附随性公开接收。接收者在特定终端接收广播电视节目的同时，提供给公众观看、收听的行为。这种情况下，接收者的行为可让进入该场合的公众在不同终端获得节目内容，公众既可以进入接收者提供的终端观看或收听，也可以在其他不同的终端获取该节目，属于"异地同时"播放的的广播行为。❶ 例如，饭店、旅社、百货公司等公众营业场所，接收音乐广播节目，作为背景音乐，就属于附随性公开接收，也是广播之一种。（3）同步转播。广播电台电视台、有线电视台接收国内外卫星传送、无线传播的广播节目、公共营业场所接收广播电视台传送的节目再同步传送到不同房间的行为均构成同步转播。同步转播在本质上实现不同地域、不同终端用户获取原已播放的广播电视节目，属于"异地同时"进行的播放。它与第二种广播行为的差异在于，转播者在普通接收装置之外，采用了同步传送装置，再向不同地点的用户予以传送，扩大接收范围或者增强接收效果，因而并非完全被动的接收者。由于转播者是同步进行的转播，所以他并未构成初始广播。相反，若转播者将广播电视节目录制下来后再根据选择的时间进行传播，则应在法律上认定为已经形成初始广播。

上述判断的标准和类型划分方法可以运用至"三网合一"的背

---

❶ 虽然导致这一"异地同时"观看、收听效果的并非由附随接收者所为，但客观上的效果使其落入到广播权控制行为的范围。换言之，按照实质结果判断广播权、表演权和信息网络传播权的控制范围，更符合该三类权利进行划分的市场动因。由于是"异地同时"播放，所以权利人在授权初始广播的情况下，反倒是希望有更多的转播，因为其经济利益的实现与节目扩散的范围成正比。从利益衡量上看，切断一个传输终端并不会导致权利人对其利益的完全实现，因为其他终端还是可以继续进行传播。此外，权利人也完全可以通过对播放时间的控制来实现自身的利益。这一分析同样适用转播。

景之下。具言之，无论是电信网络、互联网络还是电视网络，只要能够实现在不同地点、不同终端同时获得所传播的节目，就可以认定为"广播行为"，受广播权控制。前文提到的手机网络中服务提供者向用户转播广播节目，不问其属于何种信号和媒体，当属于广播权控制的范围。同样的道理，"成功多媒体通信有限公司诉北京时越网络技术有限公司信息网络传播权纠纷案"中，被告也应已经构成对原告广播权的侵害。

我国《著作权法》对"广播权"的规定中，❶"以有线传播或转播的方式向公众传播广播的作品"没有包括直接以有线方式传播作品。这种来自于《伯尔尼公约》的传统界定以技术媒介的形式来确认广播行为，具有难以避免的法律缺陷。在"三网合一"的技术环境下，建议重新审视广播权的本质特征，以其控制行为的性质来确认广播之特征，进而规定广播权是以有线、无线或其他各种手段公开传播作品，使公众可以根据其播放获得作品的权利。同时，在权利限制方式上，考虑到初始广播、附随性公开接收行为和同步转播的差异，有必要以此三种类型规划权利限制条件，下文就此进行分析。

三、初始广播的权利限制

初始广播包括直播、重播以及将其他广播电视台的节目内容录制下来后进行的播放，是使用者直接传播作品或录制下来的作品，公众可在不同的地点或终端，根据播放时间表同时获取作品的行为。在初始广播中出现的权利限制情形有两种类型：第一种类型是合理

---

❶ 参见我国《著作权法》第 10 条第 11 项。

使用；❶ 第二种层次是非自愿许可。

第一种类型，代表性立法以合理使用作为限制广播权的主要方式。突出表现为对远程教学活动过程中广播权进行限制。早期的远程教学以闭路广播电视为技术媒介，涉及的基本权利是广播权，由此产生了在此活动中能否表演文学、艺术和科学作品的问题。《美国版权法》第 110 条第（2）项起初正是针对这一情况规定了权利限制规则。具言之，教学活动中通过闭路电视播放非戏剧文学作品或音乐作品不需征得权利人同意并无需支付报酬，必须满足三个要求：该表演或展示必须是政府实体或非营利性教育机构系统教学活动中的正常一部分；它必须是教学内容或与之实质相关材料的直接传播；它必须被教室或类似用作教学活动场所的学员、政府雇员或者那些无法进入教室的残障人士所接收。2002 年的"技术、教育和版权法案"（The Teach Act）修改了第 110 条第（2）项，拓展了可传播作品类型及传播方式，尤其是延伸到网络数字环境，就远程教学中向公众提供行为规定了限定性的要求。教学机构新的义务主要包括：（1）所提供的不能是那些只在通过数字环境教学活动予以生产和销售的作品；（2）必须采取技术措施以合理方式阻止受众将版权材料保存到教学时间之外，或者合理阻止未经授权将其传播到学员之外的公众；（3）必须未采取规避版权人技术措施的行为。可见，针对广播权和信息网络传播权的限制条件，即使在像美国这样将二者进行结合规范的国家，也会区别予以对待。

第二种类型表现为就广播电视组织进行初始广播设定非自愿许可

---

❶ 《美国版权法》107 条的 Fair use，仅指不一一列举具体的不侵权情形，而是由法官根据至少 4 个法定要素判断特定行为是否侵权的规则。我国《著作权法》第 22 条的合理使用与此不同，是泛指不需要征得权利人同意也无需支付报酬的情形。有学者建议为与美国法区分，可以改称为自由使用。如果不致产生混淆且遵循约定俗成的实质界定，称呼为合理使用，我个人觉得也是可以的。

限制规则。早些时候，收音机广播音乐被广播组织认为属于免费表演，应该属于合理使用。其立场就是，从本质上讲，因为没有任何公众出现在电台的演播厅，所以该表演就不能被认为是公开的，并且，因为公众无须为收听节目支付任何费用，故该表演也是非营利性的。❶ 但是这一主张随着"非免费表演"概念的扩张而逐渐失去了根基。因为在权利人的努力下，不仅直接获得利益的表演被认定为营利表演，而且间接获得经济利益的表演也被排除在合理使用之外，广播组织再以合理使用为由主张免责就很难奏效。这样一来，广播电视组织转而寻求非自愿许可作为限制途径。

在是否授予广播组织以非自愿许可豁免方面，各法域存在很大的立场分歧。1928 年《伯尔尼公约》罗马会议上，❷ 法国、英国支持对广播权的一体保护，不设专门的法定许可；澳大利亚和新西兰则支持可以为保护文化、社会利益而设定权利限制。最终的修订文本认为，广播组织广播作品时享有非自愿许可的权利，这对于刚刚兴起的广播业而言是非常必要的。外交会议指出："根据国家的一般性的公共利益，有可能需要对版权加以限制"，不过，广播分委员会还指出："除非某国根据其自身经验表明确有必要对广播实施某些限制，否则其不得对广播实施此种限制。"广播分委员会强调，希望"使作者权和国家的一般性的公共利益协调一致。"❸ 1948 年，布鲁塞尔修订会议时，激烈的争论又起。法国依然坚决反对非自愿许可，而一些国家则表达了完全相反的立场。1967 年斯德哥尔摩修订会议上有代表团提出将电影作品排除在非自愿许可的范围，但第一主要

---

❶ ［美］保罗·戈斯汀著，金海军译：《著作权之道：从谷登堡到数字点播机》，北京大学出版社 2008 年版，第 59 页。

❷ 《伯尔尼公约》在 1928 年罗马文本中第一次承认了广播权。

❸ 1928 年罗马外交会议记录，引自［匈］米哈依·菲彻尔著，郭寿康、万勇、相靖译：《版权法与因特网（上）》，中国大百科全书出版社 2009 年版，第388 页。

委员会没有采用这个提案。❶ 1971 年巴黎文本的第 11 条之二第 2 款规定："行使广播权的条件由各成员国的法律规定，但这些条件的效力严格限于对此作出规定的国家。在任何情况下，这些条件均不应有损于作者的精神权利，也不应有损于作者获得合理报酬的权利，该报酬在没有协议情况下应由主管当局规定。"从而认可某些国家对广播权作出非自愿许可的限制性规范。

在 WCT 制定中，上述规范再次引发了热烈的争议，基本的观点有：（1）一些国家支持取消初始广播和二次传播的非自愿许可。（2）部分国家主张取消初始广播的非自愿许可，保留有线转播的非自愿许可。（3）加拿大、葡萄牙、中国和韩国反对取消对广播的非自愿许可。❷（4）澳大利亚认为，对于某些特殊的广播行为，例如，直接向残疾人提供的广播，可维持某种强制许可。WCT 草案第 6 条规定，在批准或加入本条约 3 年之内，缔约各方对于广播某作品不得再依《伯尔尼公约》第 11 条之二第（2）款规定非自愿许可。从而采取了第 1 种立场。但由于各方未取得一致赞同或反对意见，于是就草案第 6 条的规定进行投票表决，结果是大多数代表团都反对在 WCT 中规定该条款。❸ 随后的 WCT 第 8 条议定申明第 2 句指出，公共传输权的任何内容不得理解为阻止缔约方适用《伯尔尼公约》第 11 条之二第（2）款。这表明，国际社会再次认可有关国家有权为广播权设立例外条款。

不过也应该看到，即便是国际社会没有否定广播权的非自愿许

---

❶ ［匈］米哈依·菲彻尔著，郭寿康、万勇、相靖译：《版权法与因特网（上）》，中国大百科全书出版社 2009 年版，第 388 页。

❷ ［德］约格·莱因伯特、西尔克·冯·莱温斯基著，万勇、相靖译：《WIPO 因特网条约评注》，中国人民大学出版社 2008 年版，第 587~588 页。

❸ ［匈］米哈依·菲彻尔著，郭寿康、万勇、相靖译：《版权法与因特网（上）》，中国大百科全书出版社 2009 年版，第 108~109 页。

可，但各国立法的实际做法还是千差万别。除了一部分国家根本不承认广播权的非自愿许可外，那些规定权利限制的国家，也有不同的条件限定。具体来说，大多数国家在设定权利限制条款时，不认可对电影作品、录像制品适用非自愿许可。还有不少国家只允许在转播过程中进行限制，而不能及于初始传播行为。此外，只有公共广播电视组织进行初始广播时，才可进行权利限制，其他商业广播组织进行的广播，则不在豁免之列。

由于大多数发达国家的广播电视组织具有两种形态：公共性质的媒体和商业性质的媒体。多数国家的公共媒体依靠视听接受费维持自身的运转，主要担负向社会提供公共服务的功能。商业媒体主要依靠广告费、视听费维持运转，主要担负满足社会多样化需求的功能。❶ 所以，在广播权的初始传播限制方面，部分国家允许对公共广播组织传播作品提供广播权的限制。例如，《美国版权法》第 118 条建立了公共广播机构的强制许可规范。依据第 118 条第（d）项，公共广播机构可以在广播中不经许可表演和展览已经发表的非戏剧音乐作品、图片、美术和雕塑作品，但是需要向权利人支付报酬。

在"三网合一"背景下，数字电视、网络电视的商业化色彩日渐浓厚。这些机构能否适用权利限制规则，颇多疑虑。针对"网播""同步播放""流媒体技术""推技术"以及其他已经出现或将来开发的技术进行的广播，米哈依·菲彻尔教授指出，如果某一国家在其国内立法中用广播权来涵盖《伯尔尼公约》所规定的通过有线向公众传播的行为，而且对此种有线传播行为还采用强制许可，并且援引《伯尔尼公约》第 11 条之二第（2）款的规定——允许对广播权适用强制许可——作为抗辩理由，则是不允许的，也是违反《伯尔尼公约》的，因为《伯尔尼公约》并不允许对有线传播"原始节

---

❶ 国家广播电影电视总局发展研究中心：《国外广播影视体制比较研究》，中国国际广播出版社 2007 年版，第 2 页。

目"适用强制许可。❶ 但美国《录音制品数字表演权法》（DPRA）却规定，非交互流媒体公共广播者应遵守用来防止用户复制广播内容的细节规范，在支付政府所规定的强制性版税后，就可以像无线广播电台一样无须许可播放受版权保护的音乐唱片。

可见，在"三网合一"的背景下反思初始广播的广播权限制规则，具有重要的时代意义。随着数字技术的发展，广播组织的数字化转向如火如荼，传统媒体加速向网络延伸。与其发展相对应的是，各种网站开始转而从事广播活动，传统广播组织在舆论宣传和文化承载方面的功能受到冲击。出于公平竞争的考虑，广播组织所应该享有的特殊政策优惠也受到检视。从长远发展看，取消广播电视组织初始广播的广播权限制规则，更为符合制度的公正性、效益性和政策性要求。首先，该规则的公正性受到质疑。按照现行规则，网络电视台进行初始广播是不能适用权利限制规则的。如果广播电视组织同时办理网络电视台，就会出现同一家机构因为传播媒体不同而在相同的传播内容上适用不同的规则。将网络服务提供者与广播电视机构进行比较，广播电视组织的收费标准远远超过网络服务机构，但是网络服务提供者却承担比广播电视组织更多的义务，这也不利于网络数字媒介的发展。其次，该规则也不能为权利人带来经济效用。过去，广播电视组织虽然是作品等信息的利用者，但却是影响深远的传播媒介，能够为权利人的作品、唱片等提供宣传，扩大了产品的销量，从而为权利人带来收益。现在，权利人可以借助多种渠道宣传、推广自己的作品，并不完全依赖广播电视组织。随着著作权集体管理组织的兴起，以及管理方式的规范，权利人可以借助该组织减少与使用者的谈判成本，非自愿许可制度也不再具有减少交易成本的功能。最后，该规则的公共政策目标受到怀疑。公

---

❶ ［匈］米哈依·菲彻尔著，郭寿康、万勇、相靖译：《版权法与因特网（下）》，中国大百科全书出版社2009年版，第727页。

共广播组织是带有公益性色彩的机构，非自愿许可也具有保障其公共文化目标实现的功能。但是"三网合一"技术环境下，广播电视组织的多元化格局明显，很多数字化的公共广播电视组织、地方广播电视机构就是以营利为目标。不少公共广播电视节目也并不具有政策选择性，而纯粹是娱乐表演。更为重要的是，国家对广播电视组织的政策引导和政策扶持是文化行政法的重要任务，国家会出于文化政策、民族政策和经济政策的考虑，而为其运转提出特殊的监管要求和提供相应的补贴，完全没有必要再设定非自愿许可的著作权规则。

我国《著作权法》第43条第2款规定，广播电台、电视台播放他人已发表的作品，可以不经著作权人许可，但应当支付报酬。在规定法定许可限制方面具有以下几个方面的明显特征：（1）对可以进行法定许可的客体类型进行了限制。不包括未发表作品、电影作品和录像制品。（2）对可以进行法定许可的主体进行限定。即只能是广播电台、电视台，而不能包括数字广播电视、网络服务提供者、网络媒体、手机媒体和其他的公共营业场所。（3）对于"播放"的类型进行宽泛解释，不仅包括转播，而且指向初始广播。《付酬办法》第3条对此明确规定："本办法所称播放，是指广播电台、电视台以无线或者有线的方式进行的首播、重播和转播。"应该看到的是，我国《著作权法》的上述规定在模拟环境下有一定合理性，因为所有的广播电台、电视台都是公益性机构，国家需要扶持新兴的广播电视行业，广播电视组织的商业广告和经营活动尚不活跃。但是，在进入"三网合一"时代，诚如上文所分析，上述权利限制规则不再具有正当性。因此建议立法修改时废除对广播电视组织初始广播进行广播权法定许可的规定。

四、附随性公开接收行为的法律规制

公开接收广播节目的同时附随性向公众进行播放是否构成一种广

播行为，在国际社会曾引起广泛的争议。笔者认为，附随性公开接收行为是一种较为特殊的广播行为，理由在于：（1）接收者同时构成向公众的传播。通常情形下，接收广播的是公众中的成员，他们观看或收听广播节目的场合是私人空间，观看或收听的人员限于家庭成员、私人社交领域。但是在附随性公开接收的情况下，该接收的场合是公开场合，观看或收听的人员是不特定的成员（进入公开经营场合的顾客等）。（2）切断接收者的接收行为，不会影响到公众在其他场合获得相同内容的作品。接收者并没有在个人经营场合主动借助一定播放装置主动表演或者放映作品，公众也不是只有在进入这一经营场所才能获得该作品。即便切断该接收行为，公众中的成员也可在其他终端、其他地点收看、收听到同样的广播节目。所以，公众仍然是可以在"异地同时"获得作品。接收者的播放行为没有改变公众获得广播电视节目的时间。（3）接收者不是转播者。接收者采用普通的家庭装置进行接收，并没有改变初始传播的效果，也没有扩大其接收范围。实践中，接收者还同时采用扩音器等工具进行接收，这是否超越了家庭接收装置的范围呢？由于在个人家庭生活中，使用扩音器进行接收比较常见，甚至诸如电脑终端等接收装置还必须采用扩音器才可以进行接收。因此，采用如同家庭规模数量的扩音器进行公开接收，也可以构成附随性公开接收。但是如果扩音器等工具的数量过多，或者人为增强了初始传播的范围和效果，例如旅馆在接收初始广播后利用强波器将广播节目传送到每个旅馆房间，就会构成同步转播。

"三网合一"环境增加了附随性公开接收终端的范围，也在技术上支持更多的接收者向公众进行此类传播。旅馆、宾馆、机场、汽车站、餐馆、咖啡厅、理发店、公共汽车、出租车等公共场合都可以进行附随性公开接收。该行为能否落入到广播权的控制范围，或者能否构成合理使用，各国规定不一。美国版权法就此问题更是进行了激烈的争论，也受到国际社会的关注。

在 Twentieth Century Corp. V. Aiken 案❶中，美国最高法院扩展了有线广播者的实际地位，超越了 Jewell – Lasalle 案❷的原则。该案中，被告经营一家 640 平方英尺的快餐店，安装了 1 台收音机和 4 个小喇叭在营业时间向顾客广播，原告起诉 Aiken，认为被告未经授权进行再次广播的行为已经构成了对表演权的侵害。最高法院认为，Aiken 不是广播者，而应归入接收者（听众），尽管 Jewell – Lasalle 原则并非完全过时，但它也仅限于某些特定情形。若坚持认为 Aiken 有责任，会导致版权法的规则不公平且无法执行。之所以不可执行，是因为实践中确有大量的咖啡厅、酒吧、商店等场合进行广播。之所以不公平，有两点原因：其一，Aiken 除了关掉收音机外，没有别的办法确保自己不构成侵权；其二，这将导致在同一版本的作品上出现不计其数的许可证，这样多重收费会超出法律所欲给予的版权人经济补偿的限度。❸

1976 年《美国版权法》❹第 110 条第（5）项规定附随性公开接收行为为合理使用。在某些空间通过接收装置接收广播节目向公众表演或展示不构成侵权，除非：（1）该再次接收后的传播活动直接向观众收费。（2）该接收后的传播面向的公众过于广泛。该一限制因渊源于 Aiken 案而被称为 Aiken 例外。诚如前文所述，营利机构必

---

❶ 422 U. S. 151（1975）.

❷ 283 U. S. 191（1931）. 该案中，原告是音乐作品的权利人，被告是未经授权进行广播的当地电视台以及进行再次广播的旅馆。法院通过类比在餐馆里的现场演奏构成表演的原则，建立了"复合表演规则"，即同一版本的作品可以通过接受装置的再次传播而构成不只一次的表演行为。

❸ Marshall A. Leaffer, *Understanding Copyright Law*, （Third Edition）, Matthew Bender & Company Incorporated 330, （1999）.

❹ Copyright Law of the United States and Related Laws Contained in the United States Code, October 2009.

须确保该广播行为的附随性，亦即不能转化称为转播行为。为此，这些机构若安装的是商业播放系统，或者将普通接受装置转化为等同于商业系统，则应承担侵权责任。美国国会报告就此列举了下列情形作为考量因素：（1）规模；（2）接受装置在该区域内的物理性能和声效；（3）接收装置被改变的程度。在国会会议报告中进一步强调，该例外不能适用以下情形：该商业机构规模过大，足以证明其实质是在从事商业背景音乐服务。

1998 年《美国音乐公平许可法案》❶ 在零售商和餐厅老板的强力支持下修改了第 110 条第（5）项。除了将 1976 年版权法的上述内容保留作为（a）项外，还增加了（b）项规定。它允许不超过 2 000 平方英尺的商业经营机构，不超过 3 750 平方英尺的餐厅进行附随性传播广播中播放的作品，而不构成侵权。即使是规模上超过上述标准，只要满足扩音器数量限制以及电视屏幕尺寸限制的要求，也可以获得豁免。亦即只要是不多于 6 个扩音器或 4 个不足 55 英寸的电视就可以豁免。这一规定与 Aiken 例外的差异在于，它不仅仅为附随性公开接收行为提供豁免，而且会在诉讼中扩大到部分商业机构的转播行为。因为在第 110 条第（5）（b）项中，不再是以"附随性"作为标准，而是将其扩展到一定规模商业经营机构的所有公开接收行为，而这些公开接收行为中不论是否采取了超过家庭接收装置范围的商业系统。因此，新增的第 110 条第（5）（b）项违背了法律限制的初衷。❷ 2000 年 6 月 15 日，世界贸易组织专家组根据欧共体及其成员国的控告，裁定第 110 条第（5）（b）项违反了《伯尔尼公约》和《与贸易有关知识产权协定》（TRIPs）的有关规定。在同

---

❶ Copyright Law of the United States and Related Laws Contained in the United States Code, October 2009.

❷ Marshall A. Leaffer, *Understanding Copyright Law*, （Third Edition）, Matthew Bender & Company Incorporated 335（1999）.

样的诉讼中，专家组认为，第110条第（5）（a）项具有合法性。

通过美国版权法上就附随性公开接收行为引发的争议中可以受到某些启示。只有真正属于接收广播后进行"附随性"的公开传播的行为可以进行合理使用的限制。如果该行为已经事实上构成转播，则不能以合理使用予以对待。当然，判断"附随性"并无明确的标准，由此也会带来司法实践中的争议。一般来看，完全是采用家庭接收装置而没有利用任何扩音器等工具进行的公开接收，应该被认定为具有"附随性"。那些采取了扩音器或者其他工具进行接收的场合，如果扩音器的数量较少，其产生的效果一般，其所带来的改变有限，也可以认定为是附随性公开接收。

我国著作权法没有对附随性公开接收进行界定，学者对此也鲜有论述。但是实践中，附随性公开接收无处不在。如果不从法律上进行限制，则所有的公共场合进行的此类广播行为都要征得权利人同意并且支付报酬，这显然不具有可操作性，也有失公允。所以建议在立法中明确规定："公共经营机构通过家庭普通接收装置接收广播节目后供公众收听、收看且未直接向其收取费用的，不需要征得著作权人许可，也不需要支付报酬。"

五、同步转播行为的权利限制

同步转播也被称为二次传播、再次传播，包括以有线、无线、扩音器或者其他工具向公众同步传送广播作品。通常情况下，有线广播电视会转播无线电台、卫星电台播放的广播电视节目，以扩大接收广播电视节目的范围，增强收听、收视效果。转播行为本身也是一种广播，它不仅是接收行为，而且能够使得传递区域的公众或者安装购买相应设施的公众可在不同的地点获得广播电视节目。但是如果有线转播机构直接制作节目进行播放，就应该属于直播或者重播，而非转播。一些国家法律认为，家庭范围内利用广播信号进行欣赏不构成侵权。但是一旦广播信号的目的是为了向更大范围的人群提供，著作权人就应该控制这种传播方式。不过也有不少国家法律认为，可以有选择性地为转播机构的同步转播行为提供权利限制条款。

1983年WIPO通过的"在通过有线传播节目时保护作者、表演者、录音制品制作者与广播组织的附带解释的原则"中，认为非自愿许可只能适用于对广播作品没有任何改变的同时转播。在《世界知识产权组织广播组织条约草案》拟定中，阿根廷和加拿大建议应对有线转播权的限制与例外明确规定；澳大利亚提议应考虑对转播到偏远地区之特定的小区共同天线给予例外规定，以报酬请求权取代有线转播的专属权。❶ 澳大利亚认为，使得对广播进行转播给与法定许可的可能不致受到新权利的损害。❷ WCT第8条议定声明第2句只是为了再次确认缔约各方能够继续对转播广播适用非自愿许可。此处并未明确指向转播行为，但显然也没有排除转播行为进行的非自愿许可，甚至曾被长期认定为属于合理使用。

德国在处理同步转播行为的法律性质时，一度引入"广播权权利穷竭"的概念。发生在联邦德国一起案件中，"德意志邮政公司"在联邦德国的汉堡和纽伦堡设立了两套电缆电视传播系统，专门为这两个地区因高层建筑的屏蔽作用而收不到电视信号的用户转播电视台的节目，并收取电缆电视服务费。代表联邦德国作曲家们的"音乐作品版权协会"（GEMA）认为邮政公司在转播节目中使用了大量联邦德国作曲家的作品，应向该协会支付一笔使用费。联邦德国区法院认为，如果邮政公司的电缆服务对象是电视台覆盖区域外的新观众，或其播出的节目是电视台节目之外的新节目，则GRMA

---

❶ WIPO Doc. SCCR/2/11., May 11, 133 (1999).

❷ ［德］约格·莱因伯特、西尔克·冯·莱温斯基著，万勇、相靖译：《WIPO因特网条约评注》，中国人民大学出版社2008年版，第138页。

的要求是合理的。但该公司只为本应受到电视台节目而实际收不到的"盲区"观众转播节目，则应当说仍旧是在使用 GEMA 原授权电视台使用的广播权。正如图书发行时，版权人将发行权授予一个总经销书店后，该书店如何进一步分销，版权人无权再过问一样。在"盲区"重播类似于分销，著作权人无权过问，这可以称为"广播权穷竭"原则。因此，区法院驳回了 GEMA 的请求。1980 年 11 月，德国最高法院维持区法院的原判决。❶ 但是，联邦法院也宣称，将来发生的此类案子将会做出不同的判决。若真如此，节目接收者在播放者服务范围内通过向作者再度支付相应的补偿就会造成双重缴费的状况。无形的"发行行为"（传播）在将来不再受到耗尽原则的调整。❷

美国版权法在同步转播行为是否应受到表演权控制的问题上，也有一个逐步演进的过程。在 Buck v. Jewell - Lasalle Reality Co.，（1931）案中，最高法院认为旅馆安装主广播的同时向不同房间再次传播当地电视台的音乐节目，已经构成了表演。原告是音乐作品的权利人，被告是未经授权进行广播的当地电视台以及进行再次广播的旅馆。法院通过类比在餐馆里的现场演奏构成表演的原则，建立了"复合表演规则"，即同一版本的作品可以通过接受装置的再次传播而构成不只一次的表演行为。随着 20 世纪 60 年代有线电视台的兴起，二次广播的问题再次引起争议。尽管有"复合表演原则"，最高法院在以下多起案件中依然拒绝认可有线电视转播广播电视信号的

---

❶　郑成思：《版权法（下）》，中国人民大学出版社 2009 年版，第 595 ~ 596 页。

❷　[德] M. 雷炳德著，张恩民译：《著作权法》，法律出版社 2005 年版，第 247 ~ 248 页。

行为构成表演。❶ 第一起案件是 Fortnightly Corp. v. Unites Artists Tele-cision, Inc.，（1968），❷ 法院认为有线电视台并非表演者（广播者），而应类似于观看者，因为它只是强化了接受者从原初的广播信号接收节目的能力。法院认为，Jewell - Lasalle 案已经过时，且只能适用于原初节目信号广播未经授权的场合。第二起案件是 Teleprompter Corp. V. Columbia Broadcasting System，Inc.，（1974），❸ 该案中，有线电视机构为那些非服务区的观众提供远程信号，法院同样舍弃 Jewell - Lasalle 案，再次认定有线电视本质上应等同于观看者，而不用考虑广播电台与观众之间的距离。1976 年《美国版权法》正式确立了有线电视二次传播中采取"非自愿许可制度"，要求有线广播组织在传送无线广播和卫星广播时，无须征得权利人同意，但应该支付报酬。在双方未就合理报酬达成一致时，由国家机关进行裁决。

《美国版权法》第 111 条第（c）款构建了有线系统非自愿许可的普通轮廓，并成为第 111 条第（d）款关于程序和许可费裁定的前提。非自愿许可仅适用于无线广播的二次传播，也就是说有线系统仅仅可以传播由美国联邦传播委员会（FCC）许可的广播电视机构播放的节目，而不能再次传播由另外的有线机构播放的节目。在同步转播过程中，有线电视系统不能丝毫改变初始广播的内容，若有任何删改将承担完全的版权责任。非自愿许可证不能应用于国外的广播机构，除非它们经由 FCC 审批。因此有线电视系统在未经许可转播英国广播电台的节目将构成侵权。但加拿大和墨西哥的广播信号因政府协议而可以同步转播。

《美国版权法》第 111 条第（a）款中，规定了另外 5 种同步转

---

❶ Paul Goldstein, Goldstein on Copyright, Third Edition, Volume Ⅱ, Aspen Publisher, 7：199（2007）.

❷ 362 U. S. 390（1968）.

❸ 415 U. S. 394（1974）.

播豁免的情形：向旅馆公寓房间的二次传播豁免；基于教育目的的二次传播豁免；被动的技术提供者二次传播豁免；卫星二次传播豁免；非营利性机构的二次传播豁免。这些二次传播者的一个基本的特点，就是并非有线系统的二次传播。对于它们的限制之性质，应该进行具体分析。卫星二次传播采用非自愿许可规则，即要向权利人支付报酬，这一点在1988年和1999年的卫星法案中得到肯定，并成为版权法第119条和第122条。酒店、公寓等二次传播者，接收无线电视台的节目信号后再同步传送到各个房间，这应该也是非自愿许可的情形。但是，第111条第（2）款（a）、（5）款中的教学机构、非营利性的政府部门或者其他组织的二次传播的规定应该属于自由使用的范畴，因为这些主体按照第110条第（2）项法定条件进行的初始表演是自由使用，按照"举重以明轻"的原则，这些机构的二次传播也应该构成自由使用。

由此可见，广播电视组织或者其他营利性组织通过有线、无线或其他方式同步转播广播作品，无论该转播手段为何，只要未对初始传播进行任何改变的情形，主权国家可以设定非自愿许可规则。但是如果转播机构是直接制作节目进行有线播放，或者是通过录音机、录像机等播放设备在营业场所进行表演和放映，就不能适用权利限制规范，而是应该获得广播权或者表演权的授权许可。

笔者认为，在"三网合一"的时代，无论是传统广播电视机构、数字电视、网络电视还是手机媒体进行的转播行为，应该可以进行权利限制。这符合制度正义和效益的原则，也不违背国家的公共政策需求。首先，为转播行为一体设定权利限制，不再区分不同的行为主体和技术特征，体现了公平正义的要求。转播行为本身并不违背著作权人的利益，因为权利人对初始传播的授权在某种程度上是对其扩散的默示许可。权利人的物质利益可以通过非自愿许可中的补偿机制得到有效弥补。其次，转播行为的非自愿许可具有效益性。

尤其是在"三网合一"背景下，转播机构日益增多，通过谈判与权利人达成授权许可协议的交易成本昂贵。鉴于转播本身需要征得初始广播机构的授权许可，若再要与每个著作权人联系许可，必定是重复而没有必要的行为。所以转播机构获得初始传播机构的转播授权后，通过向权利人支付报酬的方式减少缔约程序，是一种经济的作品利用方式。最后，转播机构是否能够有效承担公共职能，是否从事合乎国家公共政策需求的广播活动，完全可以通过公法手段进行监督控制，为所有的转播行为提供著作权限制，并不违背国家的公共政策目标。

诚如前述，我国著作权法对广播权的法定许可坚持主体标准并不科学。这还可以将美国的制度与中国的制度进行比较观察。在美国，公益性的广播电视组织也是表演权非自愿许可。这与中国是一样的。但是美国更多的是对传播机构的二次传播行为规定非自愿许可。在美国，对于广播电台而言，即使是现场直播，美国国会也认为存在"录制——传播"这两个阶段。正因为如此，美国广播电视台在制作节目时，因为要录制，往往会与权利人约定权利的归属，所以保护了广播电视组织，也就是保护版权人；反过来，保护版权人，也就是保护广播电视组织。在此基础上，美国法中关于广播权（在美国属于表演权控制）的非自愿许可，可以同时保护版权人和广播电视组织利益。但在我国就不同了。我国著作权法规定了邻接权制度，广播电视组织享有转播权。一旦出现了有线电视、卫星电视或者其他广播电视机构的二次传播行为，按照法定许可规则，不需要征得权利人同意，但需要支付报酬。按照广播电视组织的转播权，却需要征得初始广播电视组织的许可。实际上，广播电视机构的初始广播，却也没有征得权利人的同意。显然，这就更加凸显了对广播电视组织的保护，而作为源泉的著作权人的利益，反而被轻视了。这种不合理，在网络环境下还延伸到那些网络电视、数字电视经营者。

因为无论是网络电视、数字电视进行的初始广播和二次传播，都不适用法定许可。这显然是不公平的。鉴于此，在新的时代背景和技术条件下，初始广播的法定许可没有存在的正当性基础。相反，为所有转播机构设定法定许可却是更好的制度选择。因此，建议立法修改为：广播电台、电视台以及其他机构同步转播广播的作品，在未对初始传播信号进行任何改变的情形下，可以不经著作权人许可，但应当支付报酬。

第五章 网络文化消费与著作权革新

人类已经步入互联网的美妙新世界。随着现代信息技术革命的深入推进，网络科技融入社会生活的方方面面，全球网民人数的节节攀升，网络成为民众接受各类文化信息、享受文化大餐的主要消费渠道。"互联网＋"概念和模式的提出，让网络同水、电一样成为人类基本的生活生产必需品，无论是传统的被动文化消费、技术产品的文化消费，还是公共文化消费，都毫无例外地打上了互联网的烙印。著作权保护中的消费者运动也基本上是因网络而起，因网络而变。网络文化消费的特殊性非常明显，由此带来的消费习惯、经营模式深刻地影响着著作权制度。在知识产权领域，网络技术给著作权带来的变化最为深刻，其中，激励网络文化生产，促进网络文化消费，保障网络文化传播，维护良性的网络文化生态，仍是著作权制度的根本任务。因此，有必要研究网络文化消费中的著作权问题，及时作出制度的调整和变革。

第一节 网络文化消费对著作权制度的影响

新的科技成果创造了新的文化消费方式，刺激了人们新的文化需求，开发出新的文化市场空间。❶网络新型文化消费模式的出现，无疑会给消费者和使用者的关系带来深远影响，也同时挑战了著作权人和消费者的利益边界：著作权人无法容忍消费者的随意使用行为，

---

❶ 中共山东省委宣传部编：《文化产业知识读本》，山东人民出版社 2007 年版，第 34 页。

消费者无法容忍著作权人对消费行为的无端控制。网络免费文化消费占据相当比重，文化消费者可以轻易转换为传播者，尤其是在互动文化消费和接受自媒体文化服务过程中，消费者还可以随时转化成作者。一些新型的文化消费空间，例如微博、视频分享网站等，具有传统文化消费所不具有的技术特质和法律要求，给著作权制度提出各种新的要求。

一、网络文化消费的新特质

当前，以互联网为代表的新媒体、新技术正在对文化消费产生广泛而深刻的影响，不仅影响其内容和方式，而且影响其价值取向，进而对整个社会产生影响。[1] 首先，网络让文化消费朝向普遍化、大众化方向发展。文化消费曾经面对着各种硬件障碍和软件台阶，它不可以随时进行，并且强烈依赖于各种文化服务设施和文化演艺队伍，文化活动面对着繁杂的交易成本。在前网络时代，文化消费主要是文化人的消费。进入互联网时代之后，尤其是"三网融合""移动互联网"以及相应硬件设施向全球任何一个角落的推进，文化消费越来越超越区域、人群和各种设施标准带来的屏障，革命性地推进了文化消费的普及和升级。文化消费成为大众的消费。在这个意义上看，保障和促进网络文化消费已经关乎基本的民生，具有极其重要的战略价值。其次，网络让文化消费链条发生改变。以往，文化消费链条可以非常明确地区分为生产者、传播者和消费者等环节。网络环境下，广大公众可以轻易接触到各种网络媒体和平台。这些新型网络文化传播通道传播速度快、内容存量大、交互性强，网络文化消费者身处其中成为网民，在拥有强大的消费空间同时，还可以成为内容的制造者、复制者和传播者，他们拥有了只有传统环境

---

[1] "网络时代文化消费的新特点"，载 http：//news. xinhuanet. com/tech/2013 - 02/27/c_ 124392684. htm，2013 年 2 月 27 日访问。

下的出版商、广播组织才具有的能力。网络服务中的消费者不再仅仅是作品的使用方，而是可以直接成为文化产品的生产者和传播者。最后，网络让文化消费生态走向融合化和细分化。互联网促动着线上与线下市场的分割和融合，传统媒介进军互联网成为基本趋势，互联网产业进入版权内容的创造和合作也是必然要求，各种层次的网络平台营造出主流文化和"非流行文化"共生的格局。"长尾效应"使细小的文化消费市场得以存在，文化消费内容趋向细分。互联网上的很多信息具有公关物品的属性，任何个体均可以消费这些信息，一些个体的消费也不减损另一个体的利益。同时将任何上网的人排除在消费者之外将是不可能的。非排他性导致市场机制失灵。正因如此，用任何办法阻止特定的个体登陆或向他们强行收取一定的费用，对于理性的用户来说是不可能接受的。❶ 这就意味着，网络使得文化消费生态更为复杂，传统的文化治理模式经常在互联网中发生失灵或者变异，亟需改革和创新。

总之，网络文化消费呈现出以下的新特点：第一，网络文化消费的主体多元化。随着互联网的发展，文化供给无处不在，任何人都可以成为文化消费者。互联网将所有人群的文化活动联系起来，分享、合作、贡献成为文化消费的核心价值。文化供给和消费渗透到生活的各个方面，文化消费者和生产者、传播者可以进行多重转化和组合，各自的界限不再清晰。第二，网络文化消费客体的广义化。文化消费与网络购物、网络影音、网络阅读、网络社交等结合在一起，音乐、电影、图书、软件、动漫等都可以成为消费的对象，经典作品和各种碎片化文字充斥网络空间，线上文化作品和线下作品互相转换、交相辉映。第三，网络文化消费过程的即时互动性。文化消费打破了地域和时间的限制，随时随地可以发生。任何文化产

---

❶ 陈传夫：《国家信息化与知识产权》，湖北人民出版社 2002 年版，第106 页。

品都可以在第一时间向全球网民展示，不受制于任何物理条件和审查体制。在消费过程中，任何消费者都可以发表评论，在自己选定的时间和地点获得任何文化作品。

根据网络文化消费的特征，应该努力调整著作权法律制度，包括制度基础、权利客体、作品利用方式和权利保护体系等方面的内容，积极应对网络文化消费给著作权制度所带来的"数字化"影响。

二、网络文化消费与作品的生产、传播

制度基础是与人的观念和社会形态紧密相连的范畴，当网络技术影响着人的一般认知和社会的基本结构之时，也冲击着人们的传统著作权观念。自由软件运动、"盗版党"的兴起以及知识共享协议等实践，均挑战着传统著作权的合理性。著作权制度面对着理论基础的现代化调适需求。通过强化著作权利益平衡理念，实现利益分享，促成著作权实现公正自由的文化生态和民主目标，将成为各国著作制度发展的全新价值追求。网络文化消费的新特质，正是作品生产、传播和消费产业链发生变化的结果和集中体现，这要求法律重新厘清著作权人、邻接权人和使用者的关系，建立更为合理的行为边界和管理系统。

首先，随着网络技术的发展，产生了一些新的受保护客体，著作权制度逐渐将它们纳入到受保护的范围之中。网络环境下的新作品类型众多，主要包括多媒体作品、计算机软件作品、网络游戏作品、数据库等。多媒体作品是利用计算机技术，将文字、音乐、图形、图像、动漫等多种信息进行有规律、有目的的创作，组合或编排的作品。计算机软件是指计算机程序及其有关文档。网络游戏作品则是具有娱乐性和观赏性的综合图像类作品。受著作权保护的数据库是汇编若干作品、作品的片段、不构成作品的数据或者其他材料，在选择编排上具有独创性的集合体。实际上，即便是消费者在互动

过程中或者观念分享中产生的各种表达，不管是 BBS 上的发言，还是在"微博"转发中的评论，只要满足独创性的要求，都可以受到著作权的保护。在这一点上，著作权制度仍然采取的是平等化和一体化的政策选择。

其次，著作权人的权利内容延伸到了网络文化消费空间，消费者的消费行为理所当然地受到著作权法的私人审查。信息网络传播权等新类型权利产生，成为控制网络交互式文化消费的最重要法律依据。复制权、发行权、表演权或者广播权等被用来控制文化消费者未经许可的数字化复制、广播、发行、表演等行为，从传统的模拟环境延伸到网络环境。随着云计算、大数据等技术的发展，一些传统的著作权权能全新复活，被赋予新的含义。例如在"云计算"环境下，作品不再经由网络服务提供者的传播，也不再需要终端用户的数字化复制，存储在"云端"的作品被出租给消费者使用。在这种技术过程中，"出租权"被认为是权利人获得相应利益的法律基础。❶ 不仅如此，为了保障各种邻接权人的利益，表演者、音像制作者和广播组织也被赋予网络上的控制权利，网络文化消费进而也受制于各种作品传播者。

最后，积极探索网络环境下著作权利用机制，打通线上作品和线下作品运营的鸿沟，促进网络作品获利能力的提升。通过建构网络环境下权利行使的自主原则，用以表彰权利的行使。例如，网络环境下的著作权人应该将允许利用其著作物的条件预先揭示给用户，从而在一定程度上解决因著作物被大量复制、传播而引起的版权问题。❷ 更大限度发挥市场作用，允许权利人和其他利益相关者对自己

---

❶ 王太平："云计算环境下的著作权制度：挑战、机遇与未来展望"，载《知识产权》2013 年第 12 期。

❷ ［日］北川善太郎："网上信息、著作权与契约"，载《外国法译评》1998 年第 3 期。

的利益作出判断，发挥授权许可协议的作用，通过市场机制实现各方利益的和谐。实际上，只有权利人、网络服务提供者有了更多的通过网络获取市场利益的途径，网络技术的发展才会更快，网络也会更为繁荣，消费者才可以持续地从网络技术和文化创新中获得更多的福祉。

三、网络文化消费与著作权的保护、限制

网络文化消费的新特质在本质上增强了文化的传播力和渗透力，是推动社会主义文化大发展大繁荣的重要平台。针对网络条件下文化传播、消费、互动的新特点，著作权制度在强化法律保护的同时，必须建立合理的权利限制机制。通过著作权的适度保护，净化网络空间，激发群众创造热情；通过著作权限制机制，结合我国网民文化消费的需要和特点，形成针对各种具体网络文化消费方式的著作权限制规则，让更多的网民坚定捍卫和弘扬版权文化的信念，实现创作者、传播者和使用者利益平衡。

首先，网络时代的著作权保护呈现综合保护的格局，网络著作权限制机制也必须同步跟上，不断创新。在网络环境下，民事保护、行政保护和刑事保护均发挥着重要作用，著作权的刑事保护手段受到特别的重视。这样一来，网络文化消费者成为多种法律责任制裁的对象。一些新的法律责任，例如"三振出局""非营利性使用也可以承担刑事责任"等规范，在强化著作权保护的过程中也必然会损害到消费者利益。因此，网络著作权的权利限制方式需要不断跟进和完善。不仅对于权利限制的一般标准要重新进行评判，而且对于"微博""微信"等特殊空间的具体情形还要进行重新审视。由于网络消费主体呈现出多元化发展的格局，因此立法为知识产品提供什么样的保护、多大程度的保护，都应该考察这种保护会给网络消费者带来的影响。

其次，技术措施和权利管理信息被纳入著作权的保护范围，由此带来的消费利益影响也必须得到重视，进而建立相应的法律规则。由于作品更容易被复制和传播，技术措施和权利管理信息等自力救济方式在著作权法中受到保护。故意规避技术措施和权利管理信息，将在著作权法上承担相应的责任。同时，当立法禁止规避技术措施时，就应该考虑到技术措施的生产制造者、文化产品合法消费者以及普通公众的利益，为这些主体的生产和消费行为提供制度安排。当技术措施和数字版权管理系统进入著作权保护视野后，权利限制制度将受到技术措施和合同约定的严重冲击，如何在数字时代实现权利限制方式的现代化，成为著作权制度规则完善的重要任务。著作权人通过技术措施将普通文化产品转化为技术产品，虽然消费者主要借助网络服务进行消费，但在本质上还是针对技术产品的文化消费活动，对此前文已有述及，此处不赘。

最后，网络服务提供者侵犯著作权的责任和豁免规则的出现和完善。网络文化消费的根本途径就是网络服务提供者主导下的消费：各种新颖的网络服务会改进和便利网络消费，不同的网络服务方式会产生与众不同的网络消费。由于网络服务提供者成为网络上作品传播和消费的"守门员"，所以对于网络服务提供者侵犯著作权责任限度的规定，在一定程度上决定了网络上可供消费的方式、作品数量和内容。在网络环境下，网络服务提供者成为著作权保护的重要"瓶颈"。各国立法由此专门设立网络服务提供者侵犯著作权的责任与豁免条款，在强化著作权的保护的同时，保障网络服务提供者推动正常文化消费的各种努力，促进网络信息服务产业的成长。

第二节　"微博转发"中的著作权限制

"微博转发"过程中为评论、推荐等目的大量引用已经发表的作品，不属于"适当引用"，也很难归入我国现行《著作权法》中的"个人使用"范畴。"三步测试法"虽然是著作权限制的一般条款，但只具有限制著作权限制的功能，不宜作为扩展著作权限制范围的依据。我国没有采用"因素主义"的立法模式，未来也应该审慎选择。"微博"空间的文化消费具有开放性，消费使用的方式从单一有限性向网络支持下的多元无限方向演变。由于作品可以在该消费空间得以真实、保真、全景地展现给不特定的多数人，对著作权人的利益会带来直接的影响。但是该种消费性使用，仍具有"非竞争性"和"非营利性"的特征，在著作权法中保护消费性使用依然具有正当性。如何在消费者的利益和著作权人的利益之间寻求制度上的平衡，值得深入研究。

一、问题的提出

（一）一则案例的要旨

张某系国内多家司法考试学校签约主讲教师。2011 年 8 月，张某在一次培训课上发表了惊人的言论，称"凡是中国大陆的女孩子到法国留学的，回来之后都是烂的一塌糊涂，都是超级潘金莲"。这次培训课的视频后来被网友"巴黎观察"发布到"微博"上，引起了广泛的争议。该"微博"经著名学者于某转发后，传播速度迅速加快，评论多是批评该言论不当。2011 年年底，张某以侵犯著作权为由，将于某起诉到北京市第二中级人民法院。张某在起诉中称，于某的"微博"转发行为构成对授课内容发表权和信息网络传播权的侵害。于某则认为，涉案视频是网友上传到他的"微博"上，他只是转发了该"微博"，并无侵权故意。

北京二中院经审理认为，❶ 涉案口述作品已经发表，著作权属于

---

❶ 北京市第二中级人民法院［2012］二中民初字第 611 号。

张某。但该作品为司法考试的授课内容，其使用于课堂教学等，在正常情况下学习该内容者不会去于某的"博客"中寻找涉案口述作品，而网民访问于某涉案博文的正常目的在于关注各方的观点，而非涉案口述作品中与各方观点无涉的司法考试内容，因此，于某的转发行为没有损害张某的合法权益。于某的转发行为构成合理使用，并未侵犯张某对涉案口述作品享有的信息网络传播权。一审宣判后，张某不服判决结果，于2012年8月向北京市高级人民法院提起上诉。

北京高院经审理认为，❶ 于某转发"微博"行为的目的是为了评论网友"巴黎观察"的"微博"及张某的观点，为使评论更具针对性，于某在评论"微博"的同时对他人包含涉案作品的"微博"进行了转发，该行为符合"微博"这一社交方式的惯例。而且，正是基于转发"微博"的上述特点，使得网民更关注于各方的观点而非涉案作品中与各方观点无关的司法考试的内容。因此，于某的转发"微博"行为不会与张某对其涉案作品所行使的权利展开经济竞争，并未影响该作品的正常使用，也不会不合理地损害张某的合法权益。因此，北京高院终审维持了一审判决，即驳回张某的全部诉讼请求。

（二）该案判决中存在的疑问

总体上看，北京市高级人民法院的终审判决维护了网络社交空间的消费者转发利益，这样的判决结果有助于网络文化消费，值得肯定。两级法院有关发表权的论述，虽也有需要讨论之处，但限于本文的主题，对此并不做出更多的评判。然而，两级法院裁判中至为重要的判断，亦即"微博"空间转发为什么属于合理使用的说理和适用法律的依据方面，仍有值得进一步审视和研讨之处。

北京市第一中级人民法院的判决书中，支持合理使用的理由主要有两点：（1）于某的涉案转发行为的目的在于评论"巴黎观察"及

---

❶ 北京市高级人民法院民事判决书［2012］高民终字第3452号。

张某的观点，属于以其言论表达其观点的行为。（2）在正常情况下，学习该内容者不会去于某的"博客"中寻找涉案口述作品，而网民访问于某涉案"博文"的正常目的在于关注各方的观点，而非涉案口述作品中与各方观点无涉的司法考试内容，故于某的转发行为亦不会不合理地损害张某的合法权益。据此法院依据《中华人民共和国著作权法实施条例》（以下简称《著作权法实施条例》）第 21 条❶认定这一行为构成合理使用。这里面存在三个问题需要讨论：其一，如果于某的转发行为构成基于评论目的之使用，则应该直接援引《信息网络传播权保护条例》第 6 条第（1）项❷处理该案件；如果不能适用该条款，则其第 1 项理由就不能成立；其二，如果将《著作权法实施条例》第 21 条作为判定合理使用的一般条款，并因之处理该案件，判决书就应该指明我国现有法律、法规中关于合理使用的具体条款均不能适用。只有在穷尽所有情形后才可考虑一般条款的适用。否则就构成"向一般条款的逃避"。其三，《著作权法实施条例》第 21 条究竟是合理使用的限制条款，还是合理使用的判定条款，必须有更为清晰的分析。事实上，就字面意义来看，该条款是中国版的"三步测试法"，其究竟如何在司法实践中有效运用，值得探讨。

北京市高级人民法院的二审中进一步指出，网络等新兴信息传播方式使得《著作权法》第 22 条的 12 种合理使用情形已经不能解决现实中出现的情况，在遵循《著作权法实施条例》第 21 条规定的合理使用构成条件的基础上，采用合理使用的一般原理对本案被诉行为是否构成合理使用进行评述，符合司法精神和合理使用制度的设

---

❶　该条规定，依照著作权法有关规定，适用可以不经著作权人许可的已发表的作品的，不得影响该作品的正常使用，也不得不合理地损害著作权人的合法利益。

❷　该项规定，为介绍、评论某一作品或者说明某一问题，在向公众提供的作品中适当引用已经发表的作品，构成信息网络传播权的合理使用。

置目的。它明确指出该案适用的法律依据是判定合理使用的"一般条款"。但是，二审法院依然没有说明，为什么该案不能适用《信息网络传播权保护条例》第6条基于评论目的对信息网络传播权的合理使用，或者不能适用《著作权法》第22条第1款第1项中的个人使用规则？

因此，本案审理中存在三个至关重要的问题需要深入分析：首先，于某作为"微博"中的文化消费者，有哪些消费性使用的利益，有那些法律保护途径？其次，现行法中关于合理使用的具体规定，是否可以适用于"微博转发"行为？最后，如果本案不能依据合理使用的具体条款作出裁决，那么应该如何处理？或者说，我国是否存在合理使用的一般条款？本质上看，本案中于某的行为就是在网络空间进行消费性的使用。于某没有任何营利目的，发表言论和转发的空间局限于社交网络，对作品的使用并没有直接影响作品的市场价值和利益。因此，本案的核心是，如何对网络环境下的消费性使用进行有效的规制。由于网络空间的消费性使用出现了与现实空间诸多不同的特征，因此应该重视网络环境下消费性使用的法律调整。

二、"微博转发"合理使用具体条款适用的困境

"微博转发"的主体一般包括有两类：第一类是私人以分享目的转发，第二类是企业或组织以宣传目的转发。转发"微博"的主体不同，所能够适用的法律规则自然不同。如果是网络服务提供者进行转发，或者由第三方平台出于营利性目的进行转发，基于其非消费性特征，自然应该承担更多的注意义务，一般也没有合理使用规则适用余地。但是对于普通消费者而言，"微博转发"是与"好友""粉丝"交换信息并分享信息的过程，既不具有营利性，也不会存在竞争性。本文中所要讨论的"微博转发"，指向的是后一种情形。

（一）"微博转发"不构成"个人使用"

消费者在"微博"空间的转发是否属于"个人使用"呢？从法院判决中给出的理由看，与其说是强调"评论目的"，毋宁说是凸显"微博"空间本身的特殊性。与其他营利性的网络服务不同，"微博"空间的活动主体是一般的消费者，生活于该空间的网民没有任何营利性的目的，他们是为了交友、评论、好玩等而聚集在一起，类似于现实生活中的"私人空间"。实际上，不管是否出于评论目的，还是为了好玩或者吸引"粉丝"，网民在"微博"中的转发，的确带有很强的私人使用目的。如此一来，是否可以援引"为个人学习、研究或者欣赏，使用他人已经发表的作品"作为裁决的理由呢？

从制度的历史源流考察，"个人使用"限制的权利类型是复制权。在《伯尔尼公约》及一些著作权学术著作中，个人使用也就是私人复制。它专指这样一类行为，即非权利人的复制行为，目的是为个人使用，数量上为少量，性质上为非营利，同时没有给版权人的合法利益造成损害。❶ 这是因为，与复制权相比，传播权控制行为以"公开"为条件，在印刷技术和模拟电子技术下，消费者不具有公开传播的能力和条件。《英国版权法》第 29 条规定：为研究或私人学习之目的，可以对文学、戏剧、音乐或艺术作品进行复制使用。《法国知识产权法典》比较特殊，虽然该法律规定了私人复制，但同时也在第 L122－5 条第 1 款规定了私人表演，亦即仅仅在家庭范围内进行的私人无偿表演构成合理使用。实际上，私人表演并不在权利人控制范围之内，其实并没有必要规定限制条款。因此，法国知识产权法典仍是以规范私人复制为主体。

网络技术改变了这一状况。网络给普通公众带来的最大变化在

---

❶ 张今：《版权法中私人复制问题研究：从印刷机到互联网》，中国政法大学出版社 2009 年版，第 1 页。

于，它给予每个人以公开传播的能力和途径。借助于网站、BBS、微博、博客、播客、微信等网络媒体形式，消费者可以进行个人使用的空间大为拓展。所谓的私人使用，不再局限在复制权领域，而是延宕到了传播权范畴。换言之，在网络空间上传作品，虽然也可能是在个人社交空间进行，但是却具有公开性，已然受到传播权的控制。此时，消费者还能否受到合理使用的豁免，颇令人踌躇。从著作权人的角度看，网络空间毕竟不是真正意义上的"私人空间"：它是开放性的场所；在网络空间传播作品，无疑会对权利人的利益造成实质性的损害。但是从消费者的角度看，在 QQ、微博、微信等空间使用作品，虽然达到了公开传播的效果，但是却不能否认其非营利性的私人利用性质。在知识产权强保护思潮之下，著作权法作出了有利于权利人的制度选择。为个人学习、研究或者欣赏，向公众提供已经发表作品的行为，在《信息网络传播权保护条例》中没有被规定为属于合理使用。这表明，个人将音乐作品上传"博客"、BBS、"微博"的行为，一般不再被认定为合理使用。

其次，"个人使用"限制的主观目的，是为个人学习、研究或者娱乐欣赏。就主观目的之不同，又可分为基于学习研究的个人使用和基于娱乐欣赏的个人使用。"微博"中的转发行为，一般不是为了学习或者娱乐，而只是为了评论、表达和分享，所以，严格适用目的限定条款的话，也不能将"微博转发"界定为合理使用。

通过分析可知，"微博转发"是一种信息网络传播权控制的行为，不是法律上规定的个人使用类型，它不能援引《著作权法》第22 条第 1 项中"个人使用"条款。这是因为：第一，它不是为个人学习、研究或者娱乐欣赏的目的；第二，《信息网络传播权保护条例》第 6 条没有规定信息网络传播权的个人使用构成合理使用，这表明立法者原则上否认了可以将个人使用延展到网络环境的信息网络传播行为。

（二）"微博转发"不构成"适当引用"

当消费者在学习研究基础上，利用既有作品创作出新的作品后，虽然在身份上转化为作者，但是这种转化性的使用本身仍然是一种消费行为，只不过是在消费基础上进行创作而已。所以，也可以称为是作为作者的消费者。❶ 这种"适当引用"的行为构成合理使用。具体言之，为创作新作品而适当引用他人已经发表的作品，不需要征得权利人同意，也无需支付报酬。《英国版权法》第30条规定：对某一已发表作品或作品的表演进行批评或评论，在附加充分说明的条件下可在使用者自己的作品中引用该作品。《法国知识产权法典》L122-5条第3款规定，在评论、论述、教学和情报作品中进行分析和简短引用，即创作自己的作品可以摘用他人作品的部分段落，但要指出作者姓名、材料来源。

"适当引用"首要特征是引用的适当性，用以强化作品使用的转化性特点。如果是以与原作品不同的方式或是为了与原作品不同的目的，形成具有创造性的新作品后，才可以"适当引用"为由享受合理使用的利益。通常而言，文学艺术作品的整体复制引用会受到禁止。适当引用的反向度就是引用过量。过量引用包括两种标准：其一，数量标准。一般来说，引用他人作品超出介绍、评论的实际需要，就可能构成过量；其二，实质标准。也就是不得将他人作品的实质部分作为自己作品的实质部分，进而与原作品形成事实上的竞争关系。两个标准必须结合起来。例如，引用他人已经发表的小诗撰写诗评，虽然在数量上是全文引用，但只要形成的评论性文字与原诗词之间没有事实上的竞争关系，也可以构成适当引用。或者说，适当引用后必须产生新作：新作必须区别于原作；新作必须独

❶ 张今："消费者理论对版权合理使用制度的影响"，见吴汉东主编：《知识产权年刊（2006年卷）》，北京大学出版社2007年版，第189页。

立于原作；原作的引用必须适宜于新作。如果仅仅是利用原作产生的美学价值和功能为新作进行宣传，也会构成不适当引用。

"适当引用"的次要特征是对引用目的正当性的限定。所谓目的适当，是指引用者出于介绍、评论、说明的目的。"介绍"是为了让其他读者对该作品的部分内容或者主旨思想有所了解，进而激发起对该作品的阅读、欣赏的兴趣；"评论"是为了表达使用者对该作品的主观认识，从而唤起其他读者的共鸣或者引发讨论；"说明"是将被引用作品作为写作的素材或者论据，用以引证自己的观点或想法。如果偏离了上述目的，就可能是不适当引用。例如，将他人的绘画作品作为书籍的封面，这种增加自己作品吸引力但又没有介绍、评论或说明功能的使用，就应该得到权利人许可。

"微博转发"的一项基本功能是"评论功能"。以"新浪微博"为例，不论是"PC端"还是"移动端"，每条"微博"的右下方显示"转发"的字样，点击之后弹出对话框，该对话框包括两部分，上面是要转发的内容，下面是前人的评论，可以删除或添加自己的评论。正是因为这一特征，"微博转发"者会发表不超过140字的评论，但是同时通过"一次点击"就可以完成转发，这是"微博"平台技术的要求，也是基本的评论习惯。在前引案例中，法院均提及这一点。由于于某是出于评论的目的而使用作品，因此可以属于"为介绍、评论某一作品或者说明某一问题，在作品中引用他人已经发表的作品。"而且按照"微博"的转发惯例，于某在主观上的确是基于评论目的。

不过，于某将整个视频进行转发并作为评论的依据，是否"适当"，却值得反思。从传统著作权法的原理观察，于某的转发行为很难构成"适当引用"：其一，"微博转发"是"鼠标"一点，整个作品就会被完全从别人的"微博"空间拷贝到个人的"微博"空间，较为便捷和随意。如果非要考察转发者的动机，很多时候并不真的是为了"评论"，有时甚至是为了"好玩"或者对被转发者的支持。其二，"微博转发"中的音频和视频往往是独创性很强的作品，与之鲜明对比的是，进行评论的内容主要表现为文字形式，而且字数还受到了明确的限制。按照传统的引用方式，在文字作品中的评论应该对于被评论对象进行文字性的描述，但是网络空间给予评论者以更大的自由：不需要任何转换型的描述即可将被评论对象全文转发，这种评论模式显然违背了"适当引用"的要求。其三，一般来说，越是"转换性的使用"，越有可能构成"适当引用"，进而归于合理使用的范畴。"转换性使用"是指对原作的使用并非为了单纯地再现原作本身的文学艺术价值或实现其内在功能或目的，而是通过增加新的美学内容、新的视角、新的理念或通过其他方式，使原作在被使用过程中有了新的价值、功能或性质。可是在"微博转发"中没有任何"转换性"的因素，相反，它完全是一种"保真"的复制，因此也很难认定构成"适当引用"。

综上分析可知，私人进行"微博转发"虽然是一种"个人使用"，但是在现有法律上却并未被规定为属于合理使用；同时，"微博转发"具有评论功能，但是在本案中却较难满足"适当引用"的合理使用要件。因此，"微博转发"不属于我国《著作权法》和《信息网络传播权保护条例》所规定的合理使用具体情形，不能受到合理使用具体条款的豁免。

三、"微博转发"合理使用一般条款的迷思

在通常情况下，法官的主要任务是尽可能全面彻底地寻找个案裁判所应适用的规则。当出现无法律规则可以适用的情况下，法律原则才可以作为弥补"规则漏洞"的手段发生作用。❶ 合理使用的制度

---

❶ 高其才：《法理学（第 4 版）》，清华大学出版社 2011 年版，第 47~48 页。

设计中，除却具体的规则列举外，也不乏原则条款的制度设计。纵
观代表性的立法体例，厘定合理使用的原则条款包括"三步测试法"
和"要素主义立法"。前引案例一旦穷尽合理使用具体规则条款，则
可考虑一般条款的法律适用。

（一）"微博转发"与"三步测试法"

就国际范围而言，关于著作权限制的最著名一般条款，莫过于
"三步测试法"。"三步测试法"肇始于1967年《伯尔尼公约》斯德
哥尔摩修订会议。研究小组认为，所有具有或者可能具有重大经济
及特别重要价值的作品利用方式，都应该保留给作者。❶ 但第一主要
委员会认为，如果复制发生在特殊情况而又不与作品的正常利用相
抵触，且不无理损害作者的合法利益，可以采用强制许可及合理使
用。❷ 后来，这一记录被用来解释《伯尔尼公约》第9条第（2）
款，并命名为"三步测试法"。由于该测试法主要是针对"复制权"
而言的，因此在其建立伊始并不能够涵盖到著作权人的传播权。但
是情况总是在悄然变化。1996年缔结的《世界知识产权组织版权条
约》（WCT）第10条以"限制与例外"为标题，规定缔约各方在适
用《伯尔尼公约》时，应将对该公约所规定权利的任何限制或例外
限于某些不与作品的正常利用相抵触、也不无理地损害作者合法利
益的特殊情况。同年缔结的《世界知识产权组织表演和录音制品条
约》（WPPT）也有类似的规定。此时，"三步测试法"不再局限在
复制权范围，而是扩展到所有著作权权能领域。

根据"三步测试法"，著作权的限制必须是在特定情形下，不与
作品的正常使用相冲突，也不得不合理损害著作权人的利益。《著作
权法实施条例》第21条规定，"依照著作权法有关规定，使用可以

❶ 1967年斯德哥尔摩外交会议记录，第112页。
❷ 1967年斯德哥尔摩外交会议记录，第1145页。

不经著作权人许可的已经发表的作品，不得影响该作品的正常使用，也不得不合理地损害著作权人的合法利益。"这一规定被认为是中国版的"三步测试法"。实践中，法院也会运用这一条款，将其作为判定合理使用能否适用的一般条款，在无法适用合理使用具体条款的场合作为裁判规范。

前述案件中，北京两级法院均是依据《著作权法实施条例》第21条进行裁判。具体来说，"微博转发"能够构成合理使用，是因为它们可以经受"三步测试法"的检验。首先，"微博转发"属于特定情形。"三步测试法"所要求的"特定情形"并不是指向法律所明确规定的情形，而是要求合理使用只是对著作权保护的例外情形，在整个著作权人控制行为范围内处于很小的比例，进而应该有明确的公共政策目的或者其他正当理由。"微博转发"与互联网上大量存在的转发、转载等信息网络传播行为相较而言，是一种特殊情况。该种情况是在立法普遍承认权利人享有信息网络传播权的框架下给定。换言之，当运用信息网络传播权控制"微博转发"会妨碍言论自由和公共利益，或者过于琐细，权利人不宜进行控制的场合，可以对信息网络传播权进行适当的限制。其次，"微博转发"不与作品、表演或录音制品的正常使用相冲突。按照"市场替代式"经济进路的解释是，如果一种使用方式与作者通常利用作品获得利益的方式形成竞争，那么该使用方式就与正常利用相冲突。在"微博转发"的场合，使用者的行为是交流和评论，进入"微博"中的消费者也不是为了获取相应的作品。因此，"微博转发"不会产生市场替代的效果。最后，"微博转发"不会不合理地损害作品、表演或录音制品权利人的合法利益。虽然也有"淘宝者"会在"微博"空间下载并消费一些作品，但是在常态下，"微博"空间的信息浩渺，并不适宜"淘宝"。即便是存在信息分享的情况，这种损害也控制在合理的区间。因此，总体看来，"微博转发"不会给权利人带来实际的不合理损害，"微博"空间不是著作权人竞争性的市场可以开发的空间，所以不会给权利人带来潜在的不合理损害。

但是，将"三步测试法"作为合理使用一般条款适用于具体案件，也存在着令人困惑之处。实际上，关于"三步测试法"的属性问题，学界存在不同的主张。一种观点认为，"三步测试法"是对合理使用进行限制的标准，是权利限制的限制。❶ 例如，"个人使用"属于合理使用的情形，但是为了个人欣赏而复制整部书籍，大量翻录整盘音乐磁带或光盘，以及大量从网上下载盗版音乐或电影，因其违反"三步测试法"而构成侵权行为。第二种观点认为，"三步测试法"是合理使用标准的另一种表达方式。❷ 也就是说，当合理使用的具体情形付之阙如时，可考虑运用"三步测试法"建立新的权利限制规则。第三种观点认为，"三步测试法"既是限定传统上承认的范围的解释工具，也是发展新例外的解释工具。各成员的立法机构可以根据自己的政策目标，在符合"三步测试法"的条件下，发展适合自己的例外与限制，从而达到激励创作和维持丰富的公共利益之间的平衡。❸ 笔者认为，上述争议所带来的困惑显而易见。我国实践中直接运用"三步测试法"发展新的合理使用规则，始终存在以下障碍：首先，《著作权法实施条例》第21条的规定直接针对《著作权法》第22条规定。从法律规则的语句表述上看，它调整的前提是"使用可以不经著作权人许可的已经发表的作品的"，显然并不是为了权利限制设定一般准则，而是对权利限制进行限制。其次，从"三步测试法"的产生和发展历程看，其主要功能是为了限制权利限

❶ 王迁：《著作权法学》，北京大学出版社2007年版，第204页。
❷ 张今：《版权法中私人复制问题研究：从印刷机到互联网》，中国政法大学出版社2009年版，第119页。
❸ 朱理："后TRIPS时代版权限制和例外的国际标准"，载《云南大学学报法学版》2006年第1期。

制。学者指出，为了实现著作权人利益和社会公众利益的相互制衡，"三步测试法"力求完成阻止著作权限制机制会侵害权利人利益的任务。❶ 再次，"三步测试法"作为合理使用一般条款的适用范围不够明确。例如，对于那些立法上没有规定的合理使用情形，或者以前规定但是后来被立法所废止的内容，是否还能再次通过"三步检验法"的测试，而构成合理使用呢？实际上，诸如个人使用的信息网络传播，本来是"个人使用"的一种形式，但在《信息网络传播权保护条例》中否定了这种合理使用形态，司法显然不应再以"三步测试"扩张合理使用范围，否则必然挑战立法的权威。最后，如果"三步测试法"具有限制权利限制和建构权利限制范围的双重能力，就很难避免出现循环测试。例如，"微博转发"可被测试为构成"合理使用"，但是也必须被再次测试为是否违背"三步检验法"，以避免逾越合理使用的范围，用以保护权利人的利益。如果这样的理解可以成立，则所有的合理使用情形都是不确定的。实际上，作为一项法律规则，要承担保护两个反方向利益主体的目的，根本不可能实现。

综上可知，"三步测试法"的确是著作权限制的"一般条款"，但是它并不能理所当然地担负起扩张合理使用范围功能。相反，更为可信的结论也许是，与其说"三步测试法"是对著作权限制的扩张，毋宁说它是著作权限制的限制。

（二）"微博转发"与"因素主义"立法

诚如学者所述，合理使用的立法体例，存在因素主义、规则主义和因素主义与规则主义二者相结合的模式。因素主义是指法律对是否构成著作权合理使用只作原则性的规定，把合理使用的构成概括

---

❶ Martin Senftleben, Copyright, Limitations And The Three – Step Test, *Kluwer Law International*, 5 (2004).

为若干要素，如使用的目的、性质等，符合了要素规定的条件就构成合理使用。❶ 因素主义立法以美国为代表，它旨在克服"规则主义"的僵化之弊，具有开放性。例如，美国 1976 年《版权法》第 107 节规定的合理使用的要素包括：（1）使用的目的和性质。（2）使用的版权作品性质。（3）使用者所使用的部分占版权作品的数量和实质性。（4）使用的效果和市场影响。在美国的司法实践中，当法官无法从版权法的具体条款中找寻到权利限制的具体条款时，可以径行援引上述四个因素综合判定是否构成合理使用。事实上，美国立法中所阐述的合理使用"四因素"，已经产生了广泛的国际影响。我国《著作权法》虽采用"规则主义"，但是"四因素"也仍是学界所共认的判定合理使用的有效方法。

因此，从理论上可以运用"四因素"分析前述"微博转发"案例。首先，使用的目的和性质。"营利性"和"转换性"两个要素是考量的重点。"微博转发"作为消费性的使用，是在消费空间传播作品，不具有营利目的。评论者转发"微博"虽然没有明显的"转换性"，但是在具体的使用目的上已经发生了变化，其作品利用的指向不在于作品本身，而是对作品进行消费和评论。从这个要素看，应该做出有利于合理使用的认定。其次，使用的版权作品性质。"微博转发"的作品，一般是不足 140 字的短文，独创性程度相对较低，一般有助于认定为合理使用。但是在本案中，转发的内容并非文字，而是录像制品，同时该作品并非权利人允许上传，所以应该是不利于认定为合理使用。再次，使用者所使用的部分占版权作品的数量和实质性。"微博转发"往往是全文转发或者是较多内容的转发，在实质上不利于认定为合理使用。在前述案例中，为了评论一句话而转发 70 多分钟视频文件的行为，也超过了合理的限度。最后，使用

---

❶ 于玉：《著作权合理使用制度研究》，知识产权出版社 2012 年版，第 78 页。

的效果和市场影响。"微博转发"是消费空间的个人评论和娱乐，往往并不会对所转发的作品产生市场不良影响。如果是权利人自己在"微博空间"发表意见后，反而是欢迎更多的"粉丝"转发。可见，一般的"微博转发"使用作品的效果，不违背权利人的主观意志，也不会与权利人使用作品的市场产生现实的或者潜在的影响。从"微博"本身的功能上看，权利人也不可能将其视为未来市场推广的竞争性领域。不过，本案的特殊性在于，转发的"微博"不是权利人同意上传的。但是，这没有改变"微博转发"本身的消费属性。在各种形形色色信息充斥的"微博"空间，要求转发者去求证所转发"微博"是否经过合法授权，也是不现实的要求。虽然对于权利人来说，因为该"微博"引发了批评。但是这种批评并不是由于作品本身的原因所引发。所以，从这个因素看，应该做出有利于合理使用的认定。总之，在上述四个因素中，一、四两个因素有利于认定合理使用，二、三两个因素则反之。如何做出判定，取决于法官的自由裁量。

因素主义立法将"合理使用"转化成一项衡平规则，允许法官对每一个案件中的具体情况进行斟酌与判断，以确定某个行为是合理的还是不合理，这对法官的总体素质提出了较高要求。实际上，考察四个要素的不同内容时，往往会出现一些因素有利于认定合理使用，但是另外一些因素却反之的现象。这在某种程度上扩大了法官自由裁量的范围。在缺少相对明确标准之下，较容易出现"同案不同判"的状况。事实上，无论是"三步测试法"还是"因素主义"，都是在建构一种模糊性的合理主义路径。在"微博转发"的合理使用判定中，核心的要素是消费性使用是否真的会对著作权市场产生影响。虽然学理上的分析是认为该种消费性的使用不会对著作权人产生竞争性的市场冲击，但是由于缺乏任何实证的数据支撑，不同的裁判者完全有可能做出不同的判断。比较吊诡的是，如果在法律上同时规定这两种一般条款，只会引发更多不必要的冲突。所以，在"三步测试法"和"因素主义"之间进行"二选一"，当属最佳配置。

四、消费性使用与网络著作权的法律限制

通过上文的分析可知，消费性使用当然地属于合理使用，这在印刷时代有其合理存在的基础；但这一基础到了数字网络时代就已经受到严重的冲击。这一现象突出地具体表现在，一些传统环境下的个人使用，在网络环境下不再理所当然地成为合理使用；而一些传统环境下不会发生的评论性的使用，虽然溢出了个人使用的范围，但在法理上应该认定为构成合理使用。

网络环境下的消费性使用有了许多新的存在方式。从 BBS、"博客"、QQ 空间到"微博""微信"和各种社交平台。现代信息技术日新月异，可以确信的是，各种网络消费空间还会不断出现。网络消费空间的作品使用，表面上看不再具有传统消费性使用的一般特征，但是却没有改变其"非营利性"和"非竞争性"的实质，在大多数情形下也没有与权利人展开市场竞争。总体上看，网络环境下的消费性使用具有以下特征：

首先，网络消费空间具有明显的开放性，但在实质上又具有相对封闭性。从技术特性看，它是"开放"的，任何人均可在满足一定条件下进入，成为"好友""朋友""熟人"等作品分享主体。由于网络是一个本身开放的技术平台，"熟人"的出现又总是以匿名和不特定性为表征，所以，在技术上看，只要空间管理者允许，任何"网民"均可以进入特定的消费空间，在自己选定的时间和地点参与消费空间的活动。但是，网络消费空间毕竟只是开放的社交平台，个人开设"微博"以及"微博"中粉丝的出现或选择，并不具有市场控制属性，相反，它只是源于个人的社交需要。这些作品分享主

体的存在不需要支付任何市场对价，其基本的准入门槛是"朋友圈"。从表象看，这样的空间并不具有市场开放性。也就是说，只有具有特殊的"熟人"身份的主体才可以进入，因此本质上还是一个相对封闭的空间。

其次，网络消费空间的作品使用具有明显的非营利性，同时可以运用"三步测试法"检验其是否损害权利人的利益。"微博转发"是网络环境下的个人使用形式，在转发中不具有营利性；同时，它往往是为了与"粉丝"和"博友"分享观点或者评论时事，因此是基本的言论自由和文化公共领域控制的范围，不会与著作权人形成市场上的竞争关系。这样的"个人使用"或者"评论性的使用"是否超出法律允许的范围，构成对权利人利益的不合理损害，则应该根据"三步测试法"检验其正当性。也就是说，网络平台中的消费性使用可能会损害权利人的利益，也可能不损害权利人的利益。针对具体的网络环境和消费惯例，这时候即可发挥"三步测试法"在限定著作权限制中的一般条款功能，依之进行检验。前述案例中，二审法院认为，基于"微博这一社交方式的惯例"，网民更关注于各方的观点而非涉案作品中与各方观点无关的司法考试内容，从而认定不会损害张某的"市场利益"。这样的说法不无道理。只是在裁判的逻辑上，还是应该先坚持认定"微博转发"属于"消费性的使用"，随后因循"三步测试法"检验这种个人使用没有逾越法定的界限，因此应该认定为合理使用。

由此可见，网络环境下的消费性使用出现了一些新的变化，但是作为消费性使用的非营利性、非竞争性的本质并没有发生改变，它在促进学习、交流和维护文化公共领域等方面的功能依然存在。只要保护消费性的使用具有正当性，网络环境下的消费性的使用也就具有受到保护的合理性。

分析至此，可以对前述讨论的判决略作总结：于某的"微博转发"本质上是一种基于评论目的之个人使用。从解释论的角度看，相对理想的做法是援引《著作权法》第 22 条关于个人使用的条款，扩大解释"个人学习、娱乐、欣赏"目的的范畴，使之可以涵盖到基于评论目的之个人使用。同时，法官宜援引《著作权法实施条例》第 21 条进行"三步测试法"的检验，认定该种网络空间消费性使用的合理性。当然从逻辑上，这一解释仍有不周延之处。《信息网络传播权保护条例》毕竟没有规定个人进行的信息网络传播可以构成合理使用，如何处理它与《著作权法》规定的关系，存在解释学上的障碍。所以，更好的做法是在立法上完善个人使用构成合理使用的条件，同时辅之以"三步测试法"进行限制，这样既可以发挥网络空间的自治和共享功能，保障公民的知情权和言论自由，保护著作权人的利益，又可以确保裁判案件具有更强的逻辑合理性。

有鉴于此，对于"个人使用"，应该有新的调整方式。学者建议，为个人欣赏开辟特区，已对各种文化消费品造成了不同程度的消极影响，尤其是音乐行业、影视行业深受其害，对这类使用目的的私人复制行为应加以适当限制。一些学者由此提出具体的建议，因个人欣赏目的无偿而自由利用他人作品的情形，排除在个人使用的范围之外。❶我国《著作权法》修正草案中，均只对学习目的之个人使用规定为合理使用，显然是采纳了这种见解。笔者不同意这样的观点，理由在于：（1）网络环境下的个人使用方式，不再局限于复制行为，其动机也具有多样性。研究、娱乐和欣赏的使用动机，只不过针对私人复制而言。与之不同的是，网络空间的消费方式包括传播行为，传播作品中包括各种各样的个人消费动机，这包括学习、教育、娱乐、欣赏、评论、交友、交流、分享，等等。（2）网

---

❶ 吴汉东：《著作权合理使用制度研究》，中国政法大学出版社 2005 年版，第 330 页；张今：《版权法中私人复制问题研究：从印刷机到互联网》，中国政法大学出版社 2009 年版，第 182 页。

络环境下很难区分"研究动机"和其他个人使用动机。事实上，网络空间给人类带来的最大便利就是提供了知识共享的全新平台。对于"微博""微信""QQ"等消费空间而言，个人使用的目的不一而足，如果非要为网络空间的个人使用确立一个共同的目的因素，只会造成区分的困难和适用法律时的随意。（3）网络环境下的个人使用是否构成合理使用，并不取决于使用的动机。由于所有的文件格式都是数字式的，学习目的之个人使用和其他目的之个人使用，都可能会对著作权人的利益造成损害，也可能不会造成损害。无论是何种目的，数字化复制、网络传播给权利人利益带来的影响是等同的。利用P2P软件下载一本书用于学习目的，或者下载一部电影用于欣赏目的，都可能会超出著作权人所能接受的限度。所以更好的立法方式不是区分个人使用的目的，而是引入"三步测试法"，对个人使用是否属于合理使用进行具体的合理性分析。（4）保护个人使用的根本原因，不在于其背后的动机，而应更注重其非竞争性和非营利性的特征。在"三步测试法"可以作为对权利限制进行限制的前提下，淡化个人使用的动机，强化其消费性，应该是更为可取的立法选择。所以，笔者建议在我国《著作权法》中明确规定：个人以复制、表演、网络传播、演绎等方式非营利性、非竞争性地使用已发表作品或片段，构成合理使用。同时，明确规定三步测试法，即：著作权的限制必须是在特定情形下，不与作品的正常使用相冲突，也不得不合理损害著作权人的利益。不言而喻，个人使用也必须接受"三步测试法"的检验：个人在网络空间上传他人作品，如果影响到作品的正常使用，不合理的损害了权利人的利益，当然就不能认定为构成合理使用。

五、结语

　　从解释论上看，前述案例的一、二审判决虽然支持了网络环境下的消费性使用，但是却缺乏有力的法律依据。就裁判逻辑而言，法院应该指明已经穷尽现有的合理使用具体条款，然后才能按照一般条款进行认定。然而实际上，即便是因循合理使用的一般条款扩张其范围，"三步测试法"也不是合适的选择。从司法能动性的角度看，法院应遵从立法者的本意，将"三步测试法"作为著作权限制之限制的一般条款。按照这样的思路，可行的方法是援引《著作权法》第22条关于"个人使用"的条款，再辅之以《著作权法实施条例》第21条的"三步测试法"，对"微博转发"是否超出合理范围进行分析，进而作出有说服力的判决。但是，由于《信息网络传播权保护条例》第6条没有规定网络空间个人使用的相应条款，因此解释论的路线还是存在一定的缺陷。因此，未来的著作权立法应该照应网络环境下消费性使用的多元性，前瞻性地创新"个人使用"构成合理使用的条款，保障网络环境下的各种正常文化消费行为，捍卫网络空间的信息自由精神和知识共享理念。

第三节 "百度文库"事件的法律思考

"百度文库"是百度公司推出的资讯分享平台，在线资料占用量在国内网站中首屈一指，拥有200多万部小说及大量散文、报告文学等文学作品，还有名目繁多的课本、习题、考试题库、论文报告、专业资料等。抛开"百度文库"形成的合法性，单就这种网络服务方式对文化消费的影响而言，消费者有了更多获得文化作品的途径，可以更为便捷地从百度搜索中免费查找到需要的资料和文档，从这个意义上看，"百度文库"至少可以看做是一种全新的文化消费渠道。与此同时，百度文库也鲜明地反映出网络文化消费中用户生成内容（UGC）的可行性和巨大影响力。但是，这种网络服务形式本身却必须经受著作权法上的合法性审查，只有上传和存储的过程符合法律规定，通过合法性审查倒逼百度公司建立一种受到法律保护的营运模式，才可以保障该类文化消费管道在法治的轨道运行。

一、问题的提出

国内作家对"百度文库"未经许可传播其作品一直心存不满，多次发生主张权益的事件。2010 年 11 月 12 日，盛大文学旗下的南派三叔、沧月、当年明月、匪我思存等 22 位网络作家就发表联合声明，声讨百度文库侵权。2011 年 3 月 15 日，一封由刘心武、贾平凹等近 50 位当红作家联名签署，由出版人沈浩波组织发起，作家慕容雪村负责执笔的《三一五讨百度书》在短时间内就传到了国内各大门户网站，成为作家们在"3·15"消费者权益日扔下的一枚重磅炸弹。百度公司释放出和解信息，删除其文库中 280 万份文学作品，同时百度文库版权合作平台正式上线。但作家们仍然不满意。随后，韩寒、慕容雪村等作家分别就作品被上传百度文库向法院提起诉讼。例如，北京市海淀区人民法院于 2012 年 7 月 10 日、2012 年 7 月 24 日公开开庭进行了审理韩寒诉被告北京百度网讯科技有限公司侵犯著作权纠纷一案（以下简称《像少年啦飞驰》案），❶ 并作出判决。2014 年，在中青文公司诉百度文库案件（以下简称《考拉小巫的英语学习日记》案）❷ 中，法院一审认定百度公司构成侵权，判令其赔偿 40 万元。

在上述争论中，作家们认为：（1）百度长期无视出版社和作家的著作权，让网民上传作品，现在作品数量已经达到我们能忍耐的极限。（2）百度不付费，从来连招呼也不打，这种做法太不尊重作家的劳动了。（3）身为写作者，深知写作的艰难，一字一句，都是

---

❶ 北京市海淀区人民法院民事判决书［2012］海民初字第 5558 号。

❷ "北京一出版社告百度文库侵权获赔 40 万元，上诉索赔百万"，载 http：//news. jcrb. com/jxsw/201407/t20140716_ 1414935. html，2015 年 6 月 17 日访问。

呕心沥血得来。可是，他们的网络版权一直得不到应有的尊重，其作品还成为"百度文库"等运营商们赚钱的'肥肉'。这种剥削作家们的恶行，应该全文坛共讨之。（4）不少作家生活很艰辛，无法通过写作过上令人满意的生活。有些作家用一年写一本书只有17 000块左右的收入。

百度公司认为：（1）百度文库是中文互联网最大的文档分享平台，其价值在于推动文档类学习资料及经验知识在互联网上的沉淀，帮助网民更好地分享知识、交流学习经验，并非一个简单的小说阅读平台。（2）内容是网友上传的，下载的也是网友，责任并不在我们。（3）百度这个平台或许加速了版权纠纷集中爆发，但同样也推动了这些问题的集中解决。双方应共同完善"开放—协作—分成"的共赢机制，这对于数字产业发展未尝不是一次机会。

虽然双方各执一词，但是还都必须回到现有法律的框架探讨相应的侵权责任及其豁免情节。《侵权责任法》第36条和《信息网络传播权保护条例》是这类事件适用的基本法律依据。2012年11月26日通过的《最高人民法院关于审理侵害信息网络传播权民事纠纷案件适用法律若干问题的规定》（以下简称《审理侵害信息网络传播权民事纠纷案件适用法律若干问题的规定》），废除了《最高人民法院关于审理涉及计算机网络著作权纠纷案件适用法律若干问题的解释》，成为最新司法成果的集中体现，对于解决网络环境下的著作权案件审判具有重大价值。

二、"百度文库"侵权责任的性质

在"百度文库"事件中，如果百度公司侵权，那么可能属于什么性质的侵权，这是必须明确的首要问题。从百度公司自身的性质上看，属于网络存储空间服务提供者自无疑问。按照侵权人承担责任过错形态的不同，网络服务提供者侵权责任有三种类型：直接侵权责任、间接侵权责任和替代侵权责任。所以，"百度文库"事件中百度公司是否构成侵权，应该从其行为的特征出发，界定其是否符合不同类型侵权责任的要件，从而对其性质进行全面分析和评判。

（一）"百度文库"的直接侵权责任

网络服务提供者的直接侵权责任是指由于自己的主观过错直接侵害民事权利导致的损害所应承担的侵权责任。该种民事责任类型具有的三个基本方面的特点：其一，从因果关系上看，是网络服务提供者的违法行为直接导致了损害结果的发生。其二，只要存在网络服务提供者的违法行为即可完成整个侵害行为，并因此行为而承担法律责任。当然在某些情况下，直接侵权行为还需要与其他辅助行为一起才能导致损害后果的发生，从而出现直接侵权责任与间接侵权责任并存的格局。其三，网络服务提供者应该为自己的直接侵权行为承担独立的、完全的民事责任。

从"百度文库"的运营模式上看，究竟是谁在上传作家们创作的作品呢？这直接决定了"百度文库"是否构成直接侵权。从现有各方的观点来看，在互联网上传递作家作品的，不外乎四种情况：（1）百度公司教唆或者鼓励网民上传。（2）百度公司的雇员为了提升"百度文库"的人气上传作品。（3）作者或者其他权利人自己上传至"百度文库"，以获得财富值和经验值，从而能够免费分享其他人上传的作品；"百度文库"主页上显示有《个人数字作品协议》，包含有个人认证和机构合作的栏目，均旨在鼓励著作权人与百度公司合作，由权利人自己或者经由合法授权上传作品。（4）网民未经授权上传作品至"百度文库"，获得免费分享其他作品的机会。由此可见，无论哪一种情况，都不曾见到百度公司自己上传作品到"百度文库"，所以并不存在直接侵害著作权的情形。事实上，由于百度公司将"百度文库"定位为信息分享平台，就是要让公司整体上从随后的信息分享中避免承担审查义务，并不被追究直接侵权责任。

所以，权利人很难提供证据证明，哪些文件是由百度公司直接授意以公司名义上传的，因此也就很难要求对方承担直接侵权责任。

（二）"百度文库"的间接侵权责任

"百度文库"对于他人行为所承担的法律责任问题，才是其面临的主要法律风险。根据《侵权责任法》第9条第1款："教唆、帮助他人实施侵权行为的，应当与行为人承担连带责任"。《规定》第7条第1款规定："网络服务提供者在提供网络服务时教唆或者帮助网络用户实施侵害信息网络传播权行为的，人民法院应当判令其承担侵权责任。"具体来说，"百度文库"承担间接侵权损害赔偿责任的构成要件有：（1）明知或应知他人利用网络服务侵害著作权。（2）实施了间接侵权行为，主要包括帮助行为、教唆行为、引诱行为等。（3）存在着多个侵权人，而网络服务提供者是作为间接侵权人的身份出现。

"百度文库"在实际运行中，可能实施"帮助侵权"和"引诱侵权"行为。帮助侵权行为是指对于他人实施的侵害传播权行为提供物质、空间、通道等服务上帮助的侵权行为。网络服务提供者实施的帮助侵权行为主要包括以下情形：（1）提供信息传播通道。（2）提供系统缓存服务。（3）提供搜索服务。（4）提供链接服务。（5）提供信息存储空间。根据《规定》，网络服务提供者明知或者应知网络用户利用网络服务侵害信息网络传播权，未采取删除、屏蔽、断开链接等必要措施，或者提供技术支持等帮助行为的，人民法院应当认定其构成帮助侵权行为。引诱教唆行为是指利用言语、广告或者采取鼓励措施开导、说服或者刺激、利诱、怂恿等方法使他人实施侵犯知识产权的行为。网络服务提供者实施的引诱教唆行为主要发生于P2P服务和存储空间服务中。根据司法解释，网络服务提供者以言语、推介技术支持、奖励积分等方式诱导、鼓励网络用户实施侵害信息网络传播权行为的，人民法院应当认定其构成教唆侵权行为。其他间接侵权行为是指网络服务提供者与他人以分工合作等方式侵犯著作权行为的情况。作家们起诉百度文库，除了证明百度文库实施了间接侵权行为，还应该同时证明侵权后果和因果关系。《像少年啦飞驰》案中，百度公司为网络用户上传、存储并分享书文档的行为提供了帮助，使该文档在上传后的数月内被用户共浏览5 000余次、下载1 500余次，对著作权人造成损害。正是百度公司的帮助行为为侵权文档的广泛传播提供可行性和便利条件，因此，百度公司的行为与损害之间存在因果关系。

最为重要的是，在要求损害赔偿时，还必须证明百度文库具有主观过错。按照举证责任规则，原告对于自己的主张负有举证义务，原告可以通过证据证明"百度文库"明知或应知侵权行为的发生而不采取措施制止侵权，进而请求法院认定"百度文库"具有过错。

在判定间接侵权时，网络服务提供者往往没有审查义务，所以网络服务提供者未对网络用户侵害著作权的行为主动进行审查的，人民法院不应据此认定其具有过错。只有在网络服务提供者接到权利人以书信、传真、电子邮件等方式提交的通知，未及时采取删除、屏蔽、断开链接等必要措施的，才应当认定其明知相关侵权行为。对此，《侵权责任法》第36条第2款规定："网络用户利用网络服务实施侵权行为的，被侵权人有权通知网络服务提供者采取删除、屏蔽、断开链接等必要措施。网络服务提供者接到通知后未及时采取必要措施的，对损害的扩大部分与该网络用户承担连带责任。"

《像少年啦飞驰》案中，原告主张百度公司明知百度文库中的文档侵权，理由是百度公司对该文进行了编辑、推荐，并从中获得经济利益。对此，法院没有予以认定，理由在于，第一，编辑系对作品内容的修改，韩寒所称的"改变"仅指文档格式转化，并非对作品内容的改变。第二，通常意义上理解"推荐"，应为通过主动行为以引人注意的方式向他人介绍，希望他人接受，因此，所推荐的内容通常会处于突出、显著的位置从而最大程度地吸引他人注意力。本案中，原告提交的证据无法显示"相关推荐文档"栏目列举的"像少年啦飞驰、韩寒、韩寒现象"等标题所对应的文档是否真实存在或与题目相关，同时也没有其他证据证明该书被推荐至突出、显著的位置。第三，除非有证据证明"百度文库"存在专门利用《像少年啦飞驰》书获取经济利益的情形，韩寒所称的百度公司从合作伙伴处获得经济利益不能当然地推断百度公司知道侵权。

至于"应知"的判定，则尤为复杂。较好的做法是根据网络服务提供者应该承担的注意义务进行综合判定。也就是说，各行为人对损害后果是否应该具有共同的认识和预见，要根据一个合理的、谨慎的人是否应该预见和认识损害后果来加以判断。❶但是，不同类型的网络服务提供者在不同情况下所应该尽到的注意义务是不同的，为统一裁判标准。根据《审理侵害信息网络传播权民事纠纷案件适用法律若干问题的规定》的相关条款和司法解释颁布前的审判精神，原告只需证明以下事项即可认定被告应知侵权行为的发生：首先，百度文库具有管理相关信息的能力，原告的作品具有较强的知名度，被告主动对作品进行了编辑和推荐。其次，在原告等一系列作家采取了相关行动明确表示反对传播个人作品，并由此采取了系列的措施，社会各方面报道较多，成为社会热点问题后，"百度文库"没有采取预防侵权的合理措施。最后，"百度文库"在经营过程中固然是为网民提供信息分享的平台，但是也从这些行为中获得了直接的经济利益，应该负有较高的注意义务。

从原告举证的角度看，上述事实已经表明"百度文库"应知侵权的发生，但是否必然承担责任，则应该由被告证明自己是否可以进入"避风港"。如果被告有足够理由证明，自己不可能知道侵权行

---

❶ 王利明：《侵权行为法研究（上卷）》，中国人民大学出版社 2004 年版，第 699 页。

为发生，本质上仍只是提供中立技术服务，依然可以免除损害赔偿责任。

（三）"百度文库"的替代责任

"百度文库"的替代责任是指百度文库在具有监督直接侵权行为的权利和能力的同时，又从直接侵权行为中获得直接经济利益，由此而应承担的民事责任。常见的情况是，"百度文库"与网络用户之间有特定关系。例如，只要网站同意某网友作为版主，无论双方是否签订合同，是否有报酬，都不改变网站和版主之间的雇佣法律关系。❶ 版主上传各种作品的行为，或者"百度公司"雇员上传作品，代表了"百度公司"的意思，自然应由"百度公司"承担替代责任。只是在这种情况下，原告负有很重的举证责任。在一般情况下，很难收集到证据证明某一个 IP 地址所代表的网民是由百度公司聘请的枪手，或者与该公司有着特殊的雇佣关系。当然，一旦有这样的证明，百度公司承担替代责任自无疑问。

三、"百度文库"侵权责任的避风港

"避风港"规则是指网络服务提供者在保持技术中立的客观环境下，没有理由知道侵权行为发生，根据权利人通知有能力移除且及时删除了侵权信息的，免除损害赔偿责任的制度规则。它包括两种情形：第一种情形是，网络服务提供者保持技术中立，没有理由知道侵权事实存在，也没有能力移除侵权信息的，可以直接免除损害赔偿责任；第二种情形是，网络服务提供者保持技术中立，没有理由知道侵权事实存在，在技术上能够移除侵权信息，在接到权利人通知后及时删除侵权信息的，可以免除损害赔偿责任。

---

❶ 胡鸿高、赵丽梅：《网络法概论》，法律出版社 2003 年版，第 525 页。

（一）"避风港"的构成要件

"避风港"规则的客观要件，是指从现有的技术手段上看，网络服务提供者所提供的只是网络服务，进而保持中立状态。在现有技术条件下，采取统一的"过滤技术标准"，提供信息存储空间服务和定位服务的网络服务提供者可以认定为具备进入避风港的客观条件。百度公司表示，作为信息存储空间服务提供者，他们采取了各种反盗版系统避免侵权：例如，通过比对系统，可实现对作品标题相似度、文档内容甚至是句子级别的比对，对于长度差在 10%，句子重复 90% 以上，长度 1 000字节以上的文档都会被阻止上传或反查删除。但是由于有些权利人不愿意提供正版资源库，百度公司还需要通过各种手段获得正版授权，因此反盗版系统的建立必然有一个过程。从上述被告的举证可知，"百度文库"的确并不是一个纯粹的内容提供者，它属于网络信息的存储空间，并且为避免直接侵权采取了相应的措施。

"避风港"规则的主观要件，是指网络服务提供者在原告的举证基础上，可以明确提出反对理由，证明自己有合理的理由不知道侵权行为的发生。由于网络服务提供者置身于该种服务之中，最为清楚是否有能力知道侵权行为的发生。因此，应该允许被告提出理由，反驳原告有关被告具有过错的主张。由于原告已经按照要求证明过网络服务提供者是否"明知"或者"应知"，因此，网络服务提供者在抗辩中所能预留的主观空间证明范围较小。它主要是从自己的技术实践和提供服务的实际步骤等方面证明自己"没有理由知道"侵权行为的发生。常见的做法就是证明在服务中出现的侵权作品并没有达到类似于"红旗"一样显明的程度，从而表明自身的"善意"。百度文库在首页中有"热门推荐"栏目，其中显示了文档的名称和快照，而且不少快照是书籍的封面。对此，文库经营者显然是一看便知的。如果其中显示的是已出版的知名作品和相关书籍封面，而文库经营者根据其应当具备的专业知识和阅历，能够明显发现相关作品极有可能是未经许可上传的，则应当立即删除该文档。假如著名作家刘心武新近出版的《续红楼梦》出现在"热门推荐"之中，任何有常识的文字网站经营者都应当意识到：对于这样一本新书，著作权人不大可能自行或许可他人上传。文库经营者如不及时删除，就应当承担责任。❶ 所以，"百度文库"在相应的案件中，要想证明自己没有理由知道侵权行为的发生，在上述两个案件中都很难做到。法院据此认为，原告为当代有影响力的知名作家，《像少年啦飞驰》为其小说代表作，销量甚大，百度公司对此不持异议。韩寒曾于2011年3月作为作家代表之一就百度文库侵权一事与百度公司协商谈判，百度公司积极回应并处理此次纠纷，此事件受到社会各方的广泛关注。百度公司理应知道韩寒不同意百度文库传播其作品，也应知道百度文库中存在侵犯韩寒著作权的文档，因此，百度公司对百度文库中侵犯韩寒著作权的文档应有比其他侵权文档更高的注意义务。对于负有较高注意义务的侵权文档，百度公司消极等待权利人提供正版作品或通知，未能确保其反盗版系统正常运行之功能，也未能采取其他必要措施制止该侵权文档在百度文库传播，使其有合理理由应当知道的百度文库中的侵权文档未被删除或屏蔽，故存在主观过错。基于此，"百度文库"在主观要件上不具有进入"避风港"的条件。

（二）"通知—删除"程序的意义

在"争议"过程中，百度文库据此建立了版权方绿色举报通道：文库向全国近600家出版社开设绿色举报通道。该通道是百度文库为了大幅简化版权机构投诉处理流程，加快版权问题的处理速度而提

---

❶ 王迁："百度文库事件的法律分析"，载 http://www.iolaw.org.cn/showNews.asp? id=26456，2011年5月2日访问。

出的一项举措。如因百度文库用户上传的内容侵犯了第三方的合法权利，第三方向百度提出异议，百度文库有权删除相关的内容。该通道为权利人提供方便、快捷的投诉、举报通道。但是，"百度文库"并不能够据此认为可以进入"避风港"。理由在于：首先，"通知—删除"程序并非进入"避风港"的必然要件，同时，即便按照"通知—删除"程序的要求履行了相关的义务，只要网络服务提供者客观上没有保持技术中立，或者主观上没有合理的理由不知道侵权行为的发生，都应该承担损害赔偿责任。其次，作为经营现有规模的"百度文库"的百度公司，在多页面鼓励用户上传文档，并对所上传文档的格式、大小、数量等作相当宽松之要求，但是同时又强调应适用法律规定的"接到通知后删除"即可进入避风港，将反盗版工作主要寄托于网民自觉性和尚不完善的技术措施，一定程度上造成百度文库一度成为侵权"重灾区"，确实存在经营中尚待发展完善之处。最后，从《百度文库协议》中可知，对于用户上传到百度文库上的任何内容，用户同意百度在全世界范围内享有免费的、永久的、不可撤销的、非排他性的使用和再许可的权利。百度享有修改、复制、发行、表演、展览、信息网络传播、改编、翻译、汇编等权利。同时，对于用户上传到百度文库内容的侵权行为，用户授权百度在全世界范围内进行维权。这一条款表明，百度文库一方面要求用户承担所有的注意义务避免侵权行为发生，另一方面又通过格式合同条款给予自己以相当高的利用该作品的权限，并且居于商业化再利用及集中许可方的优越地位，并且不需要为此支付任何对价。显然，如果允许百度公司可以通过"通知—删除"程序就免除损害赔偿责任，无论对于权利人和用户，都是显失公平的。

进入数字网络时代，著作权的保护牵涉到方方面面，各种侵权活动更为便捷、隐蔽，具备潜在侵权可能性的群体逐渐增多，各种新型侵权手段和方式层出不穷。在治理"百度文库"过程中，这种新型的网络文化消费形式不应该被棒杀，也不应该被过度吹捧。从"百度文库"事件的司法审判来看，正确适用侵权责任的构成要件，将"避风港规则"限定在合适的范围之中，这既有利于保护权利人的利益，并且借此迫使"百度文库"采取更为成熟、更符合法律要求的经营模式，也有助于文化消费者在生成内容过程中遵守法律规定，共同维护各种新型的网络文化消费空间，共建良好的网络文化生产—传播—消费的生态。

第四节　网络用户侵犯著作权的责任及其限度

在传统著作权法领域，用户作为作品等信息的接受者，可以自己阅读、欣赏，也可以在家庭成员等狭窄非公众范围传播作品，本质上就是文化产品或者服务的消费者。实际上，传播技术的壁垒也决定用户无法逾越空间的藩篱向更广的人群传播作品等信息。因此，用户使用作品的行为，往往不会实质上损害权利人的权益。但是进入数字时代以来，网络用户完全可以借助便利、低廉的技术手段，在从事文化消费的同时进行作品的生产、演绎、传播等行为，利用作品时数量大、影响广，甚至与权利人产生实质上的竞争关系，严重危害权利人的基本利益。总体趋势上看，网络用户侵犯著作权承担相应的法律责任当无疑问。不过，如果无限度、无区别地将用户作为承担法律责任的主要对象，也会带来一些问题。因此，有必要分析网络用户侵犯著作权责任的基本情形，确立该种责任的限度和制衡机制。

一、网络用户遭受诉讼的法律浪潮及其困境

自 1995 年网络进入商业化运行以来，各种技术软件和网络服务层出不穷，推动了网络上的文化消费，也扩展了作品的生产和传播

途径。在这个发展过程中，著作权的保护从弱到强，逐步建立了网络环境下的著作权规则。从 20 世纪中后期一直延伸到 21 世纪之初，权利人与网络服务提供商始终处于紧张之中，版权产业和互联网产业之间的博弈伴随始终。用户身处之间，并非单纯的观望者，相反，基于在网络上自由消费和免费使用作品的经济人立场，用户更倾向于站在网络服务提供者的阵营，进而无视或者反对权利人的各种主张，在实践中也难免继续实施各种侵权行为。然而，基于多种原因的考虑，网络用户并没有成为权利人起诉的主要对象。

变化出现在 2003 年。随着 P2P 软件的大量出现，网络用户可以绕开中间服务商径行传播作品，事实上成为网络违法传播的最庞大力量。起初，唱片公司等权利人只想尽力消灭提供文件共享服务的中间商。但是技术的变革和诉讼的进行让他们感受到用户才是主导者。在 2003 年晚春，一场针对用户的诉讼浪潮在美国率先引爆，并随之波及全球。RIAA 将目标锁定那些上传了超过 1 000 个文件的人。数字盗版行为的代价很高：每人最高罚金可达 15 万美元，外加可能的入狱服刑。❶ RIAA 对大学生庭外和解罚金分别从 2 500 ～ 17 000 美元。大型唱片公司在 2003 年 9 月的 1 个星期内指控了 26 位下载者侵犯著作权。❷ 在一起案件中，被告是个人用户塞西莉亚，由于她大量从网上下载 MP3 歌曲而被 BMG 等唱片公司起诉其侵犯他们对这些歌曲的版权。被告辩称，她下载歌曲的目的是为了先试听，然后再去购买正版唱片。但法院认为："免费从网上下载歌曲会对正版歌曲产生市场替代效应，很可能导致正版唱片销量下降。同时，即时是那

---

❶ ［美］约翰·冈茨、杰克·罗切斯特著，周晓琪译：《数字时代，盗版无罪》，法律出版社 2008 年版，第 16 页。

❷ 同上书，第 140 页。

些能够刺激作品销量的作品使用行为，也是需要经过版权人许可的。"❶ 在另一起案件中，大学生乔尔·泰拉贝尔从文件分享网站上下载了 31 首歌曲，美国 4 大唱片公司以侵犯版权为由将其起诉，法庭对该名大学生处以 67.5 万美元罚款。据媒体 2012 年 8 月 24 日消息报道，美国马萨诸塞州一家联邦法庭 24 日宣布，维持此前处罚判决。

立法制裁那些在网络上下载、传播和使用盗版的个人，已经开始在全球蔓延。2001 年香港修订《防止盗用版权条例》，把在戏院、剧院和音乐厅盗录作品列为刑事罪行。2001 年《香港版权条例》将在业务上使用侵犯版权物品的行为列为刑事罪行，以打击机构侵犯版权的行为。2005 年 10 月，香港一名男子陈某因利用"点对点档案分享"软件在互联网非法上传 3 部版权电影，被香港屯门裁判法院判定罪名成立。这是全球首次有人因 BT 侵权行为而被法院裁定罪名成立。我国《侵权责任法》第 36 条也明确规定，网络用户利用网络侵害他人民事权益的，应当承担侵权责任。

但是，针对网络用户进行的诉讼和立法还是存在一些问题，主要表现在：（1）网络用户的内涵缺乏明确的界定，对于网络用户承担责任的规定过于抽象。不区分网络个人用户和网络单位用户，对于所有的用户采取完全等同的处置规则，在立法上有失偏颇。事实上，网络用户发生侵权的情形及其背后的立法目的存在很大差异。网络下载构成的侵权与合理使用制度的价值取向密切关联，针对所有个人用户的下载行为提起诉讼会导致"合理使用"条款几乎完全失效，也会动摇相关制度在补偿金等方面进行探索的努力。Jessica Litman 也认为，版权制度最初就是对商业组织的一种限制。我们应当重新划定商业开发与非商业开发的界限，以使作者对商业组织"盗版"其

---

❶ BMG Music v. Cecilia Gonzalez, 430 F. 3d 888 (7th Cir., 2005)，转引自王迁:《著作权法学》，北京大学出版社 2007 年版，第 209 页。

作品的行为有强大的控制权，而非商业行为则不会受到法律的管束。❶ 唱片公司只是希望通过诉讼达到威慑和教育功能，但是让所有的网络用户针对所有的作品利用行为承担法律责任，实质上损害了著作权制度的基础。（2）从诉讼策略上看，网络用户是各种权利人的"衣食父母"和"上帝"，尤其是向个人起诉有如"大炮打蚊子"一样不划算。这种诉讼行动可能会波及消费者对整个网络内容产业的信任，危害到权利人的各种网络市场营销活动。从法院最终的判决情况看，执行裁决需要社会承担成本，而每次判决高达 2 000 ~ 17 500 美元的赔偿金也缺乏实质依据。从取证的角度看，除非以侵害用户的个人隐私权为代价，否则无法监控并证明用户已经下载或者传播了 2 500 ~ 17 000 首歌曲（如果以每首歌 1 美元计算）。（3）从发展规律上看，无论是内容提供方还是网络服务商，都必须正视网络科技给作品生产、传播和消费带来的深远变革和影响，切不可以旧有的观念、强力的控制束缚社会的进步和发展。新一代的网民决不会"让老套的知识产权法束缚住自己的手脚"。越来越多的艺术工作者也开始明白，向消费者供应优质产品用不着控制市场。❷ 著作权人沉迷在诉讼中追究所有网民的法律责任之举，绝非明智的选择。现在有些国家的法律对网络用户追究责任的手段更加严厉，"三振出局"等新型模式已经损害到信息消费的自由。

新兴科技兼具"侵害著作权轻易性"及"保护著作权充分性"，端视著作权人与社会大众如何善加利用其特性。❸ 在追究网络用户法

---

❶ ［美］劳伦斯·莱斯格著，李旭译：《思想的未来》，中信出版社 2004 年版，第 265 页。

❷ ［荷］约斯特·斯密尔斯、玛丽克·范·斯海恩德尔著，刘金海译：《抛弃版权：文化产业的未来》，知识产权出版社 2010 年版，第 65 页。

❸ 蔡惠如：《著作权之未来展望——论合理使用之价值创新》，元照出版有限公司 2007 年版，第 54 页。

律责任之时，理应明晰网络用户的法律地位，梳理其承担法律责任的具体情形，在创建各种新型制裁措施时采取审慎立场，建立更为均衡的网络用户侵权法律责任机制。

二、网络用户的法律地位

网络用户作为法律术语权威性的出现在《侵权责任法》的第 36 条。此前，一些行政法规、规章和司法解释也多次使用网络用户的称谓。然而遗憾的是，究竟什么是网络用户，在相应的法律条文中并没有明确的界定。一般而言，网络用户也可以称为网络终端用户，是指接入网络、通过网络终端接入互联网的个人、法人和其他组织。网络用户包括单位用户和个人用户两种。对于单位用户而言，使用网络终端的仍然是单位聘雇的员工等个人，只不过这些个人在网络上的活动遵循单位的意旨，此种职务行为上所产生的法律责任由单位承担。所以，网络用户中所要规范的对象，应该是以网络个人用户亦即所谓普通网民为主。

网络用户不是网络服务提供者。我国现行的法律规定均将网络用户与网络服务提供者区别开来，也就是说，网络服务提供者不包括网络用户。网络服务提供者是指通过信息网络向公众提供信息或者获取网络信息等目的提供服务的机构。由于网络用户并不专以提供信息为业，不是网络的经营者和服务者，所以当然不能等同于网络服务提供者。通常情况下，网络个人用户即网络文化的消费者，并与网络服务提供者形成相互对应的法律地位。

由于网络用户不是网络服务提供者，所以不能将网络服务提供者的法律地位和要求迁移至网络用户之中。事实上，网络用户仍属于弱势群体。从现有达成的共识上看，网络用户获取网络资源的机会仍相对较少，或者是实际占有社会资源较少的群体。换言之，尽管网络环境下用户更为自由，有了更多的途径获取各种知识和信息，但是总体上看，网络用户依然会依赖网络服务提供者所提供的各种信息，所以仍是相对贫乏的群体。其次，网络用户属于网络信息消费的弱势群体，也只是一个相对的概念。相对于传统的环境，网络用户在网络信息消费中具有了更强的互动能力和主动属性，在一定程度上摆脱了过去完全被动的不利地位。虽然这会带来相应的问题，给社会管理提出多种挑战，但是这种为弱势群体赋予更多权力的过程，恰恰是社会进步的表现，不应该被单向度地遏制。最后，网络用户是具有广泛的内容指向的群体。随着网络技术的发展，任何人皆为网络用户，所以不应该因为特定网络用户的行为违法，进而否定网络用户群体的弱势属性。

网络用户使用作品有四种基本的方式：其一是接触作品，通过对作品的接触而实现阅读、欣赏和学习的目的，其基本的途径是网络下载，或者登录网站进行浏览或者欣赏；其二是创造性利用，也就是在研究中将作品再次进行转化使用。这样的转化使用主要表现为对作品基本思想的吸纳、批判以及对作品表达的引用、评论、演绎等；其三是非扩散性的传播使用。在这种利用活动中，网络用户不仅自己阅读、欣赏作品，而且还通过朋友圈、QQ 等网络科技，在一定范围内传播作品，使得家庭成员、社区人员以及其他公众也能够获得作品，或者共同交流对作品的认识；其四是扩散性的传播使用。这种利用活动中，网络用户在某种程度上转化成为网络服务提供者，因而是一种革命性的变革。它挑战了网络用户的传统法律地位，突出表现在两个方面：（1）网络用户可以相对自由地与网络服务提供者合作，通过开设博客、建立个人主页等途径，实现自主的网络传播。（2）新型的点对点传播技术可以使网络用户将自己的网络终端直接转变成为传播的平台，让作品在对等网络空间自由传递。P2P 技术的发展所具有的去中间化性质，使得多数非商业性质的网络用户可以脱离传统的传播媒介，在纯粹个人私密的电脑系统上，借助 P2P

软件完成传播行为。

由此可见，网络用户的法律地位依然应该区分成为两个基本面向：第一个面向，不管网络技术如何变化，网络用户终归是具有合理使用和侵权豁免的法律资格，这是网络用户作为弱势群体的必然体现。无论是网络上的下载、浏览，还是网络用户进行的各种创造性使用、非扩散性的使用，法律都应该给予其合适的优惠。虽然网络下载对于著作权人造成的利益损害可能远超出过往，但是可以通过权利限制机制的创新，例如，补偿金制度等实现对权利人利益的适度保护。实际上，网络技术措施的采用，也让权利人有更多方式阻止未经许可下载和传播。所以，片面夸大由此带来的著作权人利益损失也并非客观。顺便提及的是，即便网络下载是合理使用，但是如果网络用户的下载对象是非法的作品，根据合理使用的一般原理，这种行为也已经构成非法。所以，权利人并不用过度担心由此会鼓励各种网络服务提供者传播盗版侵权作品。只要能够更为有效打击网络服务提供者的侵权行为，净化网络环境，让网络用户有着更为便捷方式判断合法或者非法网络作品的存在方式和空间，制止网络用户的下载非法作品也具有可行性。第二个面向是，网络用户的扩散性的传播行为，应该受到相应的控制，这将成为追究网络用户法律责任的重点环节。

三、网络用户承担法律责任的具体情形

网络用户承担法律责任应该区分不同的情形。首先，根据主体的不同，网络用户可以区分为网络个人用户和网络单位用户。网络个人用户作为普通消费者，并不以营利为目的，因此应该在实践中享有更多的豁免。其次，根据行为性质的不同，对于网络下载和非扩散性的传播，不应该追究网络用户的法律责任。无论是QQ还是"微信"，只要是"朋友圈"，而且通过切实有效的验证阻止非熟人进入

的网络空间，网络个人用户基于消费目的传播作品都不应该被追究法律责任。至于网络用户创造性地使用作品，进行网络"混搭"或者"滑稽模仿"，或者进行其他的引用，也应该根据转换性消费使用的原理，适度保护网络用户的利益，建构更为宽泛的合理使用机制，不宜纳入侵权责任的范畴。由此需要严加控制的网络用户行为，主要包括以下情形。

第一种情形是网络单位用户的各种传播行为。网络单位用户利用QQ、公众微信号、开办单位的微博等进行各种宣传推广，表面上也是在所谓的"朋友圈"中进行，但事实上具有营利或者推广的商业目的，在这些网络空间使用作品也获得相应的利益，所以与消费性的娱乐、欣赏完全不同。在这种情况下，网络单位用户未经许可使用他人的作品等信息，可以认定为构成侵权。

第二种情形是网络个人用户借助网络存储空间或者相应的网络平台，扩散性地传播作品等信息。在这种情况下，网络个人用户已经转化为内容提供者而失去其作为作品使用者"终端"的性质。如果通过这些平台向公众提供信息，无论是交互式传播还是定时播放，也不管是营利性还是非营利性，都构成直接进行的网络传播，需要征得权利人同意。

第三种情形是网络个人用户借助 P2P 软件在对等网络环境下进行下载和传播。对此是否应该追究网络个人用户的法律责任，出现了赞成和反对两种截然对立的观点。有学者认为，民众利用 BT 软体，从网络下载而同时构成公开传输他人著作之行为，虽然不是以架设网站供人大量下载的侵害方式，但是这种网路上的重制与公开传输行为，仍然会造成侵害著作权及公开传输权。❶ 除美国之外，英国法院也采取了同样的立场。在审理一起 P2P 案件时，Lawrence Collins法官指出，被

---

❶　叶玟妤：《数位内容照过来》，元照出版有限公司 2006 年版，第 43 页。

告通过 P2P 软件下载录音制品的同时也向互联网上传了原告享有版权的作品，构成直接侵权。❶ 但是，也有国家的法院在实践中不以为然，认为终端用户利用 P2P 软件所进行的下载和传播属于合理使用。例如，法国 Pontoise 高等法院在审理 Alain O vs. SACEM 案中，认为通过共享软件进行上传和下载是私人复制和私人传播，不构成直接侵权。❷ 上述争论涉及两种不同的行为：上传和下载。其中，将作品等信息置放于个人电脑共享空间，借助 P2P 软件进行传播的行为，构成网络传播并无疑问。因为它完全符合信息网络传播权的构成条件：第一，在网络上提供作品；第二，使不特定多数人——使用 P2P 软件进行链接的人——可以在个人选定的时间和地点获得作品。此时，网络用户的行为不构成"时空转移"。由于 P2P 传播中的消费者造成了作品复制件的传播，而消费者一旦成为传播者，就不再适用"用户不可诉原则"。实际上，也只有将这类终端用户传播行为理解为直接构成网络传播，才可以追究 P2P 软件提供者的共同侵权责任或者替代侵权责任。至于网络用户借助 P2P 软件进行的下载行为，则应该区分情况而定。如果该种下载同时也是进行分享传播的重要环节，那么应该按照侵犯信息网络传播权追究法律责任；如果仅仅只是进行下载而不是进入电脑共享区域进行网络分享，那么就应该通过合理使用或者补偿金进行处理，或者诚如前文所述进行适度的制度创新，对于 P2P 软件征收相应的权利补偿金。

实际上，使用共享文件的人有很多种，我们可以把他们分为如下四类：（1）有些人用网络共享方式取代了自己原本进行的购买和消费。（2）有些人在购买唱片之前可能会把音乐下载下来试听一下。（3）有很多人通过网络共享方式获取一些受著作权保护的东西。

---

❶　High Court of Justice Chancery Division, Case No：HCO5CO235.

❷　John Oates, France Rules In Favor of P2P, 载 http：//www. theregister. co. uk/ 2006/02/08/france_ legalises_ p2p, 2009 年 12 月 9 日访问。

（4）有很多人通过网络共享方式获得一些没有著作权，或是著作权人放弃了著作权的内容资料。从法律的角度讲，只有第四种共享是合法的。从经济的角度看，只有第一种共享是完全有害的。第二种共享虽不合法，但对商家而言有一定的益处。第三种共享虽然也不合法，不过对社会却是有好处的。❶ 考虑到 P2P 软件使用本身所具有的复杂性，如果未来能够建立一种法律机制，通过对于 P2P 软件的控制代替对于大量作品的传播，设定对于 P2P 软件流通时的补偿金机制，弥补权利人由此可能带来的利益损害，应该更为契合网络技术分享的理念和要求。

总之，就当下的法律规定而言，网络单位用户在传播过程中应该承担更多的义务和责任，即便是非扩散性的、所谓"朋友圈"中的传播，也可以追究法律责任。通过 P2P 软件的网络单位用户，也不能进行各种作品的下载和公开传播。至于网络个人用户，在下载、非扩散性传播和创造性使用中，都应该享有一定的豁免，只有在网络个人用户不能证明其通过信息网络向公众传播的作品有合法授权时，才应当承担民事或者行政法律责任。

四、网络用户承担法律责任的限度

网络用户的法律性质和地位不同于网络服务提供者，因此不应该课以更重的法律义务和责任。网络上的各种侵犯著作权信息的滥觞主要不是因为网络用户的原因，或者说网络用户作为传统信息资源的弱势接受者，在网络环境下有了更多选择和互动的机会，这是网络带来的社会进步表现，网络用户由此进行的文化消费不应该被过度追究责任。换言之，网络用户承担法律责任有其特定条件下的合理性，但是却必须控制在一定限度之内。当前，在国际社会有一种

---

❶ ［美］劳伦斯·莱斯格著，王师译：《免费文化：创意产业的未来》，中信出版社 2009 年版，第 47~48 页。

新的趋势，就是通过权利人的指控，通过"三振"或"两振"的程序，借助网络服务提供者的技术力量中止网络用户获取网络资源的责任机制。这是对"避风港"规则的肆意曲解，也是对网络用户信息自由权利的粗暴践踏。

美国虽然是"避风港规则"的首倡者，但是当其网络产业发展到一定时候，其他国家的网络公司也逐渐起步并威胁到美国文化产品传播时，美国国内出现了反对"避风港规则"的呼声。《禁止网络盗版法案》（Stop Online Piracy Act，简称 SOPA）❶ 和《保护知识产权法案》（Preventing Real Online Threats to Economic Creativity and Theft of Intellectual Property Act of 2011，简称 PIPA）❷ 是其中的代表。

SOPA 和 PIAA 法案是美国众议院以及美国参议院 2011 年提出的两项关于网络环境下强化知识产权保护的重大议案。SOPA 为著作权人提供两步司法救济手段。版权拥有者可以以书面形式要求互联网服务供应商中止涉嫌侵权网站的服务，如果该网站没有提供相反的证据证明自己的清白，那么互联网服务供应商可以中止服务。如果书面形式无法要求互联网服务供应商中止服务，那么版权拥有者可以向法庭申请禁止令，以强迫互联网服务供应商履行该责任。SOPA 和 PIPA 将授权美国司法部更便捷地获得法庭禁令以针对非美国本土管辖范围的侵权网站。美国政府在得到法院禁令后，可以命令网络服务供应商、网络广告提供商和在线支付提供商停止与侵权网站的

---

❶ 《禁止网络盗版法案》（SOPA）是众议院法案，由美国众议院得克萨斯州共和党议员兰默·史密斯（Lamar Smith）于 2011 年 10 月 26 日提出，得到了众议院两党共 12 名众议员的联署支持。该法案已提交至美国众议院司法委员会，众议院司法委员会就该法案于 2011 年 11 月 16 日和 12 月 15 日举行了听证会。

❷ 《保护知识产权法案》（PIPA）是参议院法案，由美国国会议员帕特里克·莱希（Patrick Leahy）和另外 11 个来自两党的联合发起者于 2011 年 5 月 12 日提出。参议院司法委员会通过了此项法案，但没有进入表决。

合作。美国政府还可以命令搜索引擎不得显示侵权网站的内容，以及命令电信服务商屏蔽侵权网站。两部法案均鼓励互联网服务供应商、网络广告商和在线支付服务商主动停止与涉嫌侵权网站的服务。如果互联网服务提供商事先采取了防盗版措施，可获得司法豁免权，免除侵权责任；反之，如果互联网服务提供商明知有人利用该服务进行盗版活动，却谎称不知或不加以制止，则将承担连带责任或受到加重惩罚。PIPA 法案还要求域名服务器采取技术上可行及合理的步骤，停止对涉及侵权的网站域名进行解析，达到屏蔽该网站的效果。

SOPA/PIPA 的支持者主要是依靠品牌影响的大公司和电子媒体业，网络盗版行为严重地打击了他们的商业利益和竞争优势。前者因网络上出售的假冒商品遭受经济损失；后者多为拥有大量版权的电影公司、电视台、音乐公司、出版社等，他们是网络盗版作品传播、下载的最大受害者。因此他们强烈要求尽快通过 SOPA/PIPA。

法案的反对者以互联网公司为代表。该法案之所以引起互联网公司的强烈反对，是因为在该法案中强化了网络服务提供商的义务，减少了他们依据 DMCA 获得的"避风港"免责机会。SOPA 有条款提到"故意回避确认任何可能违反法案的网址都会被认为是违法"，由于法案用词定义的模糊性，评论将之解读为网站有义务时刻监督、确认其内容是否侵权，否则将被认定为违法而遭到封禁。与避风港规则相比，SOPA 对网站侵权的认定无需权利人或其他人通知的程序，而且举证责任将完全落在被检举的一方。同时，网站可能因为一条侵权资讯而直接遭到封禁。互联网上任何开源和分享的内容都可能触犯法律，任何小小的版权争议都可能导致网站的关停。谷歌等搜索引擎、音乐视频分享平台以及维基百科这样的网站将面临生存危机，这会严重阻碍互联网产业的发展和创新。可见，两法案以强化网络服务商的责任为目的，以实现打击网络空间传播盗版作品为目标。在这一目标实现中，谷歌、维基百科等网络公司甚至已经被打上"以盗版为业"的标签。如果这些公司不实现对所谓侵权网站的过滤和监控，轻则被切断其营利链条，丧失与广告提供商、在线支付商的合作，重则遭到关闭。

值得注意的是，在互联网公司与传统品牌公司、电子媒体的斗争中，网络用户旗帜鲜明地站在了互联网公司的一边，从而使该两项法案超越了产业利益博弈的格局，而具有更浓郁的民权色彩。这也是美国著作权领域消费者运动渐成气候的表现。虽然两法案以强化网络公司的版权监管义务、加大其法律责任为中心，但是其直接或者间接影响到网民的利益，可谓是剑锋指向网络用户。首先，网络用户依赖于网络公司获取各种信息。网络浏览、欣赏已经成为日常精神产品消费的基本途径。在海量的网络信息中，网民依赖网络公司提供的搜索服务、存储服务和内容服务。如果大量网络公司因此而倒闭歇业，或者转变主营业务，消费者长期养成的消费习惯将面临巨大挑战。其次，网络用户依靠各种网络公司交流思想，发表观点。各种类型网络公司的存在是自由表达意见的不可缺少平台。由于两个法案加大了网络公司的审查义务，普通消费者也由此难以借助这些空间表达观点。著作权审查的事实也促使消费者表达时面临着法律责任的风险，而不论其是否出于营利目的。再次，网络用户获取多元信息的途径受到封锁。SOPA 和 PIPA 以打击境外网站为重点，根本目的是扶持本国的网络内容提供商。在不问国外网络服务商实际运行情况的前提下，可以因为其提供盗版内容而被关停，迫使美国消费者接受美国价值观指引下的言论表达，剥夺了消费者了解多元信息的民主空间。反过来，它又通过美国文化产品的一元独大，借助国际知识产权制度强迫其他国家扩大美国文化产品的影响力，从而在世界范围影响各国消费者接受多元文化产品的空间和能力。最后，网络用户的基本权利会因为追究网络服务商的责任而直接受到侵害。在追究网络服务商责任时，可以因为服务活动中侵犯著作权因素而被搜索服务商断开，或者遭到电信服务商屏蔽。在这一法律责任追究过程中，消费者对合法信息的获取权、选择权受到侵犯。由用户本身产生的大量内容，如社交平台的动态信息、相册内容等也因此无法获取，消费者的信息安全还会因为审查、监督而受到影响。

正是由于受到强烈的抗议和抵制，SOPA 和 PIAA 法案均没有获得最终的通过。不过也应该看到，以好莱坞、数字内容跨国集团等为代表的传统版权产业依然在美国国内开展持续的游说活动，制定更为严格的网络用户和网络服务提供者责任追究机制，未来是否制定并最终通过超越 DMCA 的法案，还有待持续的观察。

与美国不同，法国则已经率先通过了所谓的"三振出局"法案。2007 年 11 月，法国政府制定出一份名为《推动网络作品传播和保护法》，即"HADOPI"法案。该法案规定，著作权法将专设"网络作品传播与权利保护高级公署"（HADOPI）这样一个行政机构，以专门负责网络盗版侵权行为的监督、裁决与执行任务。该法案在2009 年艰难通过。有意思的是，法国参议院仅在国民议会通过后的第二天就戏剧性地批准了该法案。然而至 6 月 10 日，宪法委员会宣布该法案因违反宪法而无效，违反的内容主要包括宪法赋予公民作为基本人权的"传播、表达自由以及无罪推定"原则。2009 年 10 月22 日，宪法委员会公布了修改后的"HADOPI"法案，该法案于2010 年 1 月正式生效。❶ 根据该法案，权利人有权在侵权发生后 6 个月内向 HADOPI 的权利保护委员会提出控告。随后的处理程序被形象地称为"三振出局"：第一步，权利保护委员会通过与互联网用户签有合同的网络服务接入商发一封电子警告邮件给互联网用户，该

---

❶ 李杨：《著作权法个人使用问题研究》，社会科学文献出版社 2014 年版，第188～189 页。

邮件提醒互联网用户注意法国知识产权法典中关于著作权及邻接权保护及非法下载的相关法律规定及后果。该邮件同样包含网上合法文化内容的信息及不保护著作权与邻接权对文化产业和艺术创造的危害等。第二步，如果互联网用户在收到第一封邮件后的六个月内持续非法下载，权利保护委员会将会给非法下载用户发第二封同样内容挂号信，警告信包含侵权行为的日期和时间，被侵权者的联系电话、邮编及邮件地址及权利委员会的意见，但不包括其侵权作品的内容。如果用户明确要求，权利保护委员会还可进一步提供相关情况，包括确切的侵权内容。第三步，在接到第二封警告邮件后如果互联网用户还继续侵权，权利保护委员会将案件相关材料转交给法国相应大审法院。根据大审法院的决定，权利保护委员将会通知网络服务提供商将侵权用户的网络切断，时间最长为一年。接到通知后，网络服务提供商必须在 15 日内执行，否则可能面临最高5 000欧元的罚款。在断网期间，互联网用户须继续支付上网的费用，且其他网络服务提供商也禁止向该用户提供互联网接入服务。除了断网，互联网用户还有可能被追究刑事责任。

　　虽然"HADOPI"法案明确指出，司法机关在决定采取断网措施及其实施时间时，会考虑侵权的性质及其环境，侵权者个性、职业活动及其社会经济状况。惩罚措施持续的时间应与知识产权保护相一致，并尊重侵权者的表达权及通信自由。但是，这一象征性的表述仍然存在诸多不可克服的问题，进而会事实上严重影响到网络用户的利益。首先，定位"非法下载者"的过程就是侵犯网络用户网络文化消费权益的过程。正常逻辑看，只有法院最终才可以决定网络用户行为的非法性。但是根据"三振出局"的规定，网络用户可以直接被权利人指控为非法下载者。其次，网络用户的下载行为并非都可以认定为"非法"，一些合理使用的行为应该得到保护。但是，在"三振出局"程序中，用户的所有下载先验性地界定为"非法"。也许最终法院没有支持权利人的指控，但是法律并没有针对这种违规采取应对之策。最后，即便网络用户已经构成"非法下载者"，一揽子性地剥夺该用户的上网权限，仍然显失公平。当网络已经融入日常生活，如同水电一样成为人类生活的必须品，断网无疑就是断绝信息接触和文化消费的基本途径，这是侵犯消费者人权的表现。

综合以上的分析，网络用户在各种互联网技术的支持下，确实会出现侵犯著作权的情形。当网络用户的扩散性传播行为已经达到网络服务提供者的程度时，不追究其法律责任显然不合适。在某些场合，追究网络用户的法律责任，也是为了最终完成对网络服务提供者责任的追究，这可以倒逼网络服务提供者承担更高的注意义务，从而有助于网络环境的净化和改善。但是，网络用户不应该为所有的复制、传播和演绎行为承担责任。更为重要的是，立法不能只站在权利人的立场制定严苛的法律责任机制。"三振出局"或者"二振出局"的法律制度，把网络用户置放在网络发展的对立面，中止网络服务的责任规则损害了消费者的基本权益，因此不应该得到国际社会的肯定。

第六章　转换性的文化消费与著作权发展

随着科学技术的发展，人人皆为文化消费者，同时，人人也皆为文化的创作者和传播者。转换性的文化消费随时发生：既有消费者转换为作者身份，也有重在文化分享和发表各种评论意见的参与者；既有基于经营目的进行转换性的文化消费，也有始终处于消费范畴的转换性使用；既有使用过去的经典力作，也有借用现在的时代篇章。将他人的作品进行转换性的文化消费，不外乎三种情形：大量复制、合理引用和演绎使用。网络环境下，对作品进行"恶搞""混编""剪切"成为比较流行的创作模式，这本质上也属于转换性的文化消费。转换性的文化消费涉及著作权人的修改权、保护作品完整权以及复制权、演绎权，未经许可的使用是否构成侵权，抑或构成合理使用，直接关系到该种消费的合法性，因此有必要进行探讨。

第一节　转换性的文化消费与著作权扩张的边界

文化创作离不开对他人成果的借鉴和使用。接触、阅读、欣赏作品的过程，首先是自我提升文化水平的过程，其次就是将已有的文化符号融入个人知识系统的过程。没有作品是真正全然一新的，所有作品都是不同程度的建立在先前的作品之上。从这个意义上讲，每个作者也是以前作品的消费者。[1] 著作权法并不要求每一次转换性的使用都需要征得著作权人的同意，因为这违背了人类文化传承和

---

[1]　张今："消费者理论对版权合理使用制度的影响"，见吴汉东主编：《知识产权年刊（2006年卷）》，北京大学出版社2007年版，第189页。

发展的基本规律。每个社会在为转换性文化消费留下自由空间的同时，又会设定相应的障碍。著作权扩张的结果表现为，消费者可以自由地占有、使用、改变物化产品，却在修改、改编、翻译其他人的作品时，受制于著作权的私人审查。技术的发展促进了转换性的文化消费途径和方式，同时也受到著作权扩张的挤压和限定。重申转换性文化消费的法律价值和地位，有助于认清著作权构造的本质和权利扩张的边界。

一、转换性的文化消费与作者精神权利

在传播学中的符号民主被运用到法律领域，引申为创作衍生作品的民主和自由。网络环境下的各种合成、改编和剪切符合符号民主，它有助于打破符号权力，提供了一种崭新的创作模式——更多的合作与趣味，更少的个人主义与官僚层级。● 在这里，符号民主也会带来一些危险和成本。尤其是，它会威胁到创作者的人格利益。换言之，未经作者许可对作品进行的修改、改动、混编，小则对作品进行歪曲篡改，损害了作者对于作品的价值定位和人格导向，引发作者的内心不安甚至精神痛苦，大则而言，如果作品是一个民族或者群体文化符号或者共同的精神信仰体现，未经许可的改动甚至会损害整个民族的自尊心和信仰。所以，在法律上创设作者的精神权利，就是对于这种符号任意使用自由和民主的一种限定，也是对转换性的文化消费设定的法律禁令。

需要设定的底线是对于署名和作品来源的基本尊重。任何形式的转换性使用都应该是建立在学术伦理之上。除非技术上的限定，任何人在使用他人作品时都应该标明来源，否则都会构成对作者精神权利的侵犯。

● [美] 威廉·W. 费舍尔著，李旭译：《说话算数：技术、法律以及娱乐的未来》，上海三联书店 2008 年版，第 18～20 页。

　　然而，并非在所有的情况下，消费者的转换性使用都会构成对作者精神权利的侵害。按照创作的过程来看，转换性的文化消费可以划分为未公开的转换性消费和公开的转换性文化消费两种形态。如果消费者看到一篇好的文章或者坏的电影，由此对之进行未公开的修改、改编，这种转换性文化消费的服务对象是自己（或者小范围的熟人圈子），具有典型的"自娱自乐"倾向，该行为并不受制于作者的精神权利。事实上，任何人都不能禁止他人在私人空间表达个人的意见、观点和情绪。公开的转换性文化消费是以发表为前提，这是精神权利控制转换性文化消费的分水岭。前互联网时代，不是任何人对他人作品的修改、评论或者演绎都能得到公开发表的机会，但是一旦被公开，消费者就已经具有了较为广泛的话语权利，这时对于作者的损害将超越私人空间领域，因而可能会给作者带来精神上的痛苦，进而需要法律的干预和平衡。进入互联网时代后，任何人都可以对于转化性的使用成果进行公开，一旦这样的公开会给作者带来精神损害，也会构成侵权。

　　公开的转换性文化消费是否会损害作者的精神权利，关键是要判断这种使用有无产生歪曲和篡改，是否会导致作者精神上的苦痛。首先，转换性的文化消费中，使用作品的多少与精神利益无关。使用作品的数量可能会关涉财产利益，但是并不会对作者造成精神上的不安。只要作品已经发表，使用时明确标明作品来源和作者，即便是大量的转换性使用，也不会必然达成歪曲篡改的结果。其次，无论是营利性还是非营利性的转换性文化消费，对作者精神利益也不产生必然影响。在《千里走单骑》侵犯"安顺地戏"著作权案件❶中，法院认为，影片《千里走单骑》使用安顺地戏片段虽根据剧情称为云南面具戏，但被告在主观上并无侵害非物质文化遗产的

---

❶　北京市西城区人民法院民事判决书［2010］西民初字第2606号。

故意和过失，从整体情况看也未对安顺地产戏产生法律禁止的歪曲、贬损或者误导混淆的负面效果。故不构成对原告精神权利的侵害。最后，精神利益损害的根本标准，是站在"将心比心"和"社会影响"的立场，判断这种使用是不是会给作者及其背后的文化群体、文化观念造成冲击和妨碍，是否会淡化、丑化由此而进行的思想及其表达。

郑成思教授首创了"精神权利部分穷竭原则"。该原则认为，作者在经济权利转让合同中对其所转让的权利的利用范围、利用目的、利用地域、利用时间及利用条件等做出具体申明时，实质上也是在行使自己相关的精神权利，而为该合同目的行使精神权利，在合同范围内只能行使一次，即告行使完毕。作者无权在合同履行期间再度行使自己的精神权利。❶ 这一原则也是"将心比心"和"社会影响"标准的体现。如果作者已经在作品的使用中获得物质性的好处，从"善良""诚信"的立场，任何随后进行的改编、修改，实质上就已经得到了权利人的默许和信任，由此产生的转换性的消费和公开使用，作者自然不得主张精神利益的损害。

由此可知，转换性的文化消费并不一定损害作者的精神权利。相反，相应的侵权判定应该采取更严格的判定标准。营利性和大量使用（包括实质性的使用）都不必然侵犯修改权或者保护作品完整权。只有出现歪曲、篡改或者这种使用从"将心比心"的立场认定事实上会造成精神痛苦，或者相应群体的文化失落时，作者精神利益才可以被认定受到损害。如果有反面证据，比如这种公开转换行为受到作者的鼓励，或者得到了作者的信任，精神权利也会由此穷竭耗尽，不得再在随后的争议发生时重新主张提起。

---

❶ 郑成思主编：《知识产权——应用法学与基础理论》，人民出版社2005年版，第268页。

二、转换性的文化消费与合理引用

转换性的文化消费在行为类型上表现为复制和演绎两种样态。复制他人的作品成为自己作品的一部分称为引用，改变他人的作品成为一种新的作品表达形式就是演绎。在引用他人作品进行转换性的使用时，有大量引用和合理引用之分。大量引用他人的作品，虽附加以微量的评论或者综述，但是并没有产生新的作品，或者说有转换使用之名却无其之实。引用不是演绎。这是因为，演绎后的作品并不能区别于原作，也并不独立于原作。演绎后的作品会让读者意识到它与原作在人物、情节、场景、脉络、语言等各方面之间的内在关联，原作的表达形式虽然改变，但是新作仍不具有独立性。

在著作权法的发展历程中，只有合理的引用行为被逐渐纳入到合理使用的范畴，不需要征得权利人同意，也不需要支付报酬。英国1740~1839年系列案件争议正是旨在厘清一个问题：那就是在何种情况下，后来的创作者可以不经正式同意，就可以使用在先的作品。最初，节选被认为构成合理使用，但后来被认为是对权利人权利的侵犯。及至最后，较为稳定的共识是，有关作品的引用和评论是合理使用。❶ 这一原则也在美国具有标志性意义的是1841年 Folsom v. Marsh 案❷中得到了肯定，本案被告利用原告出版的《华盛顿总统文集》一书，制作了《华盛顿的一生》。在该案的判决书中，Story 法官首次提出，在决定是否构成合理使用时，应考量利用行为的性质与目的，利用他人作品的程度与价值，利用行为对作品销售的影响，以及是否构成对原作的替代等因素。从上述标准出发，Story 法官认为被告大量逐字利用原作，对原作形成了相当程度上的替代性，

---

❶ Melissa de Zwart, *An History Analysis of the Birth of Fair Dealing and Fair use：Lessons for the digital Age*, *Intellectual Property Quarterly*, 2007 Issue 1.

❷ Folsom v. Marsh, 9F. Cas. 342（C. C. D. Mass. 1841）.

因此被告的行为侵害了原告的著作权。这一案件表明，大量的节选或者对原作品的实质性的使用，构成对著作权的侵害；反之则为合理。值得关注的是，Story 法官采取了四个要素判定合理引用和大量引用，而这四个标准最终在美国 1976 年版权法中被上升为立法规定，并成为赫赫有名的合理使用因素主义立法的代表。

将合理引用作为一项合理使用的情形在国际社会得到普遍认可。《英国版权法》第 30 条规定：对某一已发表作品或作品的表演进行批评或评论，在附加充分说明的条件下可在使用者自己的作品中引用该作品。《法国知识产权法典》L122 – 5 条第 3 款规定，在评论、论述、教学和情报作品中进行分析和简短引用，即用自己的作品可以摘用他人作品的部分段落，但要指出作者姓名、材料来源。文学作品的引用必须适度。艺术作品的整体复制引用也受到禁止，就合理使用而言，对艺术作品只能作小规格的部分复制，且使用限于解释和评论。我国《著作权法》第 22 条规定，为介绍、评论某一作品或者说明某一问题，在作品中适当引用他人已经发表的作品，构成合理使用。

合理引用是典型的转换性使用，它保障新作品可以在借鉴已有作品基础上产生，又不至于损害到原作品的市场利益。Leval 法官认为，判断转换性的合理引用有三个要件：（1）使用是否达到著作权法促进知识传播、鼓励创作的目标，这是考察使用目的的核心问题。（2）使用如果是以与原作品不同的方式或是为了与原作品不同的目的，即是"转换性的使用"。（3）转换性的使用使新创作品不同于原作品，因而是创造性的，属于合理使用。❶ 可见，判定适当引用有两个标准：其一，数量标准。一般来说，引用他人作品超出介绍、评论的实际需要，就可能构成过量。其二，实质标准。也就是不得将

---

❶ 吴汉东：《著作权合理使用制度研究》，中国政法大学出版社 2005 年版，第 201 页。

他人作品的实质部分作为自己作品的实质部分，进而与原作品形成事实上的竞争关系。两个标准必须结合起来。例如，引用他人已经发表的小诗撰写诗评，虽然在数量上是全文引用，但只要形成的评论性文字与原诗词之间没有事实上的竞争关系，也可以构成适当引用。或者说，适当引用后必然产生新作：新作必须区别于原作；新作必须独立于原作；原作的引用必须适宜于新作。如果仅仅是利用原作产生的美学价值和功能为新作进行宣传，也会构成不适当引用。

转换性的适当引用之所以判定为合理使用，这是与作品创作和文化传承的规律相互关联，也是保护作为作者的消费者利益的必然要求。文化消费的过程是将作品中的思想内化于心的过程，也是将他人的表达作为论点、论据或者论证手段使用的过程。按照"思想—表达"二分法，引用他人作品中的思想是一种绝对的自由；但是对他人表达的使用，一旦是文化消费的结果，也不应受到制约。转换性的适当引用之所以具有这种消费性，是因为所有的转换性引用都应该产生新作，并且该新作区别于旧作。新作使用旧作的目的只在于介绍、评论或者说明，而这正是文化消费的表现和印证。

三、转换性的文化消费与演绎权的边界

转换性文化消费的另一种形式就是演绎。演绎是在原有作品基础上进行改编、翻译、汇编、注释、整理、点校、缩写或者扩充的行为，该种使用作品的行为具有消费和创作的双重属性：言其消费，因为演绎作品带有浓重的原作印记，在本质上不能区分原作；言其创作，因为演绎作品又不得与原作完全相同，或者不得是原作的"些许变化"，进而必须具有独创性，否则就是对原作的抄袭或者剽窃。由于演绎权控制对原作的演绎行为，所以后续创作者在消费前作的基础上意图进行演绎创作时，也必须获得合法的授权。

然而演绎毕竟不是复制，由此带来的市场利益损害并非显而易

见。比较有形产品的消费过程，消费者有权改装自己的汽车发动机，但按照演绎权的规则，文化消费者却并不一定有权随意修改自己找到的图片。技术的发展和求知的精神本需要自由的氛围，但是它现在却受到了法律和技术日益严重的干预。❶ 具有例外的是日本同人志作品，进行翻版的作家可能会对原作品进行或多或少的修改，但是只要对他所模仿的艺术有所贡献，就不再被认定为属于违法创作。互联网和数字技术带来的惊人变化，就是剪辑、粘贴及引用、借鉴、改变、修改能力的无限制提升，不仅可以在很短的时间里找到需要的图书、音乐以及视频，而且可以对上述作品进行各种方式的修改和演绎。但这样的修改和演绎，因为作品的著作权而被私人审查和控制。"遵纪守法"的授权许可成本高昂。那些墨守成规的使用者很难通过对前人成果的演绎而形成新的作品。全民演绎时代的到来，既给演绎权的执行带来较大的社会成本，也会阻止网络技术在文化传承和知识学习中应有功能的发挥。有学者甚至提出自由演绎公有领域的观念。这是指通过创造类似法定许可的规则，剥夺作者的演绎控制许可权，从而为公众创设自由利用现有作品的制度。❷ 著名知识产权学者盖勒也认为，一些创造性"搭便车"演绎在先作品的行为"引起了大量新作品的反馈，而这些新作品极大地繁荣了文化"❸ 演绎权的全面废止虽然有失偏颇，但是也从一个侧面反映出改革演绎权制度的强烈需求。

不过也要看到的是，演绎毕竟不是合理引用，将所有演绎行为都认定为合理使用缺乏理论依据。这是因为，保护原作者的演绎权具

❶ ［美］劳伦斯·莱斯格著，王师译：《免费文化：创意产业的未来》，中信出版社2009年版，第28页。

❷ 黄汇："版权法上公共领域的衰落与兴起"，载《现代法学》2010年第4期。

❸ 盖勒："版权的历史与未来：文化与版权的关系"，见郑成思主编：《知识产权文丛（第6卷）》，中国方正出版社2001年版。

有正当性。❶ 演绎权保护了作品的演绎市场，对于著作权人和后续创作都会产生有效的激励。将作品的演绎市场利益配置给作者而非消费者，更有利于作品的创作和传播。如果没有演绎权，作者将延迟公开作品，文化产业的发展必将受阻；如果没有演绎权，后续创作者也需要从不同的演绎者那里获得版权许可，产生高额的交易成本。演绎权还可以防止演绎行为的无序竞争，导致社会创作资源的浪费。从文化学的角度，原著作权人也是最有资格选择演绎者的主体，通过演绎权可以保证最优质的演绎作品进入文化生活。

正是由于上述正反两个方向的制约因素，演绎权的制度设计必须保障演绎者的利益，又不得损害著作权人的合理诉求。从演绎者的角度观察，演绎者的消费者身份必须得到认同，也就是利用他人作品进行"摆弄"的资格乃自然权利，任何人都不得剥夺和限制；从原作品著作权人的角度求证，演绎者又是利用他人作品进行创作的新权利人，因此必须保证尊重"前手"的前提下才可以利用别人的成果获得属于自己的物质利益。

首先，演绎者如果是在非公开的场合进行演绎，此时纯粹是作为文化消费者在利用作品，因此不应该受制于演绎权。未发表的未许可演绎作品是指演绎人未经原作品著作权人许可使用原作品进行创作形成演绎作品，但演绎人并未将其发表，更未对其公开使用，此时的演绎人对未演绎作品的使用仅仅是个人使用性质，并不会对原著作权人的利益造成侵害，也不会对潜在市场造成影响。❷ 将演绎行为区分为公开的演绎与未公开的演绎两种情况，未公开演绎是进行文化消费和学习娱乐的延伸阶段，理应受到法律的保护。

其次，对于非营利性的公开演绎行为，应该创设更多便捷的法律

---

❶ 孙玉芸：《作品演绎权研究》，知识产权出版社 2014 年版，第 82 ~ 83 页。

❷ 邱宁："在合法与非法之间：未经许可创作的演绎作品之著作权辨析"，载《法学杂志》2012 年第 4 期。

途径，用以保障社会公众分享个人观点，开展多样化的创作。莱斯格教授认为，管制非商业性质的改编绝对是一种弊大于利的行为。❶从美国的传统来看，在180多年的时间里，一直致力于保护自由文化的活力和生机。❷现在总的趋势是不再区分营利性和非营利性，只要是进行公开演绎，都在著作权的控制射程之列。显然，这种非营利的公开演绎由于网络的普及而扩充至每一个进行转换性消费的使用者。在一些场合，例如，通过博客、微博等社会交往圈进行的演绎作品分享，在实质内涵上并未超出未公开演绎行为的准则和范围。在互联网蓬勃发展的背景下，可以考虑建立非营利性公开演绎行为的默示许可规则。所谓默示许可，是指著作权人对于演绎者在特定网络空间发表演绎作品的行为，推定其已经做出默示的同意，但是演绎者应该为此支付一定的报酬。

最后，对于营利性的演绎行为，也可以在必要时设定新规则，鼓励有价值的演绎作品创作和传播。当营利性的演绎作品已经取得较好的市场价值，原作者又在演绎者后续以合理条件进行合理谈判但是仍禁止演绎时，可以引入强制许可的制度规则，将这种演绎行为的合法性交还给由代表公众的国家行政机关进行裁定。质言之，当原著作权人拒绝许可予以追认时，演绎人有权向国家版权行政主管机关提起申请，要求强制许可。行政主管部门在考察演绎人对演绎作品的投入与贡献，以及演绎作品的社会影响度等因素后，如果演绎人对演绎作品的产生贡献较大，并未对原作品歪曲和篡改，同时受到社会的广泛认同，间接地促进了原作品的传播，此时可以判令适用强制许可。

---

❶❷ ［美］劳伦斯·莱斯格著，王师译：《免费文化：创意产业的未来》，中信出版社2009年版，第140页。

第二节　滑稽模仿的著作权限制

《一个馒头引发的血案》是胡戈先生以电影《无极》中的若干镜头和片断为外壳，以一起谋杀案件为主线，以一种滑稽风趣的搞笑手法而编创的一个视频短片。[1] 2006 年 2 月，电影《无极》的导演陈凯歌在德国首都柏林对《一个馒头引发的血案》的作者表示极为愤慨，并宣称要对簿公堂。随后，《无极》的制片方中影集团和盛凯影业委托北京某律师事务所处理此事。由此，该事件突破娱乐的界限，引起了法学界的广泛关注。此案件后并未成讼，但是网络恶搞剧的出现，确实引发人们对于滑稽模仿行为性质的热烈探讨。网络恶搞剧是指行为人在未征得作者同意的情况下，将他人作品中的图片、镜头等素材裁减后按照自己的构思予以串联或重新组装，并配上不同的文字、音乐，表达不同的主题，实现对主流作品的讽刺和批评。由于该类作品将别人作品的成分作为自己的作品内容或一部分，这究竟是"合理使用"还是非法引用，还会不会构成对作者人身权利的侵犯。对此，颇值得进一步讨论。[2] 网络恶搞剧本质上是滑稽模仿，所以，如果在立法上认可滑稽模仿属于合理使用，那么只要网络恶搞剧可以被认定为是滑稽模仿，则权利人就不可以追究法律责任。

一、滑稽模仿的法律性质

滑稽模仿一词源于英文 parody，是通过模仿原作内容而对原作加以讽刺或批评的使用。滑稽模仿而形成的作品并非单纯为再现原作

---

[1] 该种类型的视频短片也被形象地称作为"网络恶搞剧"。

[2] 魏小毛："谁来为馒头血案负责"，载《中国知识产权报》2006 年 2 月 22 日。

本身的艺术价值，而是将被模仿的部分改造成讽刺或批判原作的工具，这实际上是以一种特殊的方式对原作进行评论。模仿等创作形式不是严格意义上的改编，虽对原作品有某种程度的借鉴，但不像改编作品与原作品有共同一致之处，相反，它只是对原作品进行符合条件的模仿、讽刺或漫画创作。网络恶搞剧是对一部严肃作品的荒唐可笑的模仿。作为一种艺术表现形式，它对经典艺术文本或者流行体裁进行的改造、拆解和反讽，这是一种在内容安排和表现形式上富有独创性的演绎作品，本身也是作为嬉皮式文化消费的一种结果，在看似无羁的表达中展现非主流消费者的观点。网络恶搞剧本质上就是一种滑稽模仿，它的出现表明网络环境下，滑稽模仿不再局限于个别非主流的艺术创作场合，网络技术让滑稽模仿走向更普遍的场域。

然而，由于滑稽模仿具有讽刺性，就出现了这样一个问题，著作权是否延伸到滑稽模仿作品的创作。换言之，借用受著作权法保护的作品创作一部滑稽模仿作品，是否必须征得著作权人的同意。对此，存在着两种不同的观点和立法体例：一种观点认为，滑稽模仿构成合理使用，不受制于著作权人的固有权利，未经许可的使用，即使超出了合理的限度，即使采用了大量的表达形式，只要构成滑稽模仿，也属于合法创作；另一种观点则认为，滑稽模仿是含义不清的表达，只有在它达到合理引用的必要标准时才属于合理使用，否则也会构成侵权。

滑稽模仿构成合理使用的基本理由在于：它不是一般性质上对于作品的演绎，在创作手法上属于对作品的讽刺和批评，如果要求这种行为也必须征得著作权人的同意，从正常情况看，大多数人并不欢迎对自己作品的批评，因此也就会断送各种可能出现的滑稽模仿创作。从言论表达自由和促进人类多元文化创作、反对文化霸权的角度，少数批评者的利益必须得到重视。从文化消费的立场看，任何消费者都有权对自己消费的产品提出批评建议，文化产品也不能例外。有鉴于此，一些国家和地区都对滑稽模仿构成合理使用进行了明确规定。《法国知识产权法典》第 L. 122 - 5 条第 4 款规定：根据有关法律，作品一经披露，作者不得禁止……滑稽模仿、仿效和夸张模仿。欧盟 2001 年《版权指令》也规定，符合特定条件的模仿讽刺是合理使用。巴西法律第 50 条规定，不是原作的复制本、也未影响其信誉的仿效和滑稽模仿，均属合法。贝隆、布隆迪、克麦隆、科特迪瓦和塞内加尔等国家的法律中也有同样的规定。

美国通过司法实践肯定了滑稽模仿的合理使用规则。黑人女作家艾丽丝·兰德尔通过对驰名世界的经典小说《飘》（Gone with the wind）的模仿讽刺，创作了一部新的小说《风逝》（The wind done gone），改造了一个用于批判原告思想观点的新故事。二审法院推翻一审判决，认为《风逝》是对《飘》的滑稽模仿，不构成侵权。在另一起案件中，原告 Acuffrose 公司是《漂亮女人》歌曲的著作权人，被告康柏尔等人是某知名合唱团的歌手，他们将《漂亮女人》进行讽刺诙谐的改变后进行了翻唱，结果唱片很畅销。于是原告对被告提出著作权侵害的诉讼。美国联邦最高法院认为对该歌曲的滑稽模仿，是对原作品的评论或批评，而且这种滑稽模仿与原作具有不同的市场功能，最后判定该滑稽模仿行为是一种合理使用。

当然，也有学者反对将滑稽模仿行为纳入到合理使用的范畴。萨塔诺夫斯基认为，对于属于私有领域的作品进行滑稽模仿需要得到原作品作者的授权。滑稽模仿有别于批评，因为滑稽模仿必然要求人们为喜剧性之目的而遵循作品的几乎全部情节和发展过程，在他看来，倘若被模仿作品尚未进入公有领域，上述情况显然会造成对模仿作品的使用不能不受处罚的局面。❶ 事实上，关于滑稽模仿的立

---

❶ ［西］德利娅·利普希克著，联合国译：《著作权与邻接权》，中国对外翻译出版公司 2000 年版，第 86 页。

法并不统一，实践中也不乏支持将滑稽模仿归入授权使用行为的立法例。例如，《阿根廷著作权法》第25条明确禁止未经授权而对处于私有领域的作品进行滑稽模仿。按照该条规定，滑稽模仿需要得到原作品作者的授权。

二、滑稽模仿构成合理使用的限度

滑稽模仿是否构成合理使用，除了取决于法律是否有明确规定外，还需要综合各种因素判定何谓滑稽模仿，在何种情况下允许这种滑稽模仿行为。由于对于作品的模仿存有法律的限度，超出一定的质、量就会构成剽窃、抄袭，如果只是原作有些许差异但在本质上并未形成新作，也会构成对演绎权的侵害。在对原作进行歪曲、篡改甚至恶毒攻击的场合，还会侵犯作者的精神权利。因此，有必要准确理解滑稽模仿的要件，以此作为判断相应行为合法性的起点。

2006年美国发生的Blanch案中，被告Koons在其艺术创作中挪用了与原告Blanch在某杂志封面上发表的摄影作品。审理此案的联邦第二巡回法院的法官Sack支持了被告合理使用的抗辩，并在判决意见中指出："问题是Koons的做法是否具有真正的创作动机，而非仅为吸引眼球或逃避独立思考的劳累……我们不能依靠可怜的、正打磨得过于光滑的艺术感觉，这种挪用确实增加了反讽社会的效果，为其建立了正当性。"❶ 法律允许的滑稽模仿行为本身，必须满足以下的条件。

首先，滑稽模仿是在符合有关体裁规律的条件下，基于讽刺、批评等目的模仿使用他人有著作权的作品。"模仿讽刺作品"在创作上具有特殊性，必须允许"模仿讽刺作品"充分地使用原作中的内容，甚至引用原作中最突出和给人留下最深刻印象的部分，以确保能够

---

❶ Blanch V Koons, 467 F. 3d 244, 255（2d cir. 2006）.

"唤起"人们对原作的回忆。

其次，滑稽模仿创作可以使用原作中的核心内容，或者是大量使用了作品的内容。只要是为了通过模仿和创作对原作加以讽刺和批判，就可以使用原作中相应的内容和表达。

再次，滑稽模仿创作形式与原作品能够严格区分开来，不能诋毁原作品或使公众对该作品感到厌恶。滑稽模仿固有的嘲讽不伤害前已存在的作品作者感情是极其例外的。滑稽嘲讽是一种批评形式，但并非全无止境。滑稽模仿者不允许辱骂，不允许有意损害原作品或原作者，不允许利用滑稽模仿造成与被模仿作品之间的混淆。❶ 也就是说，滑稽模仿不得是恶意攻击，也不得由此获取不正当的法律上之利益。

最后，判断一种复制行为是不是戏仿，是否应受法律追究，取决于法官对当下社会观念的感受。即便是允许滑稽模仿的国家，也会在何谓滑稽模仿上设定必要的限度。在这里，除了社会文化创作的氛围、文化创作理念的变化以及文化批判手段的更新等直接影响到法官的判定外，"三步测试法"仍然是该类行为设定的最低要求：滑稽模仿只能发生在特定创作的领域，不得与作品的正常使用相互冲突，也不得不合理损害权利人的正常利益。

三、我国的立法选择

我国立法中没有明确规定滑稽模仿的法律性质。由于我国在合理使用的立法模式上，并没有因素主义中的合理使用"四要素"，所以实践中似乎也不宜采用该四个要素去判定某一具体个案中滑稽模仿的法律性质。就我国《著作权法》第22条的具体规定来看，滑稽模仿并非合理引用。由于滑稽模仿大量使用了原作中的内容和表达，

---

❶ ［西］德利娅·利普希克著，联合国译：《著作权与邻接权》，中国对外翻译出版公司2000年版，第85~86页。

一般来说构成了实质上的使用。因此，我们也不宜将滑稽模仿等同于合理引用，进而直接确定其构成合法行为。

滑稽模仿不同于通常意义上的演绎，这一特征决定了在我国不应该完全适用演绎权的规则处理该类作品创作可能引发的争议。演绎后的作品与原作之间存在着些许变化，但是从消费者角度可以辨别出原作和演绎作品之间的实质关联，所以判定是否侵犯演绎权，核心问题就是原作和演绎作品之间在主题思想、表达方式、传达观念之间的相似性，基于此，才可以很好地保护著作权人可能存在的演绎市场，进而获得在这一潜在竞争市场上的法律控制。滑稽模仿不具有这样的特征，它虽然借鉴、挪用原作的表达形式，但是在实质上却强化了与之相反的主题思想，是对原作的一种批评和讽刺。由此观之，我国法律对于滑稽模仿处之以合理使用，也不违背演绎权的基本原理。同时，滑稽模仿并不会对原作进行歪曲和篡改，因此也不应该以侵犯精神权利为由禁止该类艺术创作。

由此可见，滑稽模仿作为一种特殊的艺术创作形式，在我国有进行专款规定的需要。随着网络技术的发展，伴随着后现代艺术创作形态的不断革新，各种无厘头的创作与快节奏的人类生活方式结合在一起，具有越来越广泛的创作条件和市场。为适应新技术带来的发展，明确滑稽模仿构成合理使用，并且为滑稽模仿规定判断标准，应该为立法的合适选择。同时，法律也必须为滑稽模仿设定必要的限度，尤其是在司法适用中分析滑稽模仿是否基于批评、讽刺目的，是否为相关题材创作所必须，是否对于原作进行了恶意的诋毁、辱骂，是否符合一般社会公共观念，是否满足"三步测试法"对权利限制进行的限制，从而将滑稽模仿的合理性控制在法律允许的范围之内。

第七章 认真对待著作权法上的消费者运动（代结语）

　　著作权保护中的消费者运动发端于数字网络时代的著作权权利扩张，既有相应的社会实践基础，也存在着深刻的制度原因。随着科学技术的发展，著作权法上的消费者日趋多元化。消费者运动的参与者，不仅包括普通的文化消费者，还包括文化技术产品制造商、网络服务提供者、公共文化服务提供者等群体。如何在数字时代完善著作权法，成为此类消费者运动关注的焦点。因此，有必要以消费者为视角，以消费者运动为背景，积极回应合理的文化消费需求，通过数字著作权制度规则的完善，维护良好的作品生产、传播和消费生态。

　　从消费者运动的视角观察，数字著作权法存在着不足，面临着信任危机。进言之，著作权制度在回应现代文化消费方面的滞缓和片面，导致法律规则的设计没有得到以消费者为主体的社会公众的支持，法律的实施存在执行力方面的明显缺憾，这也势必还会引发著作权人和传播者的不满。2009 年，一份来自国际消费者组织（International Organization of Consumers Unions，IOCU）的报告显示：在参加调研的 16 个国家中，从消费者角度看，英国版权法对消费者权益的保护状况排在最末位，即英国在考虑平衡版权人的利益和消费者利益的时候表现最差。❶ 虽则如此，其他国家的表现也未必尽如人意。实际上，进入网络时代，权利人的利益受到著作权法更多的关

---

　　❶ 钟瑞栋、刘经青："论版权法视域中的消费者权益保护"，见《中国法学会知识产权法研究会 2010 年会暨著作权法修订中的相关问题研讨会论文集》。

注，而消费者的地位始终未受到应有的重视。鉴于此，有必要完善数字著作权法律规则体系，满足消费者运动中提出的合理诉求，保护文化消费者的利益。

著作权法上的消费者包括多种类型。从具体的表现形态上，著作权法上的消费者并不是购买著作权的自然人，因为购买著作权的主体并不是为着个人消费的目的。相反，购买文化作品载体、技术产品，或者接受公共文化服务、网络服务的自然人，却最有可能成为文化消费者。这种界定上的特殊性决定了著作权法上消费者的表现样态与物质产品、服务的消费者是迥然不同。笔者的研究试图证明，著作权法上的消费者涵盖五种形态：纯粹被动的文化消费者、技术产品的文化消费者、公共服务的文化消费、网络服务的文化消费者以及转换性的文化消费者。其中，前四种形式的文化消费者，在进行文化消费过程中并不成为作者，而后一种形式的文化消费者，在将作品进行消费后进行演绎或者引用，成为了后续作者。但是不管哪一种文化消费模式，都在其中纠缠着各种著作权的控制和反控制。由此，著作权法上的文化消费活动，事实上不可须臾离开对著作权本质、边界、控制范围以及限制方式的规定。著作权法上的消费者运动，也正是在文化消费中各种利害关系人发起，旨在改进现有著作权法体系的活动。这并非利害关系人无事生非，实在是有紧密的利益诉求。

著作权法在回应前述消费者运动时，有置之不理和积极调整两种不同的姿态。较为可行的当是积极调整的改革思路，否则消费者掀起的颠覆行动必将产生"载舟覆舟"的效应。总括五种消费者的制度和利益诉求，著作权法可为之调整无外乎有三：其一，弱化著作权的控制力。无论是复制权、传播权还是演绎权，都应该建立有自身的边界；在著作权保护期限上，也并非可以无限度延长；在法律保护中，必须正视著作权滥用所带来的消极影响。其二，创新著作权限制的理论和方式。著作权限制制度是保护消费者利益的最基本渠道。现有的著作权限制理论建立在著作权控制行为例外的基础之上，难以为消费者寻找到直接的权利依据。随着网络技术的不断发展，技术措施的保护渐成规模，此时有必要创建使用者权的理论框架和制度规则。针对网络文化服务和公共文化服务中的特殊情况，适当延展补偿金的范围，建立公益性的著作权基金。其三，实现与各类消费者权益保护制度的兼容发展。从权利体系化的角度观察，著作权虽为私权，但是也必须建立在尊重其他权利的基础之上。《消费者权益保护法》《反不正当竞争法》《合同法》都有保护消费者利益、制止垄断和不正当竞争的规定。《著作权法》自然不得固化孤立，必须照应到整个法律体系的完整并进行调适。

回顾前文所有的论述，制度传承和创新交相辉映。著作权法上的消费者运动已经产生了正面的影响力，著作权制度必须进行调适或者相应的创新。结合我国《著作权法》的修改，本文主要提出以下建议。

1. 明确著作权控制行为的边界

著作权法通过列举权项的方式界定著作权人的控制范围，有的立法例还采取开放式的表述，允许著作权人享有"其他的权利"，而没有清晰界定著作权控制行为的本质。在数字环境下，出现了著作权人权利范围的无限度扩张。最具争议的是，著作权人能否控制对作品的接触和获取行为？答案应该是否定的。正因为著作权人不享有接触权或者获取权，所以消费者对作品进行阅读、欣赏的必要接触和获取就是合法的，不应该受到法律的追究。因此，立法有必要明晰著作权作为"再现权"的本质，促进和维护文化公共领域，为纯粹被动的文化消费提供法律保障。我国《著作权法》第9条第1款第（17）项规定著作权人可以享有"应当由著作权人享有的其他权利"，这一兜底条款没有限定著作权人所能控制行为的范围，不利于厘清著作权的本质和边界，为著作权人借此无限度扩张权利范围留下隐患。有鉴于此，建议将该项规定修改为"应当由著作权人享有的其他再现作品的财产权利"。这一修改表明：首先，著作权人身权具有更强的人身强制性和法定性，不宜适用其他权利进行扩张适用。其次，在著作权法的其他条文中已经暗示由著作权人享有的权利，可以根据体系解释方法界定为"其他权利"。例如，我国《著作权法》第 12 条规定"改编、翻译、注释、整理"其他作品而形成的演绎作品权利归属。从体系上解释可以判定"注释权""整理权"为其他权利。最后，能够解释为"其他权"的权利，必须满足著作权财产权的本质要求。著作权财产权本质上是再现作品的权利，如果没有发生再现作品的行为，就不能被界定为"其他权"。例如，阅读作品的行为，不发生再现作品的效果，因此不能将阅读权解释成著作权人享有的其他权利。

著作权限制规则对于划清著作权的边界和保护消费者利益具有重要的制度价值。我国《著作权法》规定"个人使用""免费表演"和"适当引用、评论"构成合理使用，这是消费者实现著作权法上使用者利益的基本规则依据。相较于其他国家的著作权法，我国立法上的"个人使用"范围广泛，对于保护消费者利益非常有利。也就是说，只要符合"三步测试法"，为个人学习、研究和欣赏目的的使用，都属于合理使用。在 2012 年国家版权局两次公布的《著作权法》（修正草案）中，将"欣赏目的"个人使用从合理使用规则中删除，这种做法限制了消费者利益，并不妥当。笔者认为，为个人欣赏目的进行的消费性使用，只要不与作品的正常使用相冲突，且未在实质上损害权利人利益的，应该继续被认定为合理使用。此外，新的技术环境下日益增多的滑稽模仿和网络消费空间进行的传播行为无一例外受到著作权人的控制，不利于激励消费者创造性的学习行为，也无助于文化的批评、传播与传承。因此，立法需要在这方面适度弱化著作权的控制力度，设定新的著作权限制规范，为网络中的"滑稽模仿"设定合理使用规则，为"微博""博客""微信""QQ"等特定的消费空间发表的作品创立默示许可规则。可以考虑具体规定如下：使用者未复制原作品，也未影响其信誉的仿效和滑稽模仿，构成合理使用。在权利人进入网络公共社区以及开设个人博客、播客等个人空间时，如果没有明确禁止其他网站的转载和摘编，就应该视为默示许可其他网络服务提供者未经许可进行非营利性传播。❶

2. 针对著作权期限延长的现状提出前瞻性的对策

得益于著作权保护期限，消费者可以对保护期限届满后的作品进行自由消费和使用。20 世纪中后期以来，以美国、欧盟国家为代表的国内立法改变了《伯尔尼公约》中规定的期限标准，著作权保护时间呈现进一步延长的趋势。应检讨的是，延长著作权期限对普通文化消费者的利益产生重大影响，某种意义上已经构成对消费者权益的侵害。因此，我们应该坚持《伯尔尼公约》所确定的最低著作权期限标准。当然，在世界上大多数国家被迫接受美国等发达国家的标准后，也应该推动相应的法律反制措施，倡导建立著作权期限的续展规则，以最大限度保护消费者利益。具体来说，当《伯尔尼公约》的最低标准被打破后，中国可以团结广大发展中国家提出相应的"反制措施"，倡导将著作权期限进行"有条件的延长"：在换取发达国家自由贸易承诺的同时，同意将著作权期限延长到作者死后加 70 年，但是在 50 年期满后由权利人在著作权行政管理部门办理续展，只有在支付一定的续展费用并办理相应登记手续后才可以享有新增的 20 年延长保护期，否则该作品就进入公有领域。

3. 建构禁止著作权滥用的法律规则

在数字时代制止权利人滥用著作权，对于维护消费者的利益具有

---

❶ 梅术文："信息网络传播权默示许可制度的不足与完善"，载《法学》2009年第 6 期。

重大意义。就此而言，我国《著作权法》可以从三个方面进一步完善相应规则：（1）确立禁止著作权人滥用权利，保护消费者利益的规则。建议将《著作权法》第4条修改为：著作权人行使著作权，不得违反宪法和法律，不得侵害文化消费者的利益，不得损害公共利益。（2）在保护作者精神权利的同时，为精神权利的利用设定限制机制，保护消费者利益。可以增加规定：著作权人应该依法行使署名权，不得侵害消费者的选择权、知情权和公平选择权。（3）在著作权权利许可中，保护消费者的利益。建议立法做出如下规定：著作权人与出版者签订非专有出版合同后，著作权人在合同有效期内又将作品的一部或者全部以原名或更换名称另行出版的，应该在显著位置标示该作品已经由其他出版社出版的事实或标志。（4）进一步完善录音制品再制作时的法定许可规则，通过建立相应的备案制度、撤销制度和协商制度，以著作权的内在调节机制防范大的唱片公司滥用著作权，维护中小唱片企业和弱势著作权人的利益，确保市场上的流行音乐市场不被少数企业所垄断，进而也保护了消费者利益和公众利益。

4. 完善技术措施版权保护中的使用者权

消费者将购买的CD转化成MP3格式，或者转化成可供IPAD或者IPHONE等移动终端使用，这是消费者的权利。但数字密匙出现后，让大家只能通过CD播放机听音乐，而数字内容出版者则可以将同一首歌曲制作成不同的数字格式，在不同的数字商店出售，这对消费者而言无疑是重复消费，有失公允。2012年国家版权局向社会公开征询意见的《著作权法》（修正草案）第1稿和第2稿中，均将技术措施和权利管理信息单列为一章，在通过著作权法保护技术措施的同时，允许使用者基于一定条件规避技术措施，认可了使用者的合理规避权，体现出著作权法维护权利人利益和使用者利益的平衡精神。❶"修正草案"存在的主要问题在于：（1）关于合理规避权的具体内容上还有疏漏。有学者认为，对于私人性质的规避技术措施的行为，版权人无权追究法律责任。❷这一说法虽然过于宽泛，但是也表达了对于私人尤其是普通消费者在合理规避权方面缺乏规定的不满。实际上，普通消费者在遇到技术措施保护版权作品时，也存在规避技术措施的需求。例如，消费者为了保护个人信息规避技术措施，为了保护未成年人利益而规避技术措施等。立法赋予其在相应情形下享有合理规避权，应该是保护文化消费者利益的必然措施。然而，立法更多关注非营利性的机构、加密研究组织和国家机关等强势使用者，忽略了普通消费者规避技术措施的需要。（2）动态性缺乏。以封闭的方式列举合理规避权及其条件，没有相应的兜底条款和授权条款，阻止了法律和法规根据科学技术的发展设定新的合理规避权范围。（3）没有规定自助权，制约了合理规避权的有效实现。在技术措施保护例外条款的支持下，使用者可以规避技术措施。但是，由于出版社、杂志社、教育机构、执法机构和安全测试机构等使用者，以及普通的文化消费者并不一定具备相应能力去规避技术措施，因此，实现上述合理规避权仍然存在困难。换言之，普通消费者或其他使用者为了行使合理规避权，还必须有其他的辅助性的制度保障，否则，合理规避权便会流于空谈。

---

❶　例如，2012年7月对外公布的《著作权法》（修正草案第2稿）第67条规定，下列情形可以避开技术保护措施，但不得向他人提供避开技术保护措施的技术、装置或者部件，不得侵犯权利人依法享有的其他权利：（1）为学校课堂教学或者科学研究，向少数教学、科研人员提供已经发表的作品、表演、录音制品或者广播电视节目，而该作品、表演、录音制品或者广播电视节目无法通过正常途径获取。（2）不以营利为目的，以盲人能够感知的独特方式向盲人提供已经发表的文字作品，而该作品无法通过正常途径获取。（3）国家机关依照行政、司法程序执行公务。（4）对计算机及其系统或者网络的安全性能进行测试。

❷　易健雄：《技术发展与版权扩张》，法律出版社2009年版，第221页。

有鉴于此，建议在数字著作权法中明确规定并且完善合理规避权。使用者在下列情形下，可以避开技术措施，但不得向他人提供避开技术措施的技术、装置或者部件，不得与作品的正常利用相抵触，不能不合理地损害作者的合法利益：（1）为学校课堂教学或者科学研究，通过信息网络向少数教学、科研人员提供已经发表的作品、表演、录音录像制品，而该作品、表演、录音录像制品无法通过正常途径获取。（2）不以营利为目的，通过信息网络以盲人能够感知的独特方式向盲人提供已经发表的文字作品，而该作品无法通过正常途径获取。（3）国家机关依照行政、司法程序执行公务。（4）对计算机及其系统或者网络的安全性能进行测试。（5）出于反向工程的目的。（6）不以营利为目的，丰富加密知识和促进加密产品的发展。（7）为保护文化消费者的个人身份信息。（8）非营利性图书馆、档案馆或者教育机构为了决定是否收藏某件作品。（9）使用者为阻止未成年人接触文化产品上的色情或其他有害内容。（10）法律和法规根据技术发展变化设定的其他情形。同时，为了填补现有法律存在的漏洞，建议增加"使用者自助权"的规定：使用者基于行使合理规避权的目的，可获得用于规避技术措施的装置、部件和技术服务。著作权人应该在设定技术措施之时为使用者预留合理规避的空间。使用者可以与权利人达成协议，对于符合法律规定的规避技术措施行为提供帮助。权利人没有提供规避技术措施的装置、设备的，不得禁止科研机构及其研究人员从事相应的学术研究，该学术研究成果可以发表或者在学术交流会议上交流，使用者有权利用该学术成果在满足法定条件时避开或绕过该技术措施。

5. 建立防止技术措施滥用的制度

技术措施的滥用是指权利人为了保护版权而在作品上采取的技术措施违背诚实信用原则和公认的道德标准，以追求或者放任对使用者合法利益的损害为目的。为保护消费者权益，就必须依法对技术措施滥用行为进行有效规制，确保权利人采取的技术措施在法律允许的范围内运行。建议《著作权法》做出如下规定：权利人应对其采取了技术措施的行为予以标记及说明，以告知公众。对于那些直接以侵害消费者基本权益为目的的技术措施，应该认定为违法，消费者可以依据著作权法的规定行使合理规避权。此外，权利人不得设置攻击性技术措施。使用者为检测或矫正攻击性技术措施，可以绕开或者避开该技术措施。

6. 明确计算机软件合法终端用户的使用者权

计算机程序的合法终端用户在著作权法上有着特殊的利益需求。为保护这一部分消费者的利益，建议将《计算机软件保护条例》中的相应条款修改完善后，上升为《著作权法》的内容。具体包括：计算机程序的合法授权使用者可以从事以下行为：（1）根据个人消费的需要把该程序装入计算机等具有信息处理能力的装置内。（2）为了防止计算机程序损坏而制作备份复制件。这些备份复制件不得通过任何方式提供给他人使用，并在本人丧失合法授权时，负责将备份复制件销毁。（3）为了把该程序用于实际的计算机应用环境或者改进其功能、性能而进行必要的修改；未经该程序的著作权人许可，不得向任何第三方提供修改后的程序。（4）计算机程序的合法授权使用者在通过正常途径无法获取必要的兼容性信息时，可以不经著作权人同意，复制和翻译该程序中与兼容性信息有关的部分内容。

7. 设立著作权公益基金

现行著作权法为公共文化服务组织和教育机构设定了相应的著作权限制规则，用以保障公益性文化服务的合理展开，也间接保护了消费者的利益。但是法律对我国当前普遍存在的公益性文化服务呈现的扩张势头缺乏足够的制度关怀。最为集中的表现是，公共文化服务机构、教育机构提供公益性文化服务和扶助贫困活动的法定许可、默示许可规则，也因欠缺必要的资金支持而难以落实。为此，应该针对现实的需要，为乡村图书馆、文化下乡机构、文化扶贫组织等公共文化服务提供者设立著作权公益基金，用以支付公益文化服务产生的版税，避免这些带有较强政策公益性的文化服务受到著作权人的追究，还可通过公权力的介入营造良好的文化氛围。鉴于此，《著作权法》可以增加以下规定："国家设立著作权公益基金，用于支付下列活动中的著作权使用费：（1）图书馆、档案馆、纪念馆、博物馆、美术馆等在公益活动中，因为复制、传播和演绎作品而发生的著作权法定许可费用；（2）基于扶助贫困和文化政策需要，在作品传播过程中发生的著作权法定许可和默示许可费用；（3）其他法律和法规规定的应该由著作权公益基金支付的著作权使用费用。著作权公益基金的具体管理办法由国务院另行规定。"

8. 完善公共文化服务机构的著作权规则

公共文化服务机构在促进文化消费中发挥着不可替代的作用。完善公共文化服务机构的著作权规则包括四个方面：（1）建议在立法中增加"促进公共作品自由利用"条款。明确规定公共作品是公共机构利用公共财政资金创作或者根据合同享有全部财产权的作品。除法律限制公开的情形外，社会公众可以不经许可使用公共作品，对于官方文件以外的公共作品，应该按照法律规定的标准支付报酬。（2）完善图书馆、档案馆、博物馆、文化馆和纪念馆的著作权限制制度。针对网络技术的发展，允许上述机构在数字化建设中复制本馆收藏的作品。在满足相应条件后，非营利性图书馆等机构利用本馆收藏的作品制作数字化复制件或者复制网络上已经传播的、可自由下载的作品，可以享受合理使用的豁免。非营利性图书馆向馆外读者提供数字化作品，也可以在满足一定要求后适用合理使用规则。图书馆向读者提供学位论文摘要、期刊学术论文摘要、研讨会论文或研究报告摘要，以供图书馆制作书目、摘要检索系统，可以不经权利人许可，不向其支付报酬。（3）完善教育机构的著作权限制机制。扩大教育机构基于教学和科研目的使用作品进行文化消费时能够构成合理使用的范围。除少量复制、翻译外，公共教育机构为教学目的、在可控的教室及教学场所进行的广播、放映等行为，也属于合理使用。非营利性的远程教育机构向学生或者注册学员提供作品时，可以进行必要的复制行为和传播行为，但必须采取技术措施以合理方式阻止受众将版权材料保存到教学时间之外，合理阻止未经授权将其传播到学员之外的公众。在编写教材和提供网络课件法定许可规则中，建立法定许可报酬协商、例外协商付酬制度、公开披露信息制度和惩罚性赔偿制度。（4）完善广播权的法定许可规则。广播权是以有线、无线或其他各种手段公开传播作品，使公众可以根据其播放获得作品的权利。考虑到"三网融合"背景下广播电视组织使用作品性质发生的变化，建议立法修改时废除对广播电视组织初始广播进行广播权法定许可的规定。公共经营机构通过家庭普通接收装置接收广播节目后供公众收听、收看且未直接向其收取费用，以及广播电台、电视台以及其他机构同步转播广播的作品，在未对初始传播信号进行任何改变的情形下，可以不经著作权人许可，但应当支付报酬。

9. 完善扶助贫困的默示许可规则

虽然《信息网络传播权保护条例》第9条所规定的基于扶助贫困的许可是一种制度创新，但是该规定仍然存在着立法不周延、规范不清晰和操作不顺当等方面的问题，具体表现在：（1）适用基于扶助贫困许可的被许可人界定不清晰。实际上，并非所有的网站都可以适用扶助贫困的许可。由于扶助贫困默示许可在实质上是基于公益性质的许可，因此应该将被许可人的范围限定在非营利性网站的范围，进而保护权利人的利益。（2）可以适用扶助贫困作品的范围依然不够明确。有关种植养殖、防病治病、防灾减灾等与扶助贫困有关的作品和适应基本文化需求的作品在表现形态上多种多样，对于其间的文字性作品适用默示许可自无异议。但是，对于有关多媒体作品、数据库作品和计算机软件等非文字作品，是否可以适用默示许可则不无疑问。因为毕竟非文字作品是权利人基于商业目的开发并且经过大量投资形成的作品，如果允许默示许可的存在，权利人的利益就有可能得不到保证，反过来可能影响权利人创作这类作品的积极性，进而阻碍了与扶助贫困有关作品和适应基本文化需求作品的创作与传播。（3）仅仅通过权利人的无异议就认定其默示许可的存在，将所有的注意义务转嫁到了权利人，这既会造成许可人和被许可人之间利益的失衡，也会带来操作上的麻烦。（4）按照法律规定，扶助贫困许可需要支付报酬，但是法律并没有明确报酬来源。由于基于扶助贫困许可是对于特定网络服务提供者提供特定作品的支持和鼓励，所以不应该由其承担筹集资金的义务，否则在当前的执法环境下，很难想象会有网站去主动公告报酬标准并且按照约定予以支付。

针对现行法中的制度缺陷，笔者建议从以下方面进一步完善扶助贫困的默示许可规则：（1）明确扶助贫困许可的被许可人条件，规定非营利性网站可以实施扶助贫困的许可。考虑到当前我国扶助贫困默示许可的实践操作条件尚不成熟，建议由国家版权局定期公布一批学术类网站和政府类网站，一方面确认这些网站所具有的扶助贫困资格，另一方面也明确它们所应承担的扶助贫困义务，确保实践中有一定数量的网络服务提供者从事扶助贫困的传播活动，进而为扶助贫困默示许可留下广阔的适用空间。（2）进一步细化许可对象，将作品的类型固定并由国家版权局公布。可以考虑从以下方面进行限定：第一，内容限定，进一步细化扶助贫困有关的作品和适应基本文化需求的作品的类型。第二，作品形式上的限定，可以考虑排除具有重大经济价值的图形作品、数据库作品、计算机软件和视听类作品。第三，作品性质上的限定，宜局限在学术类、研究类和普及性的作品范畴，排除娱乐性、高档次的消费类作品。（3）可以借鉴《德国商法典》第362条的做法，建构"确认书"的程序。要求网站不仅应在互联网上刊发拟定公布的作品名称，而且应该向作者发出"确认书"，只有作者在法定时间没有提出异议的情况下，才可以推定其已为默示许可。与此同时，为尊重权利人的意思自治自由，立法应明确权利人可以明确排除适用扶助贫困的默示许可。（4）考虑到扶助贫困许可的特殊性，建议由中央政府委托国家版权局，筹建设立相应的扶助贫困默示许可专项基金。网络服务提供者基于扶助贫困许可而向权利人支付的报酬均由该基金资助。这样既可以提升扶助贫困默示许可的积极性，防止该制度在实践中被沦为一纸空文，也可以起到示范和带动作用，在全社会树立信息网络传播权付费许可和使用的观念。

10. 创新网络服务中的著作权侵权豁免规则

数字技术带来文化消费方式的变化，这要求数字著作权法适应新的消费模式，因应技术发展进行相应的制度创新。具体来说，《著作权法》可以考虑建立以下四项规则：（1）网络终端用户在满足一定条件下的责任豁免。立法可以规定，网络用户在不知道或不应该知道网络上的作品、表演和录音制品未经合法授权，进行私人复制和消费性的传播，不承担损害赔偿责任。（2）禁止通过"三振出局"的方式一揽子终止普通公众依靠网络进行文化消费。网络终端用户经证明侵犯著作权的，著作权人不得联合网络通道服务提供者终止该用户的网络服务。（3）限定网络服务提供者信息披露义务的程序和条件。网络服务提供者只有在诉讼程序或者执法过程中，应权利人要求，经过法定程序并在执法人员的见证下，方可披露用户的个人信息。（4）完善网络服务提供者的"避风港"规则。"避风港"规则不仅关系到网络服务产业的发展，也间接保障了网络服务中的文化消费。建议在《著作权法》中为所有类型的网络服务提供者设定进入"避风港"的一般依据。这包括：网络服务提供者为网络用户提供存储、搜索或者链接等单纯网络技术服务时，不承担与著作权有关的一般审查义务。他人利用网络服务实施侵犯著作权行为的，权利人可以书面通知网络服务提供者，要求采取删除、屏蔽、断开等必要措施。网络服务提供者接到通知后及时采取必要措施的，不承担赔偿责任；未采取必要措施的，与该侵权人承担连带责任。网络服务提供者不知道或者没有合理理由知道他人利用其网络服务侵害著作权，并且采取必要措施防止侵权行为发生的，不承担损害赔偿的法律责任。不同类型网络服务提供者的具体免责条件由法律、法规另行规定。

参考文献

1 L. Ray Patterson & Stanley W. Lindberg. *the Nature of Copyright*: *A Law of Users' Right*. Georgia: the University of Georgia Press, 1991

2 James Boyle. *Shamans*, *Software and Spleens*, Harvard University-Press, 1996

3 Jessica Litman. *Digital Copyright*. Humanity Books, 2001

4 Lucie Guibault. *Copyright Limitation and Contracts*: *An Analysis of the Contractual Over – ridibility of limitation on Copyright*. Kluwer Law International, 2002

5 Michael A Einhorn. *Media*, *Technology and Copyright*: *Integrating Law and Economy*. Edward Elgar Publishing, Inc, 2004

6 Robert Burrell & Allison Coleman. *Copyright Exception*: *The Digital Impact*, Cambridge University Press, 2005

7 Simon Stokes. *Digital Copyright*: *Law and Practice*. Hart Publishing, 2005

8 Yochai Benkler. *The Wealth of Networks*: *How Social Production Transforms Markets and Freedom*. Yale University Press, 2006

9 Matthew Rimmer. *Digital Copyright and the Consumer Revolution*: *Hands off my ipod*. Edward Elgar Publishing, Inc, 2007

10 Lior Zemer. *the Idea of Authorship in Copyright*. Ashgate Pubishing Limited, 2007

11 Paul Goldstein. *Goldstein on Copyright*. Aspen Publisher Wolters Kluwer, 2007

12 Giuseppe Mazziotti. *EU Digital Copyright Law and the End – User*.

Berlin：Springer，2008

13　Neil Netanel. *Copyright's Paradox*. Oxford University Press，2008

14　Jessica Reyman. *The Rhetoric of Intellectual Property. Copyright Law and the Regulation of Digital Culture*. London：Routledge，2010

15　Lucie Guibault. *Open Content Licensing：From Theory to Practice*. Amsterdam University Press，2010

16　[日] 中山信弘著．多媒体与著作权．张玉端译.北京：专利文献出版社，1997

17　[美] 劳伦斯·莱斯格著．思想的未来．李旭译．北京：中信出版社，2004

18　[美] 劳伦斯·莱斯格著．代码：塑造网络空间的法律．李旭等译．北京：中信出版社，2004

19　[澳] Peter Drahos 著．信息封建主义．刘雪涛译.北京：知识产权出版社，2005

20　[德] M.雷炳德著．著作权法．张恩民译．北京：法律出版社，2005

21　[澳] Peter Drahos 著．知识财产法哲学．周林译．北京：商务印书馆，2008

22　[美] 约翰·冈茨、杰克·罗切斯特著．数字时代，盗版无罪．周晓琪译．北京：法律出版社，2008

23　[苏丹] 卡米尔·伊德里斯著．知识产权：推动经济增长的有力工具．曾燕妮译．北京：知识产权出版社，2008

24　[美] 威廉·W.费舍尔著．说话算数：技术、法律以及娱乐的未来．李旭译，北京：上海三联书店，2008

25　[美] 劳伦斯·莱斯格著．免费文化：创意产业的未来．王师译．北京：中信出版社，2009

26　[荷] 约斯特·斯密尔斯，玛丽克·范·斯海恩德尔著．抛弃版

权：文化产业的未来．刘金海译．北京：知识产权出版社，2010

27　吴汉东主编．高科技发展与民法制度创新．北京：中国人民大学出版社，2003

28　章忠信．著作权法的第一堂课．台北：书泉出版社，2004

29　杨林村主编．开放源码软件及许可证法律问题和对策研究．北京：知识产权出版社，2004

30　李昌麒、许明月编著．消费者保护法．北京：法律出版社，2005

31　吴汉东．著作权合理使用制度研究．北京：中国政法大学出版社，2005

32　吕彦主编．计算机软件知识产权保护研究．北京：法律出版社，2005

33　郑万青．全球化条件下的知识产权与人权．北京：知识产权出版社，2006

34　中共山东省委宣传部编．文化产业知识读本．济南：山东人民出版社，2007

35　刘志刚．电子版权的合理使用．北京：社会科学文献出版社，2007

36　梁志文．数字著作权论．北京：知识产权出版社，2007

37　蔡惠如．著作权之未来展望——论合理使用之价值创新．台北：元照出版有限公司，2007

38　蒋志培主编．著作权新型疑难案件审判实务．北京：法律出版社，2007

39　曾胜珍．论网络著作权之侵害．台北：元照出版有限公司，2008

40　饶明辉．当代西方知识产权理论的哲学反思．北京：科学出版社，2008

41　王迁．网络版权法．北京：中国人民大学出版社，2008

42　冯军、黄宝忠主编．版权保护法制的完善与发展：基于欧盟经验

与中国实践的视角．北京：社会科学文献出版社，2008

43　吴伟光．数字技术环境下的版权法危机与对策．北京：知识产权出版社，2008

44　易健雄．技术发展与版权扩张．北京：法律出版社，2009

45　孙雷．邻接权制度研究．北京：中国民主法制出版社，2009

46　戴元光、邱宝林．当代文化消费与先进文化发展．上海：上海人民出版社，2009

47　张今．版权法中私人复制问题研究．北京：中国政法大学出版社，2009

48　冯晓青．著作权法．北京：法律出版社，2010

49　曹伟．计算机软件保护的反思与超越．北京：法律出版社，2010

50　全红霞．网络环境著作权限制的新发展．长春：吉林大学出版社，2010

51　陈明涛．网络服务提供商版权责任研究．北京：知识产权出版社，2011

52　卢海君．版权客体论．北京：知识产权出版社，2011

53　朱理．著作权的边界．北京：北京大学出版社，2011

54　王迁．网络环境中的著作权保护研究．北京：法律出版社，2011

55　韦景竹．版权制度中的公共利益研究．广州：中山大学出版社，2011

56　胡开忠、陈娜、相靖．广播组织权保护研究．武汉：华中科技大学出版社，2011

57　何贵忠．版权与表达自由：法理、制度与司法．北京：人民出版社，2011

58　熊琦．著作权激励机制的法律构造．北京：中国人民大学出版社，2011

59　宋慧献．版权保护与表达自由．北京：知识产权出版社，2011

60　许辉猛．著作权基本原理．北京：知识产权出版社，2011

61　李雨峰．著作权的宪法之维．北京：法律出版社，2012

62　梅术文．著作权法上的传播权研究．北京：法律出版社，2012

63　于玉．著作权合理使用制度研究．北京：知识产权出版社，2012

64　李明德等．《著作权法》专家建议稿说明．北京：法律出版社，2012

65　李琛．著作权基本理论批判．北京：知识产权出版社，2013

66　郑重．数字版权法视野下的个人使用问题研究．北京：中国法制出版社，2013

67　李杨．著作权法个人使用问题研究．北京：社会科学文献出版社，2014

68　孙玉芸．作品演绎权研究．北京：知识产权出版社，2014

69　李雨峰．中国著作权法：原理与材料．武汉：华中科技大学出版社，2014

70　梅术文．著作权法：原理、规范与实例．北京：知识产权出版社，2014

71　崔国斌．著作权法：原理与案例．北京：北京大学出版社，2014

72　郭威．版权默示许可制度研究．北京：中国法制出版社，2014

73　孔祥俊．网络著作权保护法律理念与裁判方法．北京：中国法制出版社，2015

后　记

　　本书是我 2012 年主持的教育部课题的最终研究成果，历经 3 年，终于成书，这也是个人完成的第四部学术著作。作品杀青之日，距离四十不惑之龄不足月余。学术之路，坎坷荆棘，冷暖自知。曾经怅惘的英雄情结早已经放下，驿动的心也有了停泊的港湾，厚积薄发形成的思考路径不断拷问着无拘无束的激情，稳健和从容成为挥洒真性情的主色调。事实上，从武汉到南京，从少小离家到成家立业，从一名不文到安居乐业，岁月带走的是稚嫩、伪装、自傲和无助，留下的是成熟、真实、谦恭和奋斗，以及那低头一刹那间情不自禁涌现的思念和感恩。没有前辈、长者的无私扶持，没有父母、亲人和朋友的全力倾注，没有妻子和女儿纯粹的爱，我岂能有着创作的条件、环境和冲动?! 真情取决于细节，它存在于患难之中。红尘知己，真心爱人，一份份熨帖的心灵鸡汤，最终才铸就起我无悔的选择。

　　回顾过去，总在于展望未来。不惑之龄，太多有惑的问题。攀爬在仰止的学术高山，徜徉在深沉的知识海洋，追求永无止境。创新驱动，离不开知识产权的支撑和保障；转型发展，更需要知识产权的运用和经营。如何在制度研究之外，探索产业发展和企业管理的新天地，真正做到学有所用，学、术并重，成为我激越的向往。暗自叮咛：不可停步不前，不可有丝毫懈怠。

　　谨以此书的出版献给我的妻子、我的女儿，献给帮助我的每一位长辈、亲人和朋友！

2015 年 8 月于南京紫金山麓

《知识产权专题研究书系》书目